高校依法治腐的制度设计

李友文　索光举　著

中国社会科学出版社

图书在版编目（CIP）数据

高校依法治腐的制度设计/李友文，索光举著．—北京：
中国社会科学出版社，2017.12
ISBN 978 - 7 - 5203 - 1920 - 1

Ⅰ.①高…　Ⅱ.①李…②索…　Ⅲ.①高等学校—廉政建设—
研究—中国　Ⅳ.①G647.2

中国版本图书馆 CIP 数据核字（2018）第 001883 号

出　版　人	赵剑英
责任编辑	王半牧
责任校对	王　影
责任印制	李寡寡

出　　　版	中国社会科学出版社
社　　　址	北京鼓楼西大街甲 158 号
邮　　　编	100720
网　　　址	http://www.csspw.cn
发 行 部	010 - 84083685
门 市 部	010 - 84029450
经　　　销	新华书店及其他书店

印　　　刷	北京君升印刷有限公司
装　　　订	廊坊市广阳区广增装订厂
版　　　次	2017 年 12 月第 1 版
印　　　次	2017 年 12 月第 1 次印刷

开　　　本	710×1000　1/16
印　　　张	16
插　　　页	2
字　　　数	251 千字
定　　　价	58.00 元

序

2013 年 1 月，中共中央总书记、中共中央军委主席习近平 22 日在北京指出，要加强对权力运行的制约和监督，把权力关进制度的笼子里，形成不敢腐的惩戒机制、不能腐的防范机制、不易腐的保障机制。同年 10 月，中共中央政治局常委、中央纪委书记王岐山 16 日在省部级领导干部廉洁从政研修班座谈会上指出，要把坚决惩治腐败、遏制蔓延势头作为工作目标。惩是为了治。要加强理想信念教育，使领导干部"不想腐"；强化制度建设和监督管理，使领导干部"不能腐"；坚持有腐必惩、有贪必肃，使领导干部"不敢腐"。

习近平同志强调要"把权力关进制度的笼子里"，王岐山同志讲"强化制度建设"，都表明了制度建设在腐败治理活动中的重要地位和作用，这一点同样也适用于高校腐败治理。高校本是教书育人的"象牙塔"，但在市场经济这个大染缸里也未能幸免，有一些高校的腐败现象非常严重。为此，近年来各高校都相继出台一系列制度以加大反腐败力度，但从实际运行情况来看，一些制度和措施制定得不够科学和完善，存在着许多问题：一是有的原则性规定多，具体规定少，针对性不强。一些高校在制定本校反腐倡廉制度时，照搬上级文件或规定，没有结合本校实际将上级主要精神吸收后进行细化，制定出的条文内容过于简单，缺少可操作性、缺乏违反制度的惩罚性措施。二是缺乏程序性规定。我国许多法律和法规、条例的制定有一个共同的特点就是重实体、轻程序，只要实体是公正的就认为是公正的。目前高校廉政建设制度同样也存在这样的问题，只是规定应当禁止进行某些行为，提倡进行某些行为，而未详细规定如何实现这一目标的程序性保障，缺乏对落实制度的程序性规定，使得好多制度流于形式，没有发挥应有的作用。三是缺乏系统性。高校反腐倡廉制度建设工作应覆盖到学校工作的方方面面。但目前，一些高校制定的反腐倡廉制度主要涉及学校的人、财、物管理方面，而对学校的教学管理、非学历教育、学科设置、科研开发等制度的建设往往重视不够，只是重视单体性制度建设，制度之间缺乏有机联系，甚至互相矛盾，难以贯彻执行。一些高校的反腐倡廉制度与学校内部管理制度缺乏有机契合，互相照应不够，关联性不强，没有形成科学严密的体系，更没有形成环环相扣、自我运转、自我调适、整体联动、前后闭合的运行机制，制度的系统性存在缺陷。四是缺乏有效的监督机制。高校具有较强的民主意识和监督意识，但是由于体制、机制、领导等方面原因，监督机制实际上存在"缺位"、弱化或责任主体不到位等问题，人为地导致空间、权力失控，缺乏预警机制。

基于目前高校廉政制度建设中存在的问题，本书作者撰写了《预防·监督·治理——高校依法治腐的制度设计》一书，试图通过科学分析现行高校反腐倡廉制度建设中存在的问题，设计出可以在高校普遍适用的、针对性较强的、高效的、系统的、有程序保障的、能够对腐败行为起到预防作用的廉政制度，以资借鉴。

本书有以下特点：

第一，针对性强。本书的撰写是针对当前许多高校在廉政制度建设中普遍存在的原则性规定多，具体规定少；重实体、轻程序；单体性规定多、系统性较差等现象而设计的。强调在制度设计上一定要具体、详细、有程序保障，便于操作和执行。

第二，实用性强。本书对高校现行的腐败预防、监督和治理中的主要制度进行分析、评估、整理、论证，在此基础上设计出了包括实体规范和程序规范在内的极具实用性的高校腐败预防和治理制度。

第三，系统性强。本书在结构布局上，体现了高校廉政制度建设的系统性。针对高校可能在重大事项决策上，干部人事权的使用上，工程、招投标、物资教材设备的采购上等重要岗位和关键环节上可能出现的制度漏洞进行系统的制度设计。同时，还对职工代表大会、学术委员会和审计监督权的行使进行了制度设计。各种制度之间既相对独立、又相互衔接，成为一个有机的整体。

第四，指导性强。本书的作者都是处在高校重要工作岗位的教授、专家，他们既有丰富的实践工作经验，又有深厚的理论功底，对于制度上存在的缺陷和问题非常清楚，因而设计出的制度规范有很强的针对性，可以直接指导自己从事的工作，也可以供其他高校在制定相关制度时予以参考。

李友文

2015 年 6 月 6 日，于梅州

目　　录

第 一 章

高校重大事项决策的理论研究及规范设计

第一节　高校重大事项决策机制存在的问题及其完善

每一项重大事项决策都会涉及一个单位及其成员的重大利益，有的决策甚至关系到所在单位的生死存亡，所以任何重大事项的决策都必须科学、慎重。随着新技术、新理论的迅速发展和各种新问题、新情况的不断出现，科学决策日益成为管理者必须直面的重大课题。如果不科学决策，就有可能造成国家财产损失、职工人心浮动，甚至引发社会事件等严重后果。提高管理者的科学决策水平必须熟悉决策的一些属性，决策的属性主要表现在：决策影响的时间长、范围广，稍有差错，就会造成重大失误；决策通常是面向未来的，而未来的部分环境或条件往往是不可知、不可控的，决策具有难以预测的风险性；决策通常要综合政治、经济、科技、文化等多种可变因素，决策具有不可避免的复杂性；决策是领导干部的基本职能，是例行性的，而特定情况下的决策需要随机做出，这就会使领导干部的决策往往带有随机性；决策是为了指导实践，发挥解决问题的作用，这就客观地要求领导干部的决策具有可操作性；决策是主观意志和客观实际的统一，管理者所做的决策是带有主观意志色彩的，只有反映出了客观需求，才是科学的。所以领导干部的知识水平、综合能力和掌握的现实情况对于做出科学决策有着决定性的影响。

高等院校是一个国家科技、文化精英荟萃的主要场所之一，其办学水平高低在某种意义上代表着这个国家科技、文化水平的高低，所以高校的发展对于一个国家而言至关重要，高校的重大决策对其本身和所在的国家都会产生重大影响。高校在做出重大决策，尤其是在对"三重一大"① 做出决定时，首先要经集体讨论，然后再进行科学民主决策。科学民主决策是制度反腐的重要设计，要求其必须做到科学化、民主化、程序化和完善化。高等院校既是人才汇集之地，又是资金集中之所，在做出重大决定时，只有坚持科学决策、民主决策和依法决策，才能克服现有决策体制的缺陷，促进高等学校协调快速可持续地发展。高校目前做出决策的途径主要有两个，一是通过党委办公会；二是通过校长办公会。高校决策机关对什么内容进行决策、通过什么程序决策，这是我们要探讨的问题。

一　高校现行决策机制及存在的主要问题

《中华人民共和国高等教育法》第 39 条规定："国家举办的高等学校实行中国共产党高等学校基层委员会领导下的校长负责制。中国共产党高等学校基层委员会按照中国共产党章程和有关规定，统一领导学校工作，支持校长独立负责地行使职权，其领导职责主要是：执行中国共产党的路线、方针、政策，坚持社会主义办学方向，领导学校的思想政治工作和德育工作，讨论决定学校内部组织机构的设置和内部组织机构负责人的人选，讨论决定学校的改革、发展和基本管理制度等重大事项，保证以培养人才为中心的各项任务的完成。"② 《中国共产党普通高等学校基层组织工作条例》第 3 条规定："高等学校实行党委领导下的校长负责制。高等学校党的委员会统一领导学校工作，支持校长按照《中华人民共和国高等教育法》的规定积极主动、独立负责地开展工作，保证教学、科研、行政管理等各项任务的完成。"③ 从上述规定我们可以看出，"党委领导下的校长负责制"是我国绝大多数高校现行的管理体制④。

《中华人民共和国高等教育法》是指导高校办学的基本法律，在学校

---

①　"三重一大"，即重大事项决策、重要干部任免、重要项目安排、大额资金使用。是在 2005 年 1 月，中共中央印发的《建立健全教育、制度、监督并重的惩治和预防腐败体系实施纲要》中提出的。

②　参见《中华人民共和国高等教育法》（1999 年 9 月 1 日起实施）第 39 条。

③　参见《中国共产党普通高等学校基层组织工作条例》（中发〔2010〕15 号）第 3 条。

④　华侨大学、暨南大学、汕头大学因投资渠道等特殊情况，经批准实行的是校长负责制。

的重大决策和监督执行方面都有明确规定。它不仅规定了高校党委职责、校长职责，而且还规定了学术委员会对学术事项的审议权以及教代会参与民主管理和行使监督职能的权利，但由于缺乏详细的、规范的制度设计，这些权利的行使缺乏可操作性，在许多高校没有得到很好的保障和落实。在学校的管理决策中，学校党委和校长是权力的核心决策层，但院系作为学术人员和学术活动最集中的地方却缺乏应有的决策权力，这与教授治校、专家治校的传统治理模式脱节。"高校校长拥有校内管理的至高权力，如果没有适当的监督和约束，没有重大事项决策中的分析与评价，极有可能在人性私欲、世风流俗、个人水平等多种因素的影响下，产生权力的滥用和决策的利己主义及其他功利主义倾向，甚至会出现严重的腐败问题"①，这绝非危言耸听。随着高校校长负责制的全面贯彻实施和高等教育的蓬勃发展，高校办学自主权越来越大，高校校长的决策权限也越来越重，所涉及的金额也越来越多，对重大事项的决策论证也显得更加重要。从现行的高校管理中可以看出，高校决策机制中存在的主要问题有：

（一）高校的重大决策缺乏教职工的充分参与

高等学校的决策是其决策者"为实现一定目标制订若干行动方案并加以优化抉择的行为过程"。重大决策会直接或间接涉及每个教职工的利益，所以需要广大教职工的充分参与。高等学校内部有着复杂的权力结构，这些权力结构的背后隐藏着复杂的利益关系，而决策过程在某种程度上是各方面利益博弈的过程，因此，需要构建科学民主的决策体制，通过合理的制度安排，有效地把各方权力主体整合到决策体制中，从源头上使各权力主体的意志得以表达，利益得以维护，防止权力寻租行为，推动高等学校的依法治校、民主治校。

在一些高校，党委借口"党委领导下的校长负责制"中的"党委领导"把学校所有重大事项，不管是学术性事务或非学术性事务都纳入其决策范围。这种决策结果，造成党政不分，职责不明，一旦决策失误，其后果往往因"集体决定"而无法追究。对决策的内容，一些高校以党内决定、涉密为由，使得广大教职工无法参与。对一些涉及学校发展的敏感

---

① 2014 年，截至 8 月 21 日，《18 名高校领导落马、过半是一把手、涉案金额巨大》，参见《新京报》2014 年 8 月 21 日。

的重大事项，故意暗箱操作、秘密决定，让广大教职工对一些涉及学校和自身利益的重大事项从提议、立项到完成都无法知道。尽管《中华人民共和国高等教育法》和相关教育法律法规都明确规定了学术委员会对学术事项有"审议权"、教代会有"参与民主管理和监督"的权利，但因为没可操作性强的制度保障，无法得以实现。

（二）缺乏统一的规制程序的权威规范

健全的议决程序是正确决策的保证，但是在法律层面，我国目前还缺乏统一的适用于全国高校的议决程序规范。2014 年 10 月 15 日中共中央办公厅印发了《关于坚持和完善普通高等学校党委领导下的校长负责制的实施意见》，该意见对党委的职责、校长的权限、党委与行政决策制度、协调运行机制都做了一些具体规定，但这些规定大多还是停留在指导意见层次，对校长、党委的具体权力义务规定和应承担的相关责任规定还不够明晰。按照国家有关法律规定，国办高校的决策系统主要有两个，一是党委系统；二是校长办公会议。党委领导下的校长负责制是经过长期探索而确定的适合我国国情的高校领导体制，但在实践中，由于党委会（常委会）、校长办公会的议事规则因规定不够具体、不够明晰而缺乏可操作性，造成职责不分、权限不明，使得一些心怀叵测的决策者有机可乘，给腐败埋下了隐患。民主集中制是我党进行决策的主要制度，在高校的重大决策中，什么样的情况需要民主，什么样的情况需要集中，怎样民主、怎样集中都缺乏法律的具体规定，操作起来的任意空间非常大。

（三）决策机构与行政机构分工不明确，影响办学效率

一些高等学校名义上也设立了国家教育主管机构所要求的各种部门，分别执行各种职能，但在实质上却又把学校决策权、执行权、监督权等权力仅集中于其中的某一个部门，几乎大事小事都要经过党委会或者其他名目的决策机构通过决定。这样做的结果：一是决策人既是各种事项的决定者，又是执行者和监督者，集运动员、裁判员和观众等角色于一身，权力太过集中；二是容易使决策机构整天陷于烦琐小事的纠缠之中，没有足够的时间集中研究学校的重大事务，影响决策的质量；三是没有专门的执行机构，影响执行效率；四是一旦决策失误，造成严重后果，无法追究决策者的相关责任；五是缺乏必要的监督和制约，不利于客观决策，甚至还会

出现独断专行的现象。

（四）专家治校流于形式，甚至出现外行管理内行的情况

诺贝尔物理奖得主温伯格曾说过：在大学里专家和研究者是皇帝。清华大学原校长梅贻琦有句名言："所谓大学者，非谓有大楼之谓也，有大师之谓也。"此种论断未必是真理，但却反映了"大师"在大学中的地位和重要性。高校是培养各种专业人才的摇篮，专家学者是培养各种人才所需要素中最重要的要素。所以，在高校的学术管理体系和行政管理体系中必须给予其应有的地位并予以保障。但是在现行的高校管理体制中，不少地方把学校当作行政单位来管理，将专家学者作为被管理对象而非办学依靠进行管制。有的高校也成立了学术委员会，但这种机构往往却又流于形式，在实际操作中被行政领导部门所主导，专家学者对学校重大学术事务的决策权和管理权无从保障。在高校的各种人才中，教授自然是最重要的部分。高等学校的基本职能是培养人才和科学研究，教授则是最精通培养人才和科学研究的人才，所以，为了更好地实现高等学校的办学宗旨，必须充分发挥教授在学校治理中的作用，保障教授在学校决策中的地位，这是现代大学管理的基本需要。为此，《中华人民共和国高等教育法》第42条规定："高等学校设立学术委员会，审议学科、专业的设置，教学、科学研究计划方案，评定教学、科学研究成果等有关学术事项。"但是，这一规定存在着严重的不足。因为，它将教授参与学校管理的范围仅仅局限于学科、专业的设置和教学、科研成果的评定，并且对学科、专业的设置还没有决定权，只有审议权，这是违背高等学校管理规律的，也是与现代社会的大学管理理念不相符的，对高等学校培养人才和科学研究这一根本目标的实现极为不利。

（五）重大决策缺乏必要的监督和制约

在众多的腐败表象中，决策腐败的危害性是最严重的。一些高校表面上按照上级要求对"三重一大"问题进行所谓的集体决策，其结果自然是集体负责。由于现有制度中缺乏对集体决策失误造成的重大损失进行追究的具体规定，一旦集体决策真的给高校造成不可弥补的损失后，集体负责就变成无人负责了。一些高校的党委班子成员和校长没有事业心、没有责任感、没有办一流大学的雄心壮志，对高校的发展缺乏长远规划，听之任之，随波逐流，但对社会事务费尽心机，整天周旋于各种社会活动之

中，追逐虚妄的名利，很少花时间学习高校管理的科学知识，以此来武装自己、提高自己，使自己的决策水平主要依靠主观臆断或者过了时的经验。这样的高校领导，在进行重大事项决策时，没有科学理论作支撑、不懂教育规律、不按法律规定和程序，决策随意性极强，常常是靠"拍脑袋"应急、"一言堂"走过场、"拍胸脯"完事、实在支撑不了走为上策。高校的重大决策往往是学校的百年大计，其中许多项目涉及的资金数额巨大，在决策前需要做详细的调查研究工作，需要有广大教职工的积极参与，尤其是具有相关专业水平的专家参与，才能确保高校的高质量、可持续发展。我国当前处于全面深入改革之中，高等教育当然也不例外，我们需要有真知灼见、先进办学理念、管理理念、决策理念的教育家对高校进行经营和运作。

"个别高校的党委班子和校长，整体决策能力较弱。一是科学认识形势的能力较差，决策的前瞻意识不强，缺乏审时度势、抢抓机遇的洞察力。二是驾驭市场经济的能力较差，弄不清市场经济特点，不能把握市场经济条件下高校生存和发展的规律，缺乏应对风险的规避能力。三是总揽全局、应对复杂局面能力较差，对本校发展的重点是什么、难点是什么，以及如何发展，没有明确的思路。四是开拓创新能力较差，习惯于勤政，不注重新政、优政，对高校发展应该如何定位，如何推进，缺少主见。五是解决领导班子自身问题的能力较差，班子建设问题解决不好，直接导致决策能力降低。"[1]

二　完善高校决策机制的有效措施

创新高校决策机制是当务之急，重大事务决策离不开公众的参与、更要依靠制度、依靠集体。

（一）广开言路、博采众长，确保公众参与决策

从目前的决策实践来看，公众参与是决策盲点。重大决策关涉学校各个群体的利益，所以在其方案形成过程中，要注意吸收和听取各方面的意见表达，这样形成的决策就能保障其科学性，把可能出现的问题解决在决策过程中，便于决策方案的执行和落实。

---

① 参见陈光军《高校重大事项决策论证研究》，《教育评论》2011 年第 1 期。

学校的重大决策有其公共性，没有通过充分调研、咨询，就不可能获得体现民情的真实资料，做出的决策就有可能失之偏颇。所以，要想把学校的事情办好，仅仅靠少数人的精英决策是远远不够的，要相信广大教职工、依靠广大教职工，通过学校的各级组织把广大师生员工动员起来，为其创造参与条件，让其树立主人翁意识，积极地参与到学校的各项重大决策中，共同把学校的事情办好，这样才能形成充分反映民意、集中民智的科学的、民主的决策机制。

职工代表制度是教师参与决策的主要制度。职工代表的组织形式是工会，其发挥作用的方式有两种：一是实行源头参与决策，即：参加到核心机构或决策机构中去；二是间接参与决策，即：开展交流、协商、对话等活动。在这两种形式中，源头参与决策是主要形式。其运作方式为：通过参与制定涉及教职工切身利益的相关政策、参与党政工联席会议、通过其他可以利用的渠道反映教职工的建议和诉求，从而维护教职工的利益。学校工会代表的是会员和教职工利益，其基本任务和使命当然是维护会员和全体教职工的合法权益。作为教代会的工作机构，工会自身也需要加强建设与完善。常言说，火车跑得快，全靠车头带。要充分发挥教代会制度在学校民主管理中的作用，一个强有力的领导班子是必不可少的，不能像有的高校把工会当作养老院，可有可无，只是一个橡皮图章而已。《劳动法》《教师法》等法律法规赋予了教职工劳动权和人身权等基本权利，维护教职工的基本权利是工会工作的核心任务，针对那些严重侵犯教职工合法权益的现象以及教职工关心的热点、难点等问题，工会应主动出击、积极开展调查研究，采取有力措施，大力呼吁和反映情况，全力以赴、旗帜鲜明的为教职工办好事、办实事，充分显示工会组织的存在价值，增强工会的凝聚力和吸引力。打铁还需自身硬，工会应把自身建设放在日常工作的重要位置，选配素质过硬的基层工会主席，及时落实工会干部的政治待遇和经济待遇，充分调动其积极性，经常参与学校的各项决策。

（二）专家治校要落到实处

由于国家对高等教育发展的支持和鼓励，我国高等教育迅猛发展，各高校的人数与组织机构也日趋庞大，内部管理事务更加复杂。重大决策仅靠校党委委员或校长等少数成员的知识和阅历，无法确保决策的科学性。许多发达国家，如美国、日本、德国、法国等，都设有参谋咨询机构，这些机构为学校的科学决策提供了智力保障。因此，在高校的管理方面，我国应当借鉴国外那些已经证明了的行之有效的先进管理经验，对于涉及学校改革与发展的重大问题，应该组织跨部门、跨学科甚至跨行业的专家进行论证，充分利用学校人才汇集的优势，让专家学者在学科建设、师资队伍建设以及学校管理等重大事项的决策中发挥其应有作用。根据需要，建立健全各类咨询参谋机构，明确其职责和地位，制定和完善决策程序。对专家学者参与学校管理的积极性应加以引导和保护，对专业性强、涉及面广的决策事项，须通过举办多种形式的咨询活动，予以科学论证。

教师应该广泛参与学术活动方面事务的决策：高等院校的院、系层次是大学学术治理的核心，在学术单元的院、系层次上，有关教什么、怎么教、谁能教以及其他关键的学术事务应该由教师参与做出决定；受雇、晋升、经费怎样分配等方面教师也要起着一定的作用。此外，教师应该参与决定谁有机会进修高深学问，谁掌握了知识并应该获得学位，教师比较清楚地知道谁有资格成为教授。

（三）完善重大决策的规则和程序，建立健全民主决策机制

为了从制度上保障高校决策的开放度和参与度，必须加强和完善高等院校决策机制的建设，创新决策机制和形成新的决策观。

就如两人分食一个苹果，假如没有有效的分配办法，就不能保证公平分配。而这个有效的办法就是让大家都能接受的分配规则和程序。让一个人既切苹果又分苹果，身兼二职，难免会造成大小不均，反之，如果一个人切苹果，另一个人分苹果，就可以保证切的均匀，而且也分得公平。因而，民主科学的决策，要依靠决策制度的建设，依靠科学程序的保障。

建立严格的决策过程、决策机制必须经过严格的程序才能保证其合法性。因此，要根据决策事务的性质、重要程度，建立行政权力、学术权力、教师权力、学生权力有分有合的、多形式的、多回路的决策过程机制。在完善行政方面的基层、中层、学校决策体制的同时，发挥党委（党代会）、工会教代会（工代会）、共青团（学代会、学生会）以及学术权力体系等在决策中的作用。对于学术性强的决策事务，可以通过学者中介组织进行决策和论证，从而实现学术权力和行政权力的相对分离与有机结合，并通过这种方式，将学术权力的意志变成行政的意志。

赫伯特·西蒙被誉为"决策理论奠基人"，他把决策分为程序化决策和非程序化决策两类。"所谓程序化决策，就是那些带有常规性、反复性的例行决策，可以制定出一套例行程序来处理的决策。所谓非程序化决策，指对那些过去尚未发生过，或其确切的性质和结构尚捉摸不定或很复杂，或其作用十分重要而需要用现裁现做的方式加以处理的决策。"① 对于非程序化决策，"应当按照一般的决策过程，首先进行调查研究，并依次经过决策过程的各个阶段来完成"。② 事物都是相对的，程序化决策和非程序化决策也一样。原来是非程序化决策的类型，如其反复出现，其决策也会逐渐例行化、程序化。

高校需要进行论证的决策内容，大多都处在非程序化决策的状态，所以应在一种规范的过程中进行运作。即：提出决策内容、确定决策目标、搜集信息资料、进行初步论证、拟定备选方案、进行再度论证、选出最优方案。

所谓"初步论证"，就是指高校在确定要解决的问题并进行初步决策时，首先应从内部着手，集中内部团队智慧进行率先论证的过程。而"再度论证"，则是指在发挥校内团队智慧的基础上，依据初步论证的结果，进而提请高校决策咨询机构再进一步论证的过程。"两度论证"的提出体现了论证的反复性，可以达成决策的最优化；体现出论证的参与性、民主性与合法化。然而，重大事项决策目标的达成，需要依靠更加具体的方式。首先，要有强有力的领导组织。要把那些有经验、有能力、责任感强、使命感强的人员选拔出来，尤其是那些既具有专业知识、技能，又具有奉献意识并敢于仗义执言的人员，他们是决策团队所必需的。根据这些组成人员的行业性、层次性，量体裁衣，打造内部团队和决策咨询机构。其次，应制定切实可行的决策咨询与论证制度。对决策中确需咨询论证的重点项目与咨询论证方法应加以明确，突出基本的操作步骤，注重每个步骤的细节要点，以免出现漏洞和偏颇。具体操作上，须注意突出严肃性、规范性与有效性。因此，在重大决策论证的整体设计上还须建立两个重要

---

① 陈光军：《高校重大事项决策论证研究》，《教育评论》2011 年第 1 期。
② 邢群麟、蔡亚兰：《世界上最伟大的管理书》，黑龙江科学技术出版社 2008 年版，第123 页。

的保障制度。

一是在重大事项决策论证制度中应将不可行性研究列入在内。在目前的决策体制中，决策的主要依据是可行性研究和论证，对逆向论证不够重视，未注意到不可行性因素，导致哪些不可行方案或者方案的不可行部分未被撤销，难以保障被采纳的方案全部是切实可行的。这种决策的结果是，某些高校的领导者在不正确的政绩观影响下，匆忙决断，当不可行性因素出现时又半途而废，造成极大的浪费。

二是建立咨询论证反馈评价制度。对于参加咨询和论证的人员，如校内领导、教职工与社会上相关专家等，应给他们建立咨询论证工作档案及信用评价记录，详细记载这些咨询论证意见的实施效果和可靠程度，及时进行考核评价。在一定的条件下，可以对有关人员进行奖励或问责。在进行"初步论证"时，一般应该选聘对法规比较熟悉的"其他人员"参与论证，以确保"论题"本身是合法的，然后才能保证"论题"进一步论证的可行性。我们之所以强调"论题"的合法性，是由于个别高校在决策过程中，视法律为无物，公然违背决策的前提性条件。

实践证明，"任何杰出的人物，杰出的领导集团，在思考、判断、分析各种情况时，都将面临一系列的矛盾和问题。一旦出现失误，仅靠决策者自身很难得到及时纠正"①。历史的教训告诉我们，只靠掌权者的"信念、忠诚和其他优秀的精神品质，这在政治上是完全不严肃的"②。高校领导及其党委班子应该正视主客观因素上的局限，在进行重大事项决策论证时应采取科学适宜的方法进行。

（四）完善民主集中制，建立高效的决策、执行系统

党委领导下的校长负责制是我国高等院校普遍采用的领导体制。这种领导体制的精髓就是民主集中制，重大决策要发扬民主，由党委进行集体决议，采用少数服从多数的多数决方式。但是如果将所有的决策都实行集体负责，显然又不切实际，一则容易决策缓慢，二则一旦决策出现问题，"人人负责，等于人人不负责"。因此，在保证重大问题由党委集体决策的前提下，建立一支以校长为首的高效、廉洁、精干的干部管理队伍，一

---

① 张运亮：《建立决策责任制势在必行》，《光明日报》1998 年 5 月 1 日。
② 《列宁选集》第 4 卷，辽宁人民出版社 1985 年版，第 635 页。

些比较具体的、亟待处理的事项在经过集体讨论之后，再由校长做出决策。校长决策能够提高执行效率，可使决策迅速得到落实。事物都有两面性，如果校长决策权限过大，就容易滋生权力专断甚至决策错误。因而，要正确理解党委领导下的校长负责制，界定决策中党委和校长的职责权限，正确处理好民主与效率的关系。

（五）完善监督机制、实行决策责任追究制度

在我们现有的决策机制中，多数高校往往是"一把手"说了算。有一些高校实行的所谓专家治校、教授治学大多都是走过场。决策一旦失误，往往会以集体决策的名义逃避责任。所以，有必要建立一种科学民主的决策机制，贯彻实行《中国共产党党内监督条例（试行）》，加强对领导干部尤其是对主要领导干部的监督，以防止其出现重大决策失误。

1. 完善校系教职工代表大会制度。在高校中，最主要的监督机构就是教职工代表大会，它是在校党委领导下实行的教职工民主管理的重要形式。教职工代表大会应该以教师为主体，在学校发展规划、财务预算、改革方案等重要事务上拥有建议权、讨论权，对学校各级领导干部拥有监督的权力。《高教法》明确规定："高等学校通过以教师为主体的教职工代表大会等组织形式，依法保障教职工参与民主管理和监督，维护教职工合法权益。"[1]

但是现在许多高校作为教代会及其工作机构的工会所享有的监督保障职能根本没有体现出来，大多只是作为教职工的福利机构而存在。因此教职工代表大会制度需要完善，把那些敢于直言、坦率真诚、有群众威信的人选为代表，让教代会对学校管理的各个环节都进行民主监督，使民主监督制度化、经常化，避免仅仅只是一年一次大会的监督。可喜的是，教代会制度已被大多数高等院校作为加强民主管理主要制度而予以高度重视。要充分发挥教代会的作用，首先应使其制度化、常规化，以保证其不因领导人的变动而变动。其次要合使代会的内容规范化，议题要明确，紧密围绕着学校的重大事项与教职工的实际利益开展工作，如学校发展规划、教学改革、财务预决算、管理制度以及与教职工切身利益相关的事项等，这些事项应由教代会审议通过后才能上报审批和组织实施。再次要重视发挥

---

① 《中华人民共和国高等教育法》第43条。

教代会闭会期间的民主管理和民主监督作用，全面落实教代会的职能。在那些规模较大的学校应设立教代会常设机构，重点检查监督教代会决议与提案的落实情况。闭会期间定期或不定期对学校重大问题进行咨询和视察活动等，代表教代会了解全局，听取群众意见，畅通民主渠道，使民主监督工作持久化。

2. 发挥纪检监察部门的监督职能、进行依法治校。依法治校要求凡事做到"有章可循，违章必究"，这是推进监督机制有效运作的基础。纪检监察机关应摆脱日常事务的束缚，强化其独立性和权威性，充分利用其监督职能做好本职工作。要建立决策责任追究制度，防止暗箱操作和不负责任的随意决策、草率决策。实行责权利挂钩，"谁决策、谁负责"，保证决策的民主性和科学性。

3. 发挥专家机构的咨询作用，通过参与学校的管理来行使监督职责。许多高校都设立了学术委员会、教授委员会等专业机构，其成员通过自身专长以不同形式参与到学校管理的不同方面，在对相关问题进行决策时，可以行使监督权，减少"外行管内行"的弊端，避免行政权力对学术权力的过多干预，就能使得那些关系到教师切身利益的决策得到广大教师的认可。

4. 坚持校务公开、实行阳光治校。校务公开是进行民主政治建设的重要基础，是高校教职工监督学校重大决策和重要管理事项的重要途径。校务公开有利于促进上情下达、减少施政环节并使政令畅通。有利于广大教职工积极参与讨论和决策，使重大决策更具有科学性和民主性，避免重大决策失误；有利于教职工通过参与管理，对领导干部廉洁自律情况进行监督；有利于增加决策信息和决策活动的透明度，让教职工了解热点问题，畅通民主渠道，使教职工真正有一种主人翁地位。创新载体、畅通信息。利用现代办公条件，高校通过定期在校内网络、广播、有线电视、宣传栏、教职工大会、干部大会等场合，以口头或书面等形式，将学校的重大决策或广大师生关注的重要信息及时发布出去，避免信息传播的失真、失控。

校务公开的实质是便于监督，关键是内容的真实性和及时性。当前校务公开首先要建立健全由党委统一领导，行政具体操作，纪检监察机构、工会监督，教职工积极参与的校务公开和系务公开体制；其次，要讲究实效，敢于把广大教职工关注的热点、难点、关键点公开。不搞形式主义，不回避问题，坚持公开的广泛性、群众性、真实性、时效性，尊重、保障、落实教职工的知情权。只有直面教职工，才能取信于教职工，从根本上引导、保护和发挥广大教职工的积极性，调动广大教职工的工作热情和聪明才智。

民主科学决策，作为一种政治制度，正向决策进一步科学化、民主化、程序化、完善化迈进。高等院校作为科教兴国的主力军，只有高举政治文明的大旗，实行科学民主决策，才能克服现有决策体制的缺陷，有效地规避风险，减少失误；才能量力而行，讲求实效，高效地利用广大教职工的聪明才智，探索出一条适合新时期、新情况的高等教育发展之路，促进高等学校协调快速可持续地发展

第二节　高校决策的内容及程序规范设计

高校决策内容的确定和应遵循的程序应依据《中国共产党章程》《中华人民共和国高等教育法》《中国共产党普通高等学校基层组织工作条例》等党纪国法设定。

党委领导下的校长负责制是中国共产党对国家举办的普通高等学校（以下简称"高等学校"）领导的根本制度。但在实际工作中，高校的决策系统主要有两个：一是党委办公会；二是校长办公会。

一　高校党委办公会决策内容及程序设计

（一）高校党委办公会决策的基本原则

高等学校实行中国共产党高等学校基层委员会（以下简称党委）领导下的校长负责制。高等学校党委是学校的领导核心。党委要充分发挥校长的作用，支持校长按照国家法律的规定积极主动，独立负责地开展工作。党委对学校内的民主党派基层组织和群众组织实行政治领导，支持他们按照国家法律和各自的章程开展活动。

党委书记主持党委全面工作，负责组织党委重要活动，协调党委领导班子成员工作，督促检查党委决议贯彻落实，主动协调党委与校长之间的工作关系，支持校长开展工作。

党委实行集体领导与个人分工负责相结合，坚持民主集中制，集体讨论决定学校重大问题和重要事项，领导班子成员按照分工履行职责。

高等学校党委必须坚持全心全意为人民服务，坚持为人民办学，靠人民办学，办好人民满意的大学。

高等学校党委必须坚持在宪法和法律范围内活动，坚持依法治校，加强学校规章制度建设，创新机制，提高管理水平。

（二）高校党委办公会决策内容

高等学校党的委员会是学校的领导核心，履行党章等规定的各项职责，把握学校发展方向，决定学校重大问题，监督重大决议执行，支持校长依法独立负责地行使职权，保证以人才培养为中心的各项任务完成。

1. 全面贯彻执行党的路线方针政策，贯彻执行党的教育方针，坚持社会主义办学方向，坚持立德树人，依法治校，依靠全校师生员工推动学校科学发展，培养德智体美全面发展的中国特色社会主义事业合格建设者和可靠接班人。

2. 讨论决定事关学校改革发展稳定及教学、科研、行政管理中的重大事项和基本管理制度。

3. 坚持党管干部原则，按照干部管理权限负责干部的选拔、教育、培养、考核和监督，讨论决定学校内部组织机构的设置及其负责人的人选，依照有关程序推荐校级领导干部和后备干部人选。做好老干部工作。

4. 坚持党管人才原则，讨论决定学校人才工作规划和重大人才政策，创新人才工作体制机制，优化人才成长环境，统筹推进学校各类人才队伍建设。

5. 领导学校思想政治工作和德育工作，坚持用中国特色社会主义理论体系武装师生员工头脑，培育和践行社会主义核心价值观，牢牢掌握学校意识形态工作的领导权、管理权、话语权。维护学校安全稳定，促进和谐校园建设。

6. 加强大学文化建设，发挥文化育人作用，培育良好校风学风教风。

7. 加强对学校院（系）等基层党组织的领导，做好发展党员和党员教育、管理、服务工作，发展党内基层民主，充分发挥基层党组织的战斗堡垒作用和党员的先锋模范作用。加强学校党委自身建设。

8. 领导学校党的纪律检查工作，落实党风廉政建设主体责任，推进惩治和预防腐败体系建设。

9. 领导学校工会、共青团、学生会等群众组织和教职工代表大会。做好统一战线工作。

10. 讨论决定其他事关师生员工切身利益的重要事项。

（三）党委办公会的程序设计

1. 组织设置。高等学校设立党的基层委员会。党委由学校党员大会或党员代表大会选举产生。党委领导班子实行任期制，任期和换届的具体要求依照各高校所属行政区域的上级党委和行政部门制定的有关规定执行。

高等学校应按期召开党员大会（党员代表大会），选举产生党的委员会。党的委员会对党员大会（党员代表大会）负责并报告工作。经上级党组织批准，规模较大、党员人数较多的高等学校党的委员会可设立常务委员会（以下简称"常委会"）。设常委会的党委一般设委员 15—31 人，委员中除校级领导干部外，还应有院（系）、党政工作部门负责人及师生员工代表；常委会一般设委员 7—11 人，学校行政领导班子成员是党员的，一般应进入常委会。不设常委会的党委，一般设委员 7—11 人，委员中除校级领导干部外，还可有院（系）和党政工作部门负责人代表。

高等学校党委应本着精干，高效和有利于加强党的建设的原则，设立工作机构。

高等学校设立党的纪律检查委员会（以下简称纪委）。高等学校纪委经全校党员大会或党员代表大会选举产生，在学校党委和上级纪委双重领导下工作。纪委可由 5—11 人组成，规模较大的学校，纪委委员可适当增加，纪委委员人数一般不得多于同级党委委员人数。纪委书记、副书记由纪委全委会选举产生，并报学校党委批准。纪委书记原则上由学校党委副书记兼任。纪委副书记应由学校中层正职一级，熟悉党务工作的干部担任。

学校纪委应设立办公室，配备适量的纪律检查员。纪委办公室可与学校监察处（室）合署办公，采取一套人员两个名称的形式，统一履行纪检、监察职能。

2. 党委书记任职条件与人选产生。高等学校党委书记除符合《中国共产党章程》规定的条件外，还应当具备如下基本条件和资格：

（1）具有比较扎实的马克思主义理论功底，坚持中国特色社会主义理论体系，坚决执行党的基本路线，基本纲领和教育方针政策，带头贯彻落实科学发展观，坚持社会主义办学方向。

（2）坚持解放思想，实事求是，与时俱进，开拓创新，认真调查研究，能从实际出发，卓有成效地开展工作，业绩比较突出。

（3）熟悉高等教育规律和知识分子政策，具有比较丰富的党务工作和治校治教经验，善于做思想政治工作，一般应有高等学校工作经历。

（4）具有较高的科学知识和文化水平，有较丰富的现代教育管理知识，组织领导能力较强，能驾驭全局，善于处理学校工作中的复杂问题和突发事件。

（5）有强烈的事业心和责任感，有献身高等教育事业的精神和良好的工作作风；有民主作风、全局观念，善于团结同志，坚持和维护民主集中制；坚持全心全意为人民服务，正确行使人民赋予的权力，依法办事，清正廉洁，勤政为民，密切联系群众。

（6）具有大学本科以上学历，一般应有高级专业技术职称。

高等学校党委书记任职年龄界限一般为60周岁。初任时，属提拔任职的年龄一般应能任满一届。

高等学校党委书记的选拔，要贯彻干部人事制度改革的精神，扩大选人视野。具体人选产生途径：在本校内部民主推荐产生；根据工作需要，还可以在党政机关适合做高等学校工作的领导干部中选调或交流选拔。

3. 党委基本职责。认真学习贯彻党的路线，方针，政策，宣传和执行党中央和上级组织的决议，团结和组织党内外干部群众推进学校的改革与发展，维护学校和谐稳定。

坚持社会主义办学方向，全面提高办学质量和效益，培养有理想、有道德、有文化、有纪律的社会主义事业建设者和接班人。

加强学校党的思想、组织、作风和制度建设，发挥学校党委的领导核心作用、院系党组织的政治核心作用、党支部的战斗堡垒作用和党员的先锋模范作用，永葆党的先进性。

积极推进学校党内民主建设，以扩大党内民主带动人民民主，以增进党内和谐促进校园和谐；尊重党员主体地位，保障党员民主权利，推进党务公开，营造党内民主讨论环境。

讨论决定涉及学校改革、发展、稳定以及教学、科研、行政管理等工作中重大事项的决策，重要干部的任免，重要项目的安排，大额资金的使用和关系教职工切身利益的重大问题。

积极深化学校干部人事制度改革，坚持党管干部原则，坚持民主、公开、竞争、择优，形成符合高等学校特点的干部选拔任用工作机制；加大干部的教育、培养、考核和监督工作力度，努力建设一支素质高，结构合理的干部队伍。

实施人才强校战略，贯彻尊重劳动、尊重知识、尊重人才、尊重创造的方针，坚持党管人才原则，统筹抓好教学科研人才，行政管理人才和后勤服务人才三支队伍建设；创新人才工作体制机制，不断增强学校各类人才的创造活力；倡导团结互助，共谋发展的良好风尚，形成平等友爱，融洽和谐的人际环境。

坚持和巩固马克思主义在高等学校的指导地位，坚持中国特色社会主义理论体系，加强师生的理想信念教育和思想道德建设，注重人文关怀和心理疏导，使师生成为社会主义核心价值体系的自觉实践者；加强校园文化建设，重视党务和思想政治工作队伍建设。

领导学校纪委的工作，强化党内监督，履行党风廉政建设责任制，加强学校党风廉政建设；领导学校人民武装和保卫工作，努力维护学校安定团结的政治环境。

领导学校工会、共青团、学生会等群众组织和教职工代表大会（以下简称教代会）。定期研究群众组织工作中的重要问题，充分发挥群众组织作为党联系群众的桥梁和纽带作用；支持教代会正确行使职权，在参与学校的民主管理、民主监督和维护教职工的合法权益等方面发挥作用。

做好统一战线工作，对学校内各民主党派的基层组织实行政治领导。经常向民主党派代表和无党派人士通报情况、听取意见，发挥他们在学校工作中的建言献策和民主监督作用。

高等学校党委书记主持党委全面工作，按照权限履行职责。其主要职责：

（1）组织学习、宣传和贯彻执行党的路线、方针、政策和上级的指示决议。

（2）召集和主持党委会议、党委常委会议、党员大会或党员代表大会。

（3）主持制订党委的工作计划、学校思想政治工作和精神文明建设的长远规划和年度计划，并组织实施。

（4）负责检查学校党委工作计划和决议的执行情况，发现问题及时研究解决。

（5）按照干部管理权限，负责本校干部的选拔，教育、培养、考核和监督工作。

（6）负责协调好学校党委、行政、群众组织和各民主党派负责人之间的关系，支持校长在职权范围内积极主动，独立负责地做好工作。

（7）负责抓好党委领导班子的自身建设，组织好党委中心组的理论学习，按时召开民主生活会，做好委员的思想政治工作。

（8）定期向党员大会或党员代表大会及上级党组织报告工作。

4. 会议制度。高等学校党委会议，一般包括全委会议（以下简称全委会）和常委会议（以下简称常委会）。凡决定学校工作中重大问题和重要事项的，需提交全委会或常委会讨论决定。

全委会在党员大会或党员代表大会闭会期间是同级党组织的领导机构，执行上级党组织的指示和同级党员大会或党员代表大会的决议。设立常委会的学校，常委会在全委会闭会期间，行使全委会的职权，执行上级党组织的指示和全委会议的决议，主持日常工作。常委会对全委会负责，并向全委会报告工作。

不设常委会的高等学校，全委会一般每月至少召开一次，必要时可随时召开。设立常委会的高等学校，全委会每学期至少召开两次。全委会一般由书记召集并主持。全委会必须有三分之二以上委员到会方可举行。全委会进行表决时，以赞成票超过应到会委员人数的半数为通过。表决可根据讨论事项的不同内容，分别采取举手、无记名投票和其他方式。

常委会一般每月召开两次，如遇重要情况可随时召开。常委会一般由书记召集并主持。书记不能参加会议时，可委托副书记召集并主持。常委会必须有三分之二以上常委出席方可举行。常委会进行表决时，以赞成票超过应到会常委人数的半数为通过。表决可根据讨论事项的不同内容，分别采取举手、无记名投票和其他方式。

5. 议事规则和决策。高等学校党委对学校工作中重大问题和重要事项进行决策前，必须事先进行调查研究，广泛征求意见，进行充分论证，并由有关部门提供论证材料和两个以上可供选择的方案和建议。其中，属行政方面的重大问题和重要事项，党委进行决策前，必须经校长办公会议研究审议。

全委会，常委会讨论学校工作中重大问题和重要事项时，参会人员应充分发表个人意见，确保决策民主化，科学化，制度化。凡属全委会或常委会职责范围内决定的问题，必须集体讨论决定。任何个人或少数人无权决定重大问题和重要事项。

全委会参加人员为党委全体委员。根据议题需要，可召开全委会扩大会议。设常委会的高等学校，全委会议题由党委书记与党员校长商定后提出，提交常委会决定；不设常委会的高等学校，全委会议题由党委书记与党员校长商定后提出。全委会必须围绕原定议题进行，不得临时动议。

常委会参加人员为党委全体常委。根据议题需要，有关人员可列席会议。常委会议题由常委或有关部门提出，经党委书记与党员校长协商后确定。常委会必须围绕原定议题进行，不得临时动议。

拟提交全委会，常委会研究的文件，材料或方案，除需要保密外，一般应在会前两天报送学校党委办公室。党委办公室一般应在会前一天将议题和有关材料分别送给参加会议的人员。会前，分管领导应就议题中涉及自己分管工作的内容与书记充分沟通。

在讨论有关议题和工作时，应首先由分管领导报告情况，其他同志不受委托不得越权代替。集体决议事项，必须坚持少数服从多数的原则。会议决定多个事项的，应逐项讨论通过。对带有实质性的有争议事项，如无时限要求，一般应暂缓做出决定，待进一步调查研究，充分交换意见后，再提交会议议决。推荐、提名干部和决定干部任免、奖惩事项，应逐个表决。行政干部任免，会前应先征求校长和主管副校长的意见。在讨论有关议题和工作时，按规定应当回避的，有关人员必须回避。

全委会、常委会与会人员必须自觉遵守党的纪律，严守保密制度。除需要贯彻的会议决定、决议，按规定在一定范围内用文字或口头传达外，会议讨论发言、表决等情况，一律不得对外泄露。

对全委会做出的决策，如需复议的，必须经常委会（设立常委会的学校）审议，并在会前征得三分之二以上委员的同意，否则不得复议。对常委会做出的决策，如需复议的，必须经党委书记和党员校长协商，并在会前征得三分之二以上党委常委的同意，否则不得复议。

全委会和常委会的会务工作由党委办公室负责。会议应有专人记录，决定事项应印发会议纪要。党委办公室要做好有关材料的存档工作。

对重大突发事件和紧急重要情况，来不及召开全委会或常委会的，书记或副书记可临机处理，事后应及时向全委会或常委会报告。

6. 执行与监督。全委会、常委会讨论决定的重大事项和重大决议，根据职责分工，分别由党委或行政领导班子组织实施。党政领导班子成员之间，既要明确分工，各负其责，又要密切配合，相互合作，任何个人不得擅自改变或拒绝执行。个人有不同意见允许保留，也可以在下次会议上重申，但必须自觉维护民主集中制原则，以集体决定的精神对外表态。

党委对会议决定事项的贯彻执行情况进行监督检查。党委办公室负责具体催办、协调、检查和反馈，党委各职能部门要认真履行职责，抓好落实，除另有时间要求外，一般应在两个星期内将落实情况向书记或分管副书记报告。纪检部门根据职责权限对决策执行情况进行监督，发现问题，及时报告，提出纠正建议。

对不履行或不正确履行党委决定，不执行或擅自改变集体决定的；未经集体讨论决定而由个人决策，事后又不报告的；未向领导集体提供真实情况造成错误决定的；执行决策后发现可能造成损失，能够挽回而不及时采取措施纠正的，以及其他因违反本规定造成失误的，要根据事实、性质、情节，明确集体责任、个人责任或直接领导、主要领导责任，依法依纪予以追究。

建立健全党政主要领导沟通机制，加强沟通，增进了解，协调一致，提高效率；坚持和完善联系基层党组织制度，定期深入基层，调查研究，密切联系群众，努力做到决策民主化，科学化和制度化。

坚持每年以适当方式听取学校党代表的意见，接受党代表的监督，充分发挥党代会代表的积极作用。认真听取学校内各民主党派基层组织和群众组织的意见，发挥他们民主参与、民主监督的作用。

主动向上级部门汇报工作，自觉接受上级监督。

二　高校校长办公会的决策内容及程序

（一）高校校长办公会决策中应遵守的原则

高等学校实行党委领导下的校长负责制，校长在学校党委领导下，依照国家教育方针和有关法律法规积极主动、独立负责地开展工作。校长是高等学校的法定代表人，对外代表学校，对内全面负责学校的教学、科研、社会服务和其他行政管理工作。

1. 坚持马克思主义在高等学校的指导地位，坚持中国特色社会主义理论体系，坚定不移地走中国特色社会主义道路，全面贯彻党的基本路线、基本纲领和国家的教育方针，坚持社会主义办学方向。

2. 坚持党委领导，认真贯彻党委决议。

3. 坚持全心全意为人民服务，坚持为人民办学，靠人民办学，办好人民满意的大学。

4. 坚持民主集中制，实行民主、科学决策，按照民主、科学和高效的原则处理学校行政工作中的重大问题。

5. 坚持以人为本、依法治校和以德治校相结合。

6. 坚持以培养人才为中心，开展教学、科研和社会服务，保证教育教学质量符合国家规定的标准，积极为地方经济社会发展服务。

（二）高校校长办公会的决策内容

校长是学校的法定代表人，在学校党委领导下，贯彻党的教育方针，组织实施学校党委有关决议，行使高等教育法等规定的各项职权，全面负责教学、科研、行政管理工作。

1. 组织拟订和实施学校发展规划、基本管理制度、重要行政规章制度、重大教学科研改革措施、重要办学资源配置方案。组织制定和实施具体规章制度、年度工作计划。

2. 组织拟订和实施学校内部组织机构的设置方案。按照国家法律和干部选拔任用工作有关规定，推荐副校长人选，任免内部组织机构的负责人。

3. 组织拟订和实施学校人才发展规划、重要人才政策和重大人才工程计划。负责教师队伍建设，依据有关规定聘任与解聘教师以及内部其他工作人员。

4. 组织拟订和实施学校重大基本建设、年度经费预算等方案。加强财务管理和审计监督，管理和保护学校资产。

5. 组织开展教学活动和科学研究，创新人才培养机制，提高人才培养质量，推进文化传承创新，服务国家和地方经济社会发展，把学校办出特色、争创一流。

6. 组织开展思想品德教育，负责学生学籍管理并实施奖励或处分，开展招生和就业工作。

7. 做好学校安全稳定和后勤保障工作。

8. 组织开展学校对外交流与合作，依法代表学校与各级政府、社会各界和境外机构等签署合作协议，接受社会捐赠。

9. 向党委报告重大决议执行情况，向教职工代表大会报告工作，组织处理教职工代表大会、学生代表大会、工会会员代表大会和团员代表大会有关行政工作的提案。支持学校各级党组织、民主党派基层组织、群众组织和学术组织开展工作。

10. 履行法律法规和学校章程规定的其他职权。

（三）高校校长办公会决策的程序设计

1. 校长职务设置与人选产生。高等学校设校长一人，根据学校规模设副校长若干人。高等学校行政领导班子实行任期制，任期的具体要求按有关规定执行。

（1）校长任职应具备以下基本条件和资格：

第一，具有扎实的马克思主义理论功底，坚持中国特色社会主义理论体系，带头贯彻落实科学发展观，坚决执行党的基本路线、基本纲领和教育方针政策，坚持社会主义办学方向。

第二，坚持解放思想，实事求是，与时俱进，开拓创新，认真调查研究，能从实际出发，卓有成效地开展工作，业绩比较突出。

第三，熟悉高等教育规律和有关法规，具有丰富的治校治教和学科建设工作经验，一般应有高等学校工作经历。

第四，具有较强的组织领导能力，能驾驭全局，善于处理学校工作中的复杂问题和突发事件。

第五，具有强烈的事业心、责任感和奉献精神，能将主要精力和时间用于学校的行政管理工作；有民主作风、大局观念，善于团结同志，坚持和维护民主集中制；坚持全心全意为人民服务，正确行使人民赋予的权力，依法办事，清正廉洁，勤政为民，密切联系群众。

第六，具有较高的学术水平，在学术界有一定的影响，具有大学本科以上学历和高级专业技术职称。

（2）副校长的任职条件和资格结合岗位要求参照执行。校长任职年龄界限一般为 60 周岁。初任时，属提拔任职的年龄一般应能任满一届。

校长、副校长的选拔，要贯彻干部人事制度改革的精神，扩大选人视野，具体人选产生途径：在本校内部民主推荐产生；在相关高等学校中公开推荐产生；从优秀留学人员和留学回国人员中挑选；根据工作需要，还可以在党政机关适合做高等学校工作的领导干部中选调或交流选拔。

2. 校长职责权限

（1）贯彻落实国家教育方针，执行高等学校教育教学标准，接受上级机关和学校党委的领导，主持学校的教学、科研、社会服务和其他行政管理工作。

（2）贯彻落实科学发展观，坚持以人为本，善于运用战略管理、资源整合、开放办学、团队创新、科学竞争等现代管理理念开展工作。

（3）提请学校党委会（常委会）讨论决定学校的改革和发展问题，以及教学、科研、人事、外事、学生教育和管理、财务、基建、后勤等各项行政工作中的重大问题，并组织实施党委的决议。

（4）组织拟订学校的办学方针和章程，组织编制学校的发展规划和年度工作计划，建立和完善学校的各项规章制度，建立健全规范化、制度化的学校管理体系。

（5）组织实施学校的教育教学活动，推进教育教学改革，优化教育结构和资源配置，提高学校教育教学质量和教育资源的使用效益，培养合格的社会主义事业建设者和劳动者。

（6）组织开展学校的科研活动，优化科研环境，提高学术研究水平；组织开展学科建设、专业建设、研究基地（实验室）建设和社会服务，与地方政府、企事业单位和其他社会组织进行多形式合作，为社会提供人才、智力服务，强化学校的社会服务功能。

（7）在党委的领导下，组织实施校园文化建设、师德建设以及学生思想品德教育和学风建设。

（8）依法保障科学研究、文学艺术创作和其他文化活动的自由，加强学术道德建设，建立和完善学术道德规范，营造健康良好的学术风气和学术环境；加强对教学科研人员的学术道德教育，培养严谨治学、勇于创新的科学态度和学术精神。

（9）组织拟订学校教学、科研和行政等内部组织机构设置方案，推行学校内部管理体制改革，建立现代大学运行机制；根据党管干部原则，按照权限和程序推荐副校长人选；根据学校有关决定，按照权限和程序代表学校任免（聘任、解聘）内部行政机构负责人。

（10）根据国家与上级主管部门有关规定，结合本单位实际，拟订岗位设置方案，聘任与解聘教师以及内部其他工作人员，审定增减人员计划，决定人员调入、调出和引进接收；组织拟订学校人事制度改革方案、内部津贴和工资分配方案，决定对教职员工的晋升、奖励或者处分。

（11）组织制订招生计划和毕业生就业方案，组织指导招生和毕业生就业工作。组织对学生进行学籍管理，实施对学生的奖励或处分。

（12）主持拟定和严格执行内部财务制度和年度经费预算方案，监控财务收支状况，筹措办学经费；依法保护和管理校产，维护学校合法权益；提高非经营性资产的使用效益，对经营性资产负有保值、增值责任。

（13）根据国家涉外政策规定，组织开展对外交流与合作，代表学校对外签约、接受各种捐赠。

（14）组织处理和解决教代会提案，保证教职工参与民主管理和监督，维护学校师生员工的合法权益。

（15）履行法律法规和学校章程规定的其他职权。

3. 校长办公会议。高等学校实行校长主持的校长办公会议制度，依法处理校长职权范围内的有关事项。

校长提交党委讨论决定之前，应由校长办公会议研究、审议的事项：

（1）学校发展战略与规划、基本建设规划、重大的专项工作计划和安排、联合办学等。

（2）教学、科研、学科建设、专业设置、学生、医疗保险、人事、校办产业、后勤及其他行政管理方面的重要改革方案、工资福利分配方案及其他政策措施。

（3）学科、专业重大改革调整方案和处级行政机构设置与调整方案。

（4）较大额度的学校年度预算外资金的立项和使用，较大额度的投资、贷款或引资建设项目。

（5）全校年度财务预算、决算方案。

（6）学校重大资源、资产的处置方案（包括对土地、房屋等有形、无形资产的处置）。

（7）全校性各种委员会、校办企业法人治理结构的设立或调整方案。

（8）党委认为应先由校长办公会议审议的事项；校长认为需要提交党委讨论决定的其他重要事项。

校长办公会议成员由校长、副校长组成，校长办公室、监察处、教代会执行委员会或工会部门主要负责人列席，根据学校实际，党委书记、副书记和纪委书记可以参加会议。

校长办公会议议题主要由校长或副校长提出，由校长办公室（学校办公室）汇总，最后提交校长审定。党委书记、副书记可以对校长办公会议提出建议议题。学校有关部门可以提出议题，但须经主管校领导审查，并明确签署提交校长办公会议讨论的意见。

校长办公会议一般每两周召开一次。会议由校长或校长委托的副校长主持。校长办公会议的参会人数不少于应到会人数的三分之二。会议讨论时要充分发扬民主，集思广益，在与会人员充分讨论、发表意见的基础上，由校长或主持人归纳总结，形成一致意见，做出决定。会议出现重大意见分歧时，应留待进一步调查研究后再作决定。对于必须进行表决的事项，以赞成票超过应到会人员的二分之一为通过。

校长办公会议必须有完整记录，并按有关规定归档保存。会议做出的决定要印发会议纪要，按分工负责的原则组织实施。会议决定的事项由校长办公室负责督察督办。对会议决定在执行中因故需要变更的，应及时向校长报告。需复议的，按复议后决定执行。

4. 校长工作程序

（1）重大事项的决策和执行程序。学校行政的重大事项主要有：学校发展规划；重要改革方案；行政机构设置与调整；教学科研的重大问题；经费预算；重大项目投资和经济协议；对外合作和联合办学；校内其他管理法规规定的重大问题等。重大事项的决策与执行程序，要在学校党委的领导下进行，接受学校党委的监督、检查和指导，或取得学校党委授权。一般按照如下程序执行：

调查研究，提出方案。成立由学校校长或副校长牵头的专门机构，在调查研究的基础上形成初步工作方案。

群众参与，科学决策。对初步工作方案须广泛征求相关组织和专家学者的意见，由校长办公会议专题审议后，提请学校党委集体讨论决议。

责任到人，组织实施。根据党委决议，由校长按职责分工组织实施。在实施过程中如果需要变更、调整原定方案，应由责任人提出意见和建议，经校长同意并先后提交校长办公会议讨论和党委决议后方可做出变更。

加强督办，促进落实。校长要加强督促和检查，发现问题及时改正，确保工作任务的顺利完成。

（2）常规性行政事务的工作程序。常规性行政事务工作主要有：教学、科研、人事、基建、财务等学校各类日常行政管理工作；属于职责范围内的日常性工作等。一般按照如下程序执行：

校长、副校长按照各自分工、职责权限和学校规定，积极负责地独立开展工作。

及时了解工作情况，密切跟踪工作进展，出现问题应及早发现、及时解决。

副校长要向校长和行政领导班子报告工作，接受监督、建议和意见。

完善计划，加强组织，督促检查，提高管理工作水平。

（3）突发公共事件的应急程序。突发公共事件主要有：社会安全突发事件；公共卫生突发事件；事故灾难事件；网络信息安全事件；自然灾害事件；考试泄密和违规事件；影响学校安全与稳定的其他公共事件。一般按照如下程序执行：

学校设有突发公共事件应急处理领导小组及各专项应急处置工作组，事先制定应急处理预案。

突发事件发生后，相关应急处置工作机构全体成员要第一时间赶赴现场，对事件进行处置。一般情况下校长应亲临一线指挥。

将事态及时向上级机关和学校党委报告，听取他们的意见和指示。

采取有效措施，及时化解矛盾，防止事态扩大。

应急任务结束后，积极做好善后工作，恢复正常秩序。事件处理完毕，形成书面材料，向上级领导机关和有关职能部门报告。

形成较完整的事件处理备忘录。

5. 协调，报告制度。校长和党委书记每周要定期沟通情况，建立学校党政主要领导沟通机制，加强学校党政领导沟通协调。

建立校长专题会议制度。校长专题会议是校长会议的组成部分，主要研究解决在执行学校总体工作过程中的问题。会议的议题一般涉及2—3名主管校长分管的工作。会议由校长或主管副校长主持召开，有关学校领导、职能部门和教学院系主要负责人参加。校长专题会议所研究、协调和决定的事项必须执行。校长办公室派人列席会议，并对会议纪要进行督促检查和落实，反馈信息。

建立校长碰头会制度。研究处理学校日常行政工作中的问题，布置、督促、检查、协调工作，加强行政领导班子的沟通和协调。建立校院（处，系）长联席会议制度，加强学校上下的沟通和交流，通报学校工作中的重要情况，研究、解决、协调校院（处、系）工作中的实际问题。

校长每学期应向学校党委会报告1—2次行政工作，及时向学校党委会报告贯彻党委决定和学校重大行政工作的组织实施情况，接受党委的领导和监督。

校长每学年至少向学校教代会报告1次行政工作，听取意见，接受民主监督。

校长、副校长和学校行政领导班子，在校长任期中期和任期届满时，要向学校中层以上干部大会作述职报告，接受民主测评和上级考核。

6. 副校长工作。副校长是校长的助手，在校长领导下分管有关方面工作。副校长要完成校长分配的工作，对校长和学校党委负责，接受校长的指导、督促和检查。

副校长要协助校长开展工作，指导分管的部门（或业务）工作，协调涉及多个部门的工作。对于职责范围内不能解决的问题，以及重大问题和政策性问题，要向校长报告，并提出解决问题的意见和建议。如认为需要提交党委会讨论决定的事项，应先向校长请示报告，由校长提请党委会讨论决定。

副校长要树立配角意识，当好校长的参谋助手；要树立合作意识，加强与其他副职的相互沟通和配合；要树立服务意识，指导、帮助和带动下属工作。

校长和副校长之间、副校长之间要加强团结协作，密切配合，在学校党委和校长的统一领导下，保持学校行政工作的协调一致和运转有序。

三　完善高校党委办公会和校长办公会的协调机制

党委领导下的校长负责制是一个不可分割的有机整体，必须坚持党委的领导核心地位，保证校长依法行使职权，建立健全党委统一领导、党政分工合作、协调运行的工作机制。要合理确定领导班子成员分工，明确工作职责。领导班子成员要认真执行集体决定，按照分工积极主动开展工作。

党委书记和校长要树立政治意识、大局意识，相互信任，加强团结。建立定期沟通制度，及时交流工作情况。党委会议有关教学、科研、行政管理工作等议题，应在会前听取校长意见；校长办公会议（校务会议）的重要议题，应在会前听取党委书记意见。意见不一致的议题暂缓上会，待进一步交换意见、取得共识后再提交会议讨论。集体决定重大事项前，党委书记、校长和有关领导班子成员要个别酝酿、充分沟通。

学校领导班子应经常沟通情况、协调工作。党委书记、校长要发扬民主，充分听取和尊重班子成员的意见，支持他们的工作。领导班子成员要相互理解、相互支持，对职责分工交叉的工作，要注意协调配合。

坚持领导干部双重组织生活会制度，提高组织生活质量。认真开好民主生活会，正确运用批评和自我批评的武器，开展积极健康的思想斗争。

落实谈心谈话制度，党委书记和校长要定期相互谈心，定期同其他领导班子成员谈心，对在思想、作风、廉洁自律等方面出现的苗头性倾向性问题，要早提醒、早纠正；领导班子成员之间要经常交流思想、交换意见，努力营造团结共事的和谐氛围。

第 二 章

高校干部人事权的理论研究及
规范设计

第一节　高校岗位设置及聘任的
规范与程序设计

高校岗位管理制度改革是国家进一步深化高校人事制度的改革，进一步加强人才队伍建设，推进高校人事管理制度转型的重要举措。2006年事业单位工资改革后，岗位聘任成为事业单位工资改革的核心环节，从人事部颁发《事业单位岗位设置管理试行办法》（国人部发〔2006〕70号）及《〈事业单位岗位设置试行办法〉实施意见》（国人部发〔2006〕87号）开始，各事业单位掀起了新一轮岗位聘任的高潮，特别是高校，2007年以来教育部各直属高校以及地方高校都在探索新一轮高校岗位设置及聘任管理方案，各高校结合本地区及自身实际情况，制定了适合自己学校发展的方案，但是以岗位管理为轴心，围绕岗位设置、岗位聘任、岗位考核和岗位分配为主要内容深化人事制度改革，建立健全高校现代化人事管理模式却是各个高校方案的共同点①。目前各高校在岗位设置中进行了积极探索，已经取得了不少成绩，同时也存在着一些不可忽略的问题，这些问题很多跟岗位设置与聘任实施过程中的程序不规范有关。因此，针对存在的问题，有必要对高校岗位设置及聘任进行规范，以推动此项工作的深入有效开展。

---

① 张友恭：《高校岗位设置与聘任管理实施工作及其存在问题研究》，《齐齐哈尔师范高等专科学校学报》2009年第3期。

一　高校岗位设置与聘任管理工作的基本程序

（一）制定岗位设置方案

高校在充分调研和科学分析的基础上，制定岗位设置方案，方案的内容一般包括单位的基本情况、拟设置岗位情况、其他相关问题（如编外人员情况等）的说明及处理建议、实施的组织领导及进度安排等方面的内容。其中的重要内容为单位的基本情况和拟设置岗位情况部分。单位的基本情况应包括职责任务、单位规格、经费形式、人员编制、内设机构、专业技术职务结构比例、现有岗位及人员配备等方面的内容。拟设置岗位情况应包括岗位类别及三类岗位结构比例，管理岗位、专业技术岗位、工勤技能岗位的岗位级别等内容。在岗位设置方案制订完成后上报主管部门审核。

（二）上级审核批准

上级主管部门对高校的岗位设置方案进行审核，审核的内容主要包括：实施范围是否明确、是否符合岗位设置的政策规定、是否有规范的岗位聘用办法、是否按照规定的程序和权限进行操作等，审核通过后下达岗位设置审核通知单至各高校。

（三）制定岗位实施方案

各高校在收到审核通知单后，开始制定岗位设置实施方案，进行岗位设置，将岗位类别等级细化到每个具体工作岗位，并制定具体工作岗位说明书，明确每个工作岗位的职责任务、任职条件，并制定实施岗位聘用的具体程序和办法。岗位设置实施方案内容主要包括：岗位设置实施方案的政策和依据、指导思想、设岗基本原则、实施范围、核准岗位情况、各岗位具体任职条件、岗位聘用办法、实施步骤、组织领导等。高校岗位设置实施方案的制定要注重广泛听取教职工对岗位设置实施方案的意见，且一般要求经过教职工代表大会讨论通过。

（四）组织岗位聘用

为推进岗位设置工作，高校一般通过成立岗位设置与聘用工作领导小组的组织机构，负责组织领导学校岗位设置管理与岗位聘用工作，讨论决定岗位设置与聘用工作的重要事项。领导小组下设办公室，负责全校岗位聘用工作的具体组织和实施。通过成立专业技术、管理和工勤技能岗位聘用工作委员会，负责学校层面的岗位聘用工作。有些高校还在各二级学院、职能部门、教辅单位成立岗位推荐与聘用工作小组，负责本部门人员岗位推荐与和较低级别层次人员的聘用工作。岗位聘用的基本程序为：一是公布岗位。学校或学院根据工作需要公布岗位信息、岗位职责、聘用条件等。二是申请应聘。应聘者向本单位岗位聘用工作小组提出应聘申请。三是资格审核。学校岗位设置工作领导小组办公室和各二级单位岗位聘用工作小组分级对应聘人员的聘用资格和基本条件进行审核。四是确定拟聘人员。由各岗位设置与聘用工作委员会和二级单位聘用工作小组分级确定拟聘名单。五是聘前公示。拟聘结果确定后由学校以适当方式进行公示。在公示期内有异议者，由岗位设置与聘用工作领导小组进行复议。六是结果审定。学校岗位设置与聘用工作领导小组和各岗位聘用工作委员会分级审定聘用结果，学校形成聘用方案上报上级部门审批后实施聘用。

（五）合同管理及考核

高校聘用方案经上批审批后，高校与受聘人员在协商一致的基础上签订聘用合同，聘用合同明确了受聘岗位的职责要求、工资福利待遇、岗位纪律、聘用合同变更、解除和终止的条件以及聘用合同期限等方面的内容。聘用合同期限内调整岗位的，应当对聘用合同的相关内容做出相应变更。聘用合同期满前，学校应按国家有关规定和受聘人员的履职情况，认真进行考核，及时做出续聘、岗位调整或解聘的决定。考核一般分为聘用期满考核和年度考核两种。聘用期满考核重点考核个人岗位职责和任务的完成情况，年度考核主要针对个人年度工作情况进行考核。

二　高校岗位设置与聘任管理工作存在的问题

（一）岗位的设置不够科学

大部分高校受办学类型、特点及水平等多种因素影响，教职工岗位结构存在不合理现象，在设置岗位总量和结构比例时，更多的是考虑如何设置能够符合国家有关政策要求，而较少从学校的战略发展定位、学科与专业设置、人才队伍建设规划等方面进行考虑和战略性的规划，导致设置的岗位总量和结构比例不够科学。由于长期受身份管理观念的影响，许多高校在进行岗位设置时对岗位的分析不够重视，缺少深入的调研论证和系统的分析决策，而是往往根据现有岗位和人员现状进行岗位设置，通过这种方式设置的岗位更多是主观判断的结果，而非客观分析的结果，容易导致出现职责不清、随意管理的情况，也影响了后续的人员招录、岗位交流、绩效考核等工作的开展。

（二）岗位说明缺乏规范性

岗位设置规范性的一个重要体现是岗位说明书是否具体及完善程度。高校在岗位设置中对岗位说明书的制定并不重视，甚至出现有些高校没有制定正式的岗位说明书，有些高校虽然制定了比较完备的岗位说明书，但没有充分落实；有些高校为了便于操作，岗位说明书不是由人事工作者进行编写，而是由本职人员自己编写，这种做法难以保证岗位说明书的科学性和规范性。此外，许多高校的岗位说明书的内容不够完整，尤其是对岗位晋升关系和岗位任职资格条件的描述很少涉及。而岗位说明书内容的缺失和执行不到位，使目前许多高校的职位管理缺少最基本的依据。

（三）聘用流程存在不公平

部分高校在岗位聘用的过程中存在着程序不公平的现象。许多高校岗位聘用工作组在人员的构成上存在不合理的现象，有些工作组构成人数偏少，且大部分是行政领导或高级职称的教师，一般干部、工勤人员和普通老师的参与面较小，这容易导致岗位聘用的结果更有利于级别较高的人员，导致结果的不公平；有些高校各等级的竞聘考核标准没有进行事前充分的群众讨论，在得不到认可的情况下强行通过，存在暗箱操作的嫌疑；有些高校各等级岗位聘用评价过程并未公示，评价的结果没有进行及时的完全公示和反馈等；有些高校各等级岗位聘用过程并没有很好地执行回避制度、纪检监督部门没有有效地进行监督，使得整个岗位设置与聘用的过程，违背了公开、公平、公正的原则，挫伤了教职工的积极性，进一步加剧了干群之间和教职工之间的矛盾。

（四）评价过程的主观随意性较大

在岗位设置与聘用的过程中，部分高校制定的评聘标准比较笼统、主观性和随意性大；有些高校把等级较低的专业技术人员聘用权下放到学院，只是制定了一个统一的参照标准，允许各学院根据实际情况自行制定评聘的标准，导致各学院制定的标准有较大的差别，个别学院公布的评价条件与实际执行的评价条件不一致，存在明显的"因人设定条件"的现象。有些高校各等级岗位聘用评价采取小组评议、成员投票表决的方式进行，导致出现不同教师在条件基本相同的情况下，善于拉票的，聘用等级可能就高；反之，聘用等级可能就低。

（五）聘用评价标准不科学

高校教师主要从事教学和科研两方面的工作，这两方面工作是评价教师工作绩效的不可偏颇的条件。有些高校在制定教师的岗位聘用标准时，出现了明显的重科研轻教学的倾向。在聘用标准的制定中，对科研的指标进行了明确的规定，提出较高的要求。而对教学工作的要求比较笼统，仅规定完成了教学工作量，而对教学质量的要求不明确。采用这样的评价标准得出的聘用结果，会严重挫伤教师从事教学工作的积极性，不利于高校教学质量的提升。有些高校在制定管理岗位和工勤岗位聘用标准时，没有很好地考虑到个体差异和岗位差异，导致吃"大锅饭"的现象普遍存在。

（六）合同管理和聘期考核不规范

有些高校对合同管理工作不够重视，致使合同管理流于形式，制定的聘用合同不能体现岗位的特点，没有充分发挥应有的作用，甚至出现有些高校在岗位设置与聘用后没有与教职工签订合同的现象，没有实现从固定用人向合同用人的转变。此外，有些高校没有建立起科学考核机制，聘期考核不规范、考核的方法单一，没有认真地对在岗人员的思想政治素质、工作能力、工作态度、工作业绩和廉洁自律等方面的情况进行考察，做出评价；有些高校的考核只关注可量化的指标，没有关注定性评价的指标；有些高校在考核中没有坚持客观公正、民主公开、注重实绩的原则，考核流于形式，也没有把考核结果作为续聘、解聘或者岗位调整的依据。

三　高校岗位设置与聘任管理工作的规范

（一）科学进行岗位分析

高校的岗位设置工作既要着眼于学校现状，又要充分考虑到学校的发展方向和目标，按需设岗，总量控制。系统、深入了解和分析学校现有人员状况和现有岗位情况，同时根据学校发展总体规划、人才队伍建设和学科建设规划等预测未来所需岗位数量与岗位结构，为杰出人才的晋升、特殊人才的引进留下足够的空间①。与此同时，要认真做好岗位分析工作，对于这一项技术性很强的工作，要分为以下几个阶段完成：一是准备阶段。这一阶段主要任务是明确岗位分析的目的和任务，确定参加岗位分析的人员，对所分析的岗位进行初步了解，确定设计调查方案等。二是调查阶段。这一阶段主要是采取访谈、发放问卷、实地调查等方法，对各个岗位进行全面了解，收集相关岗位的工作职责、任职要求等方面的内容。三是分析阶段。这一阶段主要是对收集的岗位信息进行甄别，收集有用信息、剔除无用信息，并在深入分析和认真总结的基础上，归纳总结各岗位的职责、任务、工作关系等要点。四是形成分析报告阶段。这个阶段的主要任务是将分析的结果形成书面材料，并提交给相关部门进行决策。

（二）完善岗位说明书

高校要高度重视岗位说明书的编制工作，要指定从事人事工作的同志科学地编制岗位说明书，而不能由本职人员按照自己的职责主观地编制岗位说明书。岗位说明书要在进行充分岗位分析的基础上进行草拟和完善，在实际操作中，要确保岗位说明书内容的完整和系统，避免流于形式。岗位说明书的内容至少应该包括岗位基本信息、任职条件、岗位职责三个部分。其中，岗位基本信息必须列明岗位名称、部门归属和岗位概要等内容。任职条件包括从事该职位所需的学历、专业、能力素质、工作经验要求等。岗位职责则必须依据各岗位的工作性质、目标和特点来确定，并且对每个岗位进行细化。由于高校的岗位数量众多且具有差异性，因此，对每个岗位教职工的岗位职责规定也不同，每位教职工的工作开展和考核都必须依照岗位说明书的要求进行，学校对于完成任务的教师，给予续聘或晋升，对于没有完成任务的教师，则给予解聘或缓聘。

（三）确保聘用的公平公正

高校在岗位设置与聘任的过程中，要进一步强化聘用过程的管理，确保程序上的公正公平，具体要做好以下工作：一是加强监督。为了在最大程度上维护广大教职员工的正当权益，化解矛盾，确保高校岗位设置和人员聘用工作的公开性、公平性和公正性，应成立岗位设置和人员聘用工作

---

① 顾志兰：《普通高校岗位设置与岗位聘用的问题与对策研究》，《教育与职业》2010 年第36 期。

监察小组，负责监督岗位设置和人员聘用工作是否准确执行相关政策纪律及规定的工作程序。通过受理投诉和申诉，进行调查核实、情况反馈等手段，确保高校落实广大教职员工的知情权、参与权、选择权和监督权①。二是确保信息的公开和透明。这些信息包括岗位设置的数量和等级，岗位聘用的评价标准和权重，岗位聘用的结果和反馈处理情况等。三是确保员工的广泛参与。可通过讨论会、座谈会、问卷调查等多种形式广泛征求教职工的意见，并吸收一定比例的普通教职工参与到聘用工作中。四是建立回避制度。规定在岗位聘用和评议工作中凡涉及本人或直系亲属利益的，相关人员须按有关规定回避。五是确保聘用结果的客观公正。要通过制定客观和统一的评聘标准、加强对参与聘用评价工作的领导集体的权力制约、加强对聘任评价结果的公示等措施，确保聘用结果的客观公正。

（四）完善各类岗位考核

高校在岗位设置与聘任的过程中，要完善合同管理工作，在合同中要充分体现岗位的基本职责和目标任务，为岗位考核提供依据，并在此基础上做好岗位考核工作。高校要高度重视岗位考核工作，充分认识到岗位考核工作是岗位设置与聘任中的关键环节，岗位考核结果将影响到岗位聘任工作能否扎实推进、能否充分调动各支队伍人员的工作积极性，在总结以往考核工作的基础上，进一步研究制定岗位考核工作的具体实施意见，进一步建立健全岗位考核的指标体系，改进考核的方法，提高考核工作的水平。在建立健全各类岗位的考核指标体系方面，要根据学科的发展和岗位的职责要求来设立考核指标和考核标准，全面考核教职工的专业能力、师德表现、科研、教学、管理、服务社会等方面的表现。在改进考核方法方面，可根据高校具有不同学科以及不同岗位的特点，有针对性地采取定性和定量、过程和目标、分类考核等考核方法，进一步提高考核工作的科学性和有效性。高校要进一步完善岗位考核制度，把考核结果与教职工激励机制结合起来，明确考核结果将作为教职工是否续聘的主要依据，并与个人的绩效考核、收入分配等紧密结合起来，从而引导教职工不断努力提高自身的素质和业务能力，使得个人能力能够不断适应岗位的需求，促进高

---

① 杨艳艳、周忠伟：《高校岗位设置与人员聘用工作的思考》，《广东医学院学报》2012年第6期。

校各项工作的有效发展。

第二节　高校干部选拔的规范与程序设计

高校干部队伍是高校办学治校的关键因素，在学校的各项工作中担负着重要的领导、管理、组织和协调职能，其素质和能力直接影响着高校各项工作和整体办学水平，直接影响着高校人才培养和教育教学的质量。近年来，高校党委及组织部门在干部选拔任用中，认真贯彻《党政领导干部选拔任用工作条例》的要求，坚持党管干部的原则，严格工作程序，完善干部选拔任用机制，提拔和使用了一批群众基础好、业绩突出的干部，为高校事业的发展提供了坚强的人才保证。但与此同时，随着高校内部管理体制改革和人事制度改革的不断深入，高校在干部选拔任用方面也存在一些不容忽视的问题。对此，全面分析高校领导干部选拔任用工作中出现的新情况和新问题，对高校干部选拔程序进行规范，探索建立科学的干部选拔任用的机制，防止高校在选人用人上出现的偏差，对于促进高校事业的发展具有重要的意义。

一　高校干部选拔任用工作的基本程序

（一）动议

高校党委或者组织部门按照干部管理权限，根据工作需要和领导班子建设实际，提出启动干部选拔任用工作意见。组织部门综合有关方面建议和平时了解掌握的情况，对领导班子进行分析研判，就选拔任用的职位、条件、范围、方式、程序等提出初步建议。初步建议向高校党委主要领导成员报告后，在一定范围内进行酝酿，形成工作方案。

（二）民主推荐

高校选拔任用党政领导干部，必须经过民主推荐的程序，民主推荐由同级分党委（党总支）主持。在换届时，民主推荐按照领导班子职位的设置进行全额推荐；个别提拔任职时，则按照拟任的职位进行推荐。校领导和学院及机关部、处、室、直属单位主要负责人有权推荐领导干部人选，但必须负责地写出署名的推荐意见。所推荐人选经组织部门审核纳入民主推荐范围，缺乏民意基础的，不得列为考察对象。各行政领导班子换届时，民主推荐由下列人员参加：本单位党政领导成员、全体教职工；与单位业务工作有联系的党政领导或教职工代表；其他需要参加的人员。分党委（党总支）换届，按党章及有关规定办理。换届时，民主推荐应按照以下程序进行：第一，召开推荐会，公布推荐职位、推荐范围、任职条件，提供干部名册，组织填写推荐表；第二，进行个别谈话推荐；第三，对会议推荐和谈话推荐情况进行综合分析；第四，向上级党委汇报推荐情况。领导班子换届，根据会议推荐、个别谈话推荐情况和领导班子结构需要，可以差额提出初步名单进行二次会议推荐。机关部、处、室等部门或其他单位的领导成员个别提拔任职时，参加民主推荐的人员和民主推荐的程序可参照班子换届的规定执行。个别提拔任职的民主推荐程序也可以先进行个别谈话推荐，根据谈话情况，经学校党委或者组织部门研究，提出初步名单，再进行会议推荐。

（三）组织考察

选拔任用党政领导干部，必须注重对工作实绩的考察，对已确定的考察对象，由组织部按照干部管理权限进行严格考察。考察党政领导干部人选，必须依据干部选拔任用条件，针对不同领导职务的要求，全面考察人选的德、能、勤、绩、廉等方面的情况。考察应按照以下程序进行：第一，成立考察组，拟订考察方案；第二，通过适当方式在一定范围内发布干部考察预告；第三，采取个别谈话、民主测评、实地走访、查阅干部档案和工作资料等方法，广泛了解情况，根据需要进行民意调查、专项调查、延伸考察；第四，对考察情况进行综合分析，对考察对象做出全面准确的评价；第五，高校组织部根据考察情况，提出班子配备和干部任用的建议，向分管干部工作的校领导汇报。考察党政领导干部人选时，个别谈话的范围和对象包括考察对象所在单位的上级分管领导成员、所在单位的领导成员、所在单位教师和职员代表以及其他需要参加人员。考察过程中，应听取纪检、监察和人事等部门的意见。考察材料应当准确、清楚、实事求是地反映考察对象的德才表现、工作实绩和主要特长；反映干部的主要缺点和不足。

（四）讨论决定

党政领导干部的选拔任用，必须由学校党委会集体讨论做出决定。学校党委会决定干部任免事项，须有三分之二以上的成员参会，与会成员在充分讨论的基础上，采取举手表决、口头表决或者无记名投票等方式进行表决。干部任免的决定如果需要复议的，必须经超过半数成员同意后方可进行。讨论决定干部任免事项应按照以下程序进行：第一，由党委分管干部工作的领导成员或组织部负责人介绍对拟任人选的推荐和考察情况，其中涉及破格提拔的人选，应当说明破格的具体情形和理由；第二，与会成员进行充分讨论；第三，进行表决，以党委应到会成员超过半数同意形成决定。

（五）任职

学校党委在下发任职通知前，必须在一定范围内对拟任职干部人选进行公示。公示内容应当真实准确，便于监督，涉及破格提拔的，还应当说明破格的具体情形和理由。公示期不少于 5 个工作日。公示结果不影响任职的，办理任职手续。实行任职谈话制度，对决定任用的干部，由学校党委指定专人同本人谈话，肯定成绩，指出不足，提出要求和需要注意的问题。

二　高校干部选拔任用工作中存在的主要问题

（一）民主推荐环节中存在的问题

1. 提名阶段的双轨制运作不够明确。目前高校存在集体推荐和个人自荐两种干部选拔提名方式，这种双轨制的运作有时不够明确。一方面，有时集体推荐的范围定得太窄，只在部分代表中进行，导致推荐工作不能充分了解民意，群众觉得自己的选择权被剥夺，对干部选拔工作不够关心；另一方面，个人自荐得不到应有的重视，存在符合资格要求的干部不主动参与竞聘的情况。这两方面的情况，导致高校选拔任用干部的提名工作中，容易出现由现任领导选候选干部的现象，这种方式虽能够减少推荐的盲目性，推动工作的顺利开展，但也存在明显的局限性，容易进入少数人选人的误区。

2. 民主推荐的结果透明度不高与结果运用的不合理。高校的民主推荐结果很少向参与推荐的群众公开反馈。由于结果不公开，当公布的考察人选与部分群众的期望人选不一致时，容易导致部分群众的误解，挫伤了群众参与选人用人工作的积极性。在过去较长的一段时间，高校在干部任用中，一般把民主推荐得票高者确定为候选人，存在被推荐票绑架，过分看重票数，简单以票取人的现象。

（二）组织考察环节中存在的问题

1. 考察工作的透明度不够。一是考察的具体操作程序不够透明。由于部分高校缺乏考察预告制等机制的运作，导致考察工作的程序和具体做法没能及时公开，致使群众对考察工作准备不足，在考察工作整个程序中，群众对自己的民主权利模糊不清，对考察对象的评价准备不足，处于被动参与的状态，影响考察工作的实效。二是考察结果的反馈不透明。大部分高校对干部的提拔考察的情况，没有向考察对象所在单位或群众进行反馈，群众对自己所反映的意见和建议是否被采纳并不知情，一定程度上影响了群众参与考察工作的积极性。

2. 考察工作的方式方法有待改进。一是确定参与考察的范围不合理。部分高校依据考察对象的群众基础来划定考察的参与范围，这种做法容易导致通过考察所反映的信息不够客观和全面，甚至失实。二是考察工作的力度不够。大部分高校组织部门的工作人员偏少，而考察工作的任务较繁重，这两者之间的矛盾导致了考察工作力度的削弱。大部分高校的干部考察侧重于采取民主测评、个别谈话等静态考察方法，较少采取跟踪考察、实地考察等动态考察方法；侧重于任职前的集中考察，而忽视了对干部的平时考察。

（三）监督环节主要存在的问题

1. 监督的标准不够明确。由于目前并没有统一的高校选拔任用干部的具体标准，高校党委及其组织人事部门在实际工作中较难把握；群众在评价干部时也往往凭借平时的印象，对干部的表现是否优秀进行评判；当实行差额考察时，也没有明确和规范的标准去比较考察对象的成绩，往往依靠主观判断。这些问题也造成了高校的纪检监督部门对于干部选拔任用工作的监督内容难以全面把握，不利于全方位地开展监督工作。

2. 缺乏监督的责任制度。干部选拔任用工作程序复杂、中间环节多，无论哪个环节出现偏差，都可能会影响到干部选拔的质量。高校对于干部选拔任用工作过程中的民主推荐、组织考察、组织讨论等各个阶段的具体责任人，具体应该承担什么责任以及如何承担责任，都没有明确的统一规范，导致出现选拔任用干部失职事件时，即使追踪到选拔任用工作的漏洞，也很难追究选拔任用主体的相关责任。

三　高校干部选拔任用工作的规范

（一）强化学习宣传，营造风清气正选人用人环境

高校要按照"领导干部熟知、组工干部精通、干部群众了解"的原则，把学习宣传《党政领导干部选拔任用工作条例》作为一项基础性工作抓紧抓好。通过对《党政领导干部选拔任用工作条例》和有关法规政策的学习和宣传，牢固树立正确的用人导向，使广大干部群众对干部选拔任用工作的基本原则、工作程序和工作方法有全面的了解，真正把干部选拔任用工作的知情权、参与权、选择权和监督权交给群众。要采取有效的措施，进一步提高干部选拔任用工作的群众参与度和民主监督力度。在民主推荐前，要将候选职位的任职资格及时公布，进一步畅通教职工知情的渠道；在组织考察前，要让广大教职工充分了解到拟考察干部的基本情况，清楚考察的程序和要求，让群众有充分表达自己意愿的条件；利用校园网及时发布干部任免的信息，落实广大教职工的知情权。通过高校全体教职工的共同努力，进一步增强预防用人上不正之风的自觉性，营造风清气正的选人用人环境。

（二）抓住关键环节，严格规范干部提名的程序

高校在规范干部提名工作中，要做好两个方面的工作。一是规范个人提名的方式。要明确规定领导干部个人推荐提名选拔任用的人选时，必须认真填写干部提名登记表，写明提名任职意向、提名理由和提名责任人等情况，为落实提名责任追究制度提供依据。二是规范民主推荐提名。首先，要适当扩大民主推荐范围。参加民主推荐的范围在本部门人员的基础上，可扩大到上级部门或业务相关部门的教职员工，参加推荐的人员构成上既要有党员代表，也要有民主党派和无党派人士，通过扩大民主推荐的范围，确保全面反映民意。其次，做好会议推荐的会务工作。积极创造条件为推荐人员填写推荐票提供相对隐私的空间，为参与者表达内心意愿提供便利，准备好专用票箱，方便推荐人员投票。再次，科学使用推荐结果。确定考察对象，应当根据工作需要和干部德才条件，将民主推荐与平时考核、年度考核、一贯表现和人岗相适等情况综合考虑，充分酝酿，防止把推荐票等同于选举票、简单以推荐票取人。

（三）突出工作重点，严格规范组织考察程序

高校在干部选拔任用工作中，要采取有效的措施进一步提高干部考察工作的透明度，进一步拓宽考察范围，提高干部考察工作的质量和水平。一是进一步提高干部考察工作的透明度。首先，要适当公开民主推荐的结果。民主推荐是干部选拔任用的必经程序，确定考察对象时必须根据拟任职位的要求，让群众进行民主推荐。要积极探索在一定的时间和范围内公开民主推荐结果，将民主推荐所产生的考察人选名单以及民主推荐的一些基本情况向群众公开，而对于考察人选的得票数和排列名次等具有保密性质的内容可以不予公开。其次，要反馈考察的情况。考察组在考察工作结束后，要及时将考察对象的干部群众评价情况和干部群众所反映的问题，以适当的方式向考察对象及所在单位的主要领导进行反馈；对于群众署名所反映的问题，要组织力量进行调查核实，并将核实情况向署名群众本人反馈。二是进一步拓宽考察范围，采取多种考察方式。首先，要适当扩大考察的群众参与面。为进一步体现考察的科学性，使考察结果更加客观真实，可把参与考察的人员范围在本部门或本单位中扩大延伸，确保参与的人员具有较强的代表性。其次，要注重加强平时考察。除要加强对干部的年终考核、届中考核和届满考核外，更要加强对干部平时的了解和考察，全面掌握领导干部的情况，通过采取集中考察与平时考察相结合的做法，避免一次考察定结果的情况发生。最后，要进一步改进民主测评方法。对考察对象进行民主测评时，可将民主测评表分发给不同类型的人员进行填写，然后再进行分类统计，以便了解不同类型人员对考察对象的评价。在考察时要重点了解部门领导班子成员对考察对象的评价，力求更全面了解考察对象的基本情况。

（四）注重制度建设，加强干部任用监督工作

抓好干部选拔任用工作，就应进一步注重制度建设，进一步规范选用程序，充分发挥监督制约作用，加强对干部任用的监督工作。一是实施干部选拔任用工作过程书面记录制度。对拟任人选的民主推荐、考察、讨论决定等环节的基本情况进行全面准确的记录，并形成干部选拔任用工作的纪实档案，为实施责任追究提供有效的依据。二是建立首提责任制。要进一步明确责任主体，规范提名权限，实行责任追究，谁提名、谁负责。针对违反干部政策规定、造成用人失察失误的不同情形，区分领导责任，提出相应的责任追究内容和办法。对未按规定程序和要求提名的，应当追究有关提名部门的责任。对领导干部以个人名义向组织推荐干部导致用人失察失误的，应当追究推荐人责任。对群众反映的问题隐瞒不报或者调查失实的，应当追究相关部门领导和直接责任人的责任。三是干部考察责任制。要对参与干部考察的人员进行严格把关，进一步明确工作职责，并提出纪律要求。考察时，要求考察组成员要认真履行考察职责，全面了解考察对象的德、能、勤、绩、廉等方面的情况，做出客观真实的评价。对考察工作中不坚持原则、不如实向组织汇报情况、不遵守纪律和弄虚作假的，要视其情节轻重给予批评教育和纪律处分。四是建立征求纪委意见的制度。组织部门与纪检机关要加强平时的工作沟通，及时掌握干部党风廉政情况；在确定考察人选后、实施考察前，组织部门应向纪检机关发函了解拟考察干部党风廉政情况，认真听取对其使用或处理的建议；要坚持全程把关，在考察预告、考察谈话过程、任前公示中，对反映党风廉政问题线索具体、情节严重的，组织部门应会同纪检机关认真调查核实，视情况做出暂缓考察、取消考察对象资格、不予任用等决定。

第三节　高校教师职称晋升与聘任的规范与程序设计

我国高校教师职称评聘制度大致经历了技术职务任命制、专业技术职称评定制、专业技术职务聘任制三个发展阶段。当前我国高校教师职务评聘工作是在 1986 年 2 月国务院下发的《国务院关于发布〈关于实行专业技术职务聘任制度的规定〉的通知》及同年 3 月国家教委颁布的《高等学校教师职务试行条例》的基础上开始实施的[①]。经过多年发展，高校教师的职称晋升与聘任工作积累了丰富的经验，形成了由初级到高级的一套完整的评聘体系，改善了广大教师待遇，提高了社会地位，促进了高校师资队伍的稳定和发展。但在实践过程中也存在着一些不可忽视的问题。针对存在的问题，有必要对高校教师职称晋升与聘任工作的程序进行规范，

---

① 吴凌尧、李吉海：《高校教师职称评聘工作中的廉政要求与规范研究》，《中国高校师资研究》2011 年第 3 期。

以进一步提高高校教师职称晋升与聘任工作的质量和水平。

一　高校教师职称晋升与聘任工作的基本程序

目前，大多数高校的教师职称晋升与聘任工作实行"评聘合一"的做法，主要包括设置岗位、个人申报、组织审核、组织评审、审批公示、发文聘任等程序。

（一）设置岗位

各高校从优化教师队伍和促进学科建设发展的角度，把设置岗位作为职称评审的一项基础性工作来开展，设置岗位的一般做法是根据学科建设和教师编制情况，将岗位分配到各二级学科上，各院系根据教师年度申报职称的情况，并结合学校批准的设岗方案，向人事处提交岗位的使用计划，人事处对各院系上报的岗位使用计划进行汇总分析并提交学校讨论，学校根据当年拟聘任的专业技术职务岗位数量，按照相应的比例向各院系下达推荐指标。

（二）个人申报

相关主管部门根据申报职称教师的条件设计了相关的表格供申报教师填写，以全面了解申报职称教师的情况，确保晋升职称教师的质量。表格的内容包括申报者个人的基本信息、教学和工作的情况、获奖情况、继续教育情况、计算机和外语的考试成绩、教学工作业绩和各类学术成果等，申报职称的教师必须在规定的时间内填写相关表格，并向所在院系的聘任分会提交申请。

（三）组织审核

对申报职称教师的审核分为资格审核和材料审核两个步骤进行。资格审核是对申报职称教师的材料是否符合申报条件进行审核，以确定是否对其材料递交审核。材料审核是由人事处汇总申报教师的信息后，提交到学校相关部门组成的审核工作组，由审核工作组对申报教师提交的表格和相关原始证明材料进行认真审核，以确认申报教师的申报信息是否真实有效，并在校内对申报教师的相关材料进行公开。

（四）组织评审

评审是高校教师职称评审中的重点，一般由人事处负责组织相关评审工作。评审工作由以下几个步骤组成：一是由同行专家进行鉴定。学校确定申报教师的论文代表作的送审方向，并由人事处做好安排送同行专家进行鉴定的工作。二是进行民主测评。参加民主测评的人员一般由申报教师所在院系的领导和各类职称教师代表组成，民主测评的结果将作为各院系评审推荐的重要依据。三是召开评审委员会分会。评审委员会分会的成员通过对申报教师答辩情况的了解，在参照民主测评情况和同行专家的评议意见的基础上，对申报教师的基本情况进行全面的掌握和了解，在符合申报条件的教师中择优评审推荐，通过采取无记名投票的方式进行投票，得票超过半数以上的申报教师名单上报学校。四是学校学科组进行评议。学校学科组成员对申报职称教师的业绩成果材料进行认真评议，并提出初审意见，经过无记名投票以后得赞成票超过二分之一的教师名单，提交学校评审委员会进行评审。五是学校评审委员会进行评审。学校评审委员会对申报教师的材料和学科组的意见进行认真审议，并进行无记名投票表决，对有评审权的高校来讲，赞成票超过出席会议委员数的三分之二的视为通过，对没有评审权的高校来讲，赞成票超过出席会议委员数二分之一的视为通过。

（五）审批公示

对于有职称评审权的高校来讲，在学校评审委员会通过后，对评审结果在全校范围内进行公示，如果在公示期间内无异议，则将评审结果报送省教育主管部门进行审批。对于没有评审权的高校来讲，则由省教育主管部门组成的高级评审委员会对高校报送的材料进行评审，在评审通过以后，由学校在全校范围内公布通过名单并进行公示。

（六）发文聘任

学校成立聘任工作领导小组，在认真分析的基础上，对各院系下达各级教师职务岗位数。各院系聘任分会根据学校分配的各级职务岗位数，制定本单位的聘任工作方案，科学设置各级教师职务岗位，明确各岗位的工作职责和工作任务，并向本单位全体教师公布。教师根据聘任的条件，递交个人的应聘申请，院系聘任分会根据应聘教师的条件和申请，在充分考核其履行岗位职责的能力的基础上，提出拟聘任的初步意见，报学校聘任工作领导小组核准后正式发文聘任。

二   高校教师职称晋升与聘任工作存在的问题

虽然高校教师职称晋升与聘任工作经过多年实践已形成了一套较完整的程序，但由于相关法律法规的滞后，各高校职称评聘的标准仍存在着缺陷，使得人为因素和非学术性因素影响了职称评聘的权威性和公正性，现行的职称晋升与聘任工作仍存着一些亟须解决的问题。

（一）评审行政化倾向问题突出

由于高校职称评审组织有明确的层次划分并受学校行政的领导，且有关文件在评审委员会成员产生方法上缺乏明确具体的规定，导致在评审组织的人员构成上，出现了不少行政领导担任评审委员会成员的现象，甚至有些行政领导还担任了评审委员会负责人；有些出现了评审专家构成不合理，学术人员比例小，行政人员比例大的现象。由于各级的教师职称评审组织基本上都是由有关的教育行政部门或高校设定的内部机构，没有独立的经费预算，因此并不具有独立性。可以说目前高校的职称评审组织带有浓厚的行政权力干预色彩，大部分高校在职称评审中行政权力居于主导地位，掌握着职称评审规则的制定权，行政权力在职称评审中唱独角戏还牵扯了更多的人情因素，容易导致参与职称评审的各个主体间的寻租等不规范行为。

（二）评审标准不科学

高校教师从事的教学和科研活动的复杂性和创造性，且高校教师具有独立性的特点，高校教师职称评审标准与这些特点存在不相适应的情况。一是评审标准不统一。《高等学校教师职务试行条例》规定的任职条件比较抽象，用这些定性的标准难以对教师在教学、科研工作中的业务能力和工作绩效进行客观描述和合理评定[①]。部分具有高级职称评审权的高校的评审标准往往定得比较高，导致这些高校的教师因为评审不通过而感到不公平。不同省份的评审标准不统一，导致不同省份的同一层次职称的教师水平参差不齐。部分高校对不同专业类别的评审标准差异不大，导致不同专业类别教师的付出和通过率差别较大，出现不公平的情况。二是重科研

---

① 吴彬彬：《论高校教师职称评定中应遵循的法律原则与程序》，湘潭大学硕士学位论文，2008 年，第 24 页。

轻教学与评审指标量化的倾向严重。目前职称评审对教师的科研标准提出明确的要求，对教学水平的要求往往比较笼统，这种取向在很大程度打击了教师教学的积极性，也影响了评审的质量。职称评审中把公开发表论文的篇数、出版专著的字数、科研项目经费等进行绝对量化审查的现象越来越普遍，这在不同程度上导致高校出现学术浮躁和学术腐败的现象。三是过分强调教师所具有的高学历和高学位。职称评审中过分强调教师必须具有高学历和高学位的做法，导致职称评定出现了严重的失衡，对优秀人才的选用产生了不利的影响。

（三）论文送审程序不完善

论文送审是保证评审学术性和进一步提升评审公平性的重要环节，但目前有些高校却不太重视这一环节。文件一般要求申报高级职称教师必须将两篇以上的论文代表作送至两位校外同行专家进行鉴定，但有些高校在选送论文代表作的篇数和委托校外同行专家的人数上打折扣。有些高校把论文送审当作例行公事，没有认真选择同行专家，而是简单履行送审程序。有些高校论文送审的方向固定，给那些想通过不正当方式通过鉴定的教师可乘之机，也给鉴定专家带来压力和困扰，对送审的鉴定结果造成严重干扰。此外，现在的评审鉴定意见模糊，且评审鉴定意见全靠鉴定专家的主观判断，导致评审鉴定结果的客观性和权威性不足。

（四）评审运作程序不够透明

目前高校在职称评审方面存在着透明度不高的问题，主要表现在：一是职称评审的公示制度不够健全，高校对于职称评审的公示方面，侧重于对个人的申报材料进行公示和评审结果的公示，而忽视了评审条件的公示和评审过程的公示。大部分高校对评审中的答辩过程没有公示的规定，对评审结果的公示过于简单，仅限于公示通过人员名单，对未通过人员及评价则无提及。二是监督机制存在缺陷。高校在构建职称评审的监督机制方面重视不够，很少成立专门的内部监督机构全程参与职称的评审工作，再加上公示制度不够健全，外界没有办法获知职称评定的完整信息，使得职称评审工作缺乏有效的外部监督，目前高校职称评审监督机制存在着比较明显的缺陷，导致容易出现不公正的评审，损害教师的合法权益。

（五）评审救济途径不完善

由于我国没有专门受理教师职称申诉案件的机构和人员，教师若在职称评审中认为评审结果存在偏差、评审程序不透明等问题而受到不公平对待时，仅可通过校内申诉这一职称评审的救济途径来解决，但这一救济途径也存在不完善的地方。各高校针对职称评审设置的救济途径呈现不同的状态，有些高校没有设置救济途径，当教师对评审结果不满意时，只能通过信访的方式来解决；有些高校在职称评审时设有相关机构，也设有救济办法，但没有实际运作过；有些高校设有专门受理教师申诉的具体机构，但没有详尽规定申诉机构的组成原则和程序，现有规定的正当性也值得推敲，处理问题的方式也比较简单。由于校内救济途径属于高校内部管理，且处理的是教师与学校之间的矛盾，很难保证救济上的公平性。另外，由于职称评定是否属于行政行为并没有定性，且高校与教师主体地位之间的关系存在不对等性，无法将二者关系定性为平等主体之间的民事关系而纳入普通民事诉讼，使得通过职称评定的司法救济途径解决问题显得困难重重。

（六）职称聘任流于形式

岗位设置是教师职称聘任工作的基础，设岗时所制定的岗位职责、任期工作任务和工作考核标准等是选拔聘任的重要依据。由于长期受身份管理意识的影响，许多高校并没有实行严格意义上的岗位设置，而仍然采取"因人设岗"和"按需设岗"做法。因此，在进行教师职称聘任时，往往依据预先设定的晋升指标进行聘任，而忽略与职务相符的教师在思想品德、专业能力、教学科研、服务社会等方面的实际业绩，使得聘任流于形式，只要评上就要聘任、弱化了聘任工作本身的丰富内涵，不利于教师通过聘任工作更好地履行岗位职责，推动教学科研工作的开展。同时，在教师聘任过程中也存在着聘任信息公开化程度不够、资格审查过程公正性不高、聘任权行政化倾向严重、缺乏有效的监督机制等方面的问题。

三　高校教师职称晋升与聘任工作的规范

针对高校教师职称晋升与聘任存在的问题，必须以目前高校职称评定的现状为基础，从尽快完善立法、改进评审方式、强化过程管理等方面入手，采取有效的措施对高校教师职称晋升与聘任进行规范。

（一）尽快完善立法，加强对评聘工作的监督

目前我国相关法制还很不健全，教师职称评审主要以1986年颁布的

《高等学校教师职务试行条例》为参考依据，但该条例颁布已经二十多年，条例的内容与当前职称评审工作实践存在脱节，各高校不得不设立相关的规定确保职称评审工作能够正常运行，这种做法必然导致权威性的下降，高校教师评聘专门法律的缺失导致了教师评聘实施无章法可循，这是亟须打破的局面。国家相关部门应尽快以法律的形式统一教师评聘规范，并制定与法律相配套的行政法规和地方性法规，以法律严格的制定标准和程序必然大大提升教师评聘规范的稳定性、权威性、明确性以及科学性。其中，教师评聘专门法律对教师评聘原则、条件、标准、具体评聘程序、聘期、纠纷解决等每一个项目更有操作性的细节规定，以更好地满足实践的要求。这是解决问题的首要条件，更是关键因素[①]。政府部门要以法律的完善为契机，加强对高校的职称评聘的监督管理。通过成立专门的监督部门，定期对高校教师职称的评聘工作进行监督检查，重点对职称评审的过程中存在的违法乱纪、徇私舞弊、滥用权力等不当行为进行监督，并加大对违纪行为处罚力度，从而维护职称评聘工作秩序，保证评审结果公平。

（二）改进评审方式，提高评审的科学化水平

1. 在评审中要平衡好行政权力和学术权力的关系。高校的学术权力从大学运行和管理的角度来考虑，可定义为"为着学术的开展和发展的目的，对学术事务进行管理的权力"[②]。通常高校的学术权力可分为学术规范权、学术评价权、学术资源配置权三类。高校教师职务评聘工作主要体现在学术评价权。在评审工作中，要平衡好行政权力和学术权力的关系，使得行政权力和学术权力充分发挥自己应有的作用。必须明确规定专家学者在职称评审委员会成员构成上占有较高比例，对行政领导的人数要严加控制；在履行职责方面，行政组织和人员侧重于对评审工作的组织协调和对申报者的师德情况等政治性条件的评定，尽量避免干预学术性评定。学者专家在评审规则及标准的制定上要发挥主要作用，在评审过程中要侧重对申请者的论文、著作、科研方面的学术性评定，保证学术权力的

---

① 黄海滨：《关于高校教师职称评聘程序缺失及其完善的研究》，苏州大学，硕士学位论文，2011年，第39页。

② 纪宝成、胡娟：《关于高等学校学术权力的几点思考》，《中国高教研究》2010年第1期。

突出地位。

2. 探索建立统一性与灵活性相结合的评价标准。目前，不同地区的高校在职称评审标准方面存在着差异性，且存在着构成要素不科学的问题，导致职称评审工做出现了许多不公平的现象，严重影响了评审的公正性和权威性。为此，要探索建立兼顾统一性和灵活性的评价标准。职称评审标准的统一性主要体现在：在全国范围内同一层次的高校，在同一时期，对于同一学科类别的同一职称，只能有一个职称评审的标准。职称评审标准的灵活性主要体现在：对高校教师的职称评审工作进行分层次、分类别管理。对高校的层次划分可把高校分为部属院校、省属院校和地方院校；对高校的类别划分可把高校分为文科院校、理科院校、艺术类院校和综合类院校；对高校教师的类型划分可把高校教师分为教学型、科研型和教学科研混合型。

（三）强化过程管理，确保评聘的程序公平

1. 建立评审回避制度。高校职称评聘中，各级评审委员会都被依法授予了公权力，并通过行使公权力做出职称评定的结论。因此，在高校职称评聘中建立回避制度非常有必要，也是切实可行的。在评审中必须回避的情形包括以下两种：一是存在利益冲突的情形。当评委会成员由于个人利益与职务利益发生冲突，没有办法做出公正评审时，个人应该主动申请回避。如评委会成员与申报职称的教师存在着夫妻关系、三代以内旁系血亲关系以及近姻亲关系，或者属于同一课题组成员、存在着上下级关系等，都应主动申请回避。二是存在预设立场的情形。评委会成员因对特定评审已有预设立场，难以公正做出决定时，应申请回避。如评委会成员与申报教师存在学术观点属不同派别、持相斥观点等利害关系的，应申请回避。在实践中，相关职能部门要认真把关，严格审查，对需要回避的情形提前妥善做出安排，对违反相关规定的，要追究相关人员责任并进行处罚。

2. 完善信息公开制度。高校职称评聘中，要着力完善信息公开制度，提高教师评聘信息的公开程序，以进一步确保教师的知情权。重点做好评审前公示、评审过程公示和评审结果公示三方面的工作。在评审前公示方面，除了坚持继续做好申报材料的公示外，还要做好评审条件的公示，使教师对评审条件有更深入的了解。在评审过程的公示方面，要重点对评委会成员的资格条件、会议召集的方式、参加会议人数以及无记名投票情况等方面的内容进行公示。在评审结果的公示方面，除了公示通过人员的名单，对未通过的申请人应实行告知制度，告知其评定结论以及未通过的原因。

3. 完善送审制度。高校职称评聘中，要进一步完善送审制度，以保证职称评审中权力主体行为的规范和评审结果的公平。一是要扩大送审的范围。可探索在全国范围内建立送审专家库，注重选择学术研究水平高、学风严谨、师德高尚、处事公正的专家进入送审专家库，同时进一步扩大送审的范围，从专家库中随机选取 2 位以上的同行专家进行评审。二是规范送审环节的程序。上级部门统一做好同行专家的抽取和送审工作，规定各高校不准自行送审，要做好送审前的保密工作，不得泄露送审的方向，在代表作材料送审时必须隐去申报者的姓名和其他有关的信息。三是改进同行专家的评价方式。同行专家进行评价时，要避免使用模糊性的评价语言，必须使用明确的评价意见并说明理由。

4. 构建教师参与制度。高校职称评聘中，要进一步明确教师在评聘工作中的主体地位，构建教师参与制度。主要体现在以下两个方面：一是作为评聘主体的教师能够有效地参与整个评聘的过程。在高校制定和出台有关职称评聘的制度时，要广泛征求教师的意见，经过一定范围内的专业教师的充分讨论，甚至须经过一定的听证程序才能最终以学校规章制度的形式确定下来。在整个评聘过程中，教师对于评聘工作要有充分的发言权和参与权，以确保教师的权益。二是作为评聘对象的教师能够有效地参与到整个评聘过程中。在职称评审过程中，通过实行述职制度和答辩制度，使申请职称的教师能够就个人基本情况和业绩水平等方面进行充分的展示，使评委能够较为全面客观地了解申请职称教师的综合素质和业务水平，有助于提高评审的科学性。

5. 畅通教师救济途径。高校职称评聘中，要通过完善制度来进一步畅通教师的救济途径。要进一步完善现有的校内申诉制度，高校要成立专门的申诉组织，并明确申诉组织的组成原则和人员构成；在现有规定的基础上，要以校内规定的形式将申诉程序具体化、稳定化，使申请人对评审结果不满意而进行申诉时有法可依、有章可循。此外，应当实行回避制度，避免评委会委员与申诉委员会委员由同一人兼任情形的发生。要通过建立复审制度，破除目前职称评审结果难以改变的情况，并且明确规定评审结果公布后，必须留有申诉和复议的时间，对评审结果感到不公平的教师可在规定的时间内提起申诉，申诉组织开展审查，审查应以评委会是否恪守正当程序为审查内容，而避免涉及对专业判断的实体审查，经调查，情况属实且证据确凿的，可在全校范围内公布复审名单，并组织专家进行复审，复审结束后将结果通知本人并进行公布。

第三章

高校重要岗位工作规程设计

随着高教宏观管理体制改革和学校内部管理体制改革的不断深化，高校办学的自主权不断扩大，国家财政对高校的投入不断增长，使得高校的发展规模、发展速度进一步加快，但同时高教系统也反映出受市场经济的负面冲击不断加大，部分高校出现了腐败现象，对高校的稳定和发展产生了严重影响及威胁。因此，探讨如何进一步预防、监督、治理高校腐败，加强制度建设，实施对重要岗位监督管理，确保高校事业的健康和顺利发展具有重要意义。

第一节　高校基建工程招投标的规范与程序

近年来，高校大力推行基建项目招投标制度，基本形成了以《招标投标法》为主导的国家法律、国务院及有关部委制定的配套法规文件、地方相关规定及规范性文件和高校基建工程项目招投标管理办法构成的招投标制度体系。在系列法规制度中，明确规定工程项目的招标范围、招标方式、招标程序以及违反规定操作的处罚规定，这对加强高校内部管理、规范招投标行为起到了十分重要的作用。

一　规范招投标的重要性

高校基建工程项目严格执行招投标制度是高校基建工作趋向规范化、完善化的重要举措，对于择优选择承包单位、全面降低工程造价、合理控制投资成本、有效提升工程质量和体现公平竞争等方面有很大的意义。具体表现在：

（一）有效控制投资成本

实行基建项目的招标投标基本形成了由市场定价的价格机制，使工程造价趋于合理真实，最明显的表现是若干投标人之间出现激烈竞争，通过竞争确定出来的工程价格将会比较公平实在，从而有效控制投资成本。

（二）确保工程质量

按照规定，进行招标时应该对投标人的基本要素提出严格要求，对资质条件进行严格把关，择优选择那些技术先进、管理有序、报价合理且信誉度高的施工企业来参加投标活动。

（三）遵循公开公平公正原则

招投标全过程自始至终按照事先规定的程序和条件要求，本着公平竞争的原则进行。在招标公告或投标邀请书发出后，任何有能力或资格的投标者均可参加投标，招标方不得有任何歧视某一个投标方的行为。同样，评标委员会在组织评标时也必须公平客观地对待每一个投标者。

二　完善制度建设，加强内部管理

根据制定主体的不同，高校基建项目招投标管理办法可以分为三种类型。

（一）由省教育厅牵头制定的全省高校基建招投标管理办法

为了规范高等院校基建工程项目招投标活动，完善基建工程招标监督机制，维护学校的合法权益，确保工程质量，提高投资效益，保证招标工作规范、廉洁、高效运作，个别省份根据国家《招标投标法》和省级地方政府的有关规定，制定了适合高校进行招投标活动的管理办法。比如陕西省，出台了《陕西省高等院校建设工程招标管理办法》，该办法适用于全省范围内的高等院校，将高校基建工程项目招标活动置于"阳光"之下。《办法》规定，预算投资金额在10万元以上的各类房屋建筑、修缮、装饰装修和基础设施建设项目必须依照该办法的规定组织招标活动，并按照工程项目投资额度大小，分为大型基建工程项目招标活动和小型基建工程项目招标活动。各院校在组织招标活动时，应当设立学校招标工作领导小组，根据项目类型组织协调招标过程中的各项工作。《办法》还规定，高校基建招标活动实行监察员制度，由监察部门派出监察员参与招标，对招标活动实行过程监督，对招标工作领导小组和学校纪检监察部门双重负责。《办法》特别指出，学校领导干部和参与基建工作的相关人员不得为投标人托人情、打招呼、拉关系等干扰招标活动；与投标人有各种密切社会关系的人员，应当在考察、评标等工作环节实行回避制度；招标工作人员不得向他人透露其他潜在投标人的名称、数量等有关信息。对招标活动中违反规定的，纪检监察部门将追究责任并给予相应的党纪政纪处分；触犯法律的移交司法机关查处。①

（二）由高校招标领导小组牵头制定的招投标管理办法

各高校的基建项目招投标工作要以国家和省级地方的有关法律法规为依据，各类招标活动必须遵守法律、法规和规章规定，自觉接受国家建设行政管理部门和上级主管机关依法对招标投标活动的监督管理，严格按照《招标投标法》程序要求做好项目报批、资金落实等工作，认真组织完成工程项目招标、投标和评标等各环节的工作内容，使招投标工作自觉遵循制度化、规范化、程序化。近年来，国内不少高校由学校招标领导小组牵头，纷纷制定了各自结合实际的工程项目招投标管理办法，比如嘉应学院，于2007年11月7日经校长办公会讨论通过了《嘉应学院建设工程项目招标管理实施办法》、2007年9月14日经校长办公会讨论通过了《嘉应学院招标工作人员守则》，对招标范围、方式、程序及参与招标人员的事项均有明确的规定及要求，对规范招投标工作具有很好的作用。

（三）由高校基建部门牵头制定的实施细则

为了更好地执行招投标制度，完善项目招标、投标及评标等环节的规范行为。部分高校基建管理部门，通过由学校授权，依据有关法律法规及管理办法，分别制定了基建项目招投标实施细则，对招投标各环节的具体操作管理有了详细的规定要求，如《复旦大学基建处项目建设工程招投标实施细则》等。

在招投标活动中，多数高校严格执行《招标投标法》，遵循公开公平公正和诚实信用原则，并按照规定完成招标投标过程的所有工作，使招标活动置于法律制度的规范之中，尽量规避招投标过程的各类风险，杜绝各种违法违规行为的发生。

---

① 杨卫兵：《高校基建项目招投标治理研究》，合肥工业大学出版社2011年版，第41页。

三　基建工程招标的基本程序

高校基建工程建设中，按规定应当招标的项目，在办理报建登记手续后，凡已满足招标条件的，均可组织招标。招标可分为自行招标和委托招标两种组织形式。由于基建项目招标是一项经济性、技术性较强的专业活动，因此高校本身组织招标必须具备一定的条件，设立专门的招标机构，经地方招投标管理机构审查批准合格，获取招标组织资质证书后，高校才能自己组织招标，自行办理招标事宜。未取得招标组织资质证书的，必须委托具备相应资质的招标代理机构代为办理招标事宜。工程项目招标基本程序如下：

（一）招标申请审批

一是按照规定，招标人进行招标，应先向当地招标投标管理机构递交申报招标申请书。

二是招标申请书经批准后，编制招标文件、评标定标办法和标底，并将相关文件报招标投标管理机构审批。

三是经招标投标管理机构审查批准后，发布招标公告或发出投标邀请书。

说明：招标申请书是高校向政府主管机构提交的要求组织招标、办理招标事宜的一种文书。内容包括：招标工程具备的条件、招标的内容、范围、截至时间、招标方式及对投标人的资质要求等。

（二）发布招标信息

一是对所采用招标方式的操作规定。对于采用公开招标方式的，高校应在工程交易中心网和校园网等媒体网络公开发布招标公告，邀请符合条件的承包商参加申请投标或申请投标资格审查。对于采用邀请招标方式的，高校应向三个或以上且具备承包能力、资信良好的特定承包商发出投标邀请书，邀请参加投标。

二是制作招标公告和投标邀请书的内容规定。对于招标公告和邀请招标的投标邀请书，应当载明如下内容：

1. 招标人的名称、地址及联系人姓名、电话；

2. 工程情况简介。包括项目名称、性质、数量、投资规模、工程实施地点、结构类型、装修标准、质量要求、时间要求等；

3. 承包方式和材料、设备及工程物资的供应方式；

4. 对投标人的资质要求，需要对方提供的证明资料；

5. 招标日程安排。包括发放和获取招标文件的办法、时间、地点及投标地点、时间、现场踏勘时间、投标预备会时间、投标截至时间、开标时间、地点等；

6. 按规定对投标文件收取的费用；

7. 其他需要说明的事项。

（三）资格审查验证

高校招投标管理部门，需要对投标人的资格进行审查验证。内容包括：

1. 投标人的组织与机构，资质等级证书等情况；

2. 近三年来完成较大规模的工程项目情况；

3. 目前正在履行的合同情况。包括专业、技术资格和能力，资金、财务、设备和其他物质情况，管理能力，经验、信誉及相关的工作人员、施工劳力等；

4. 近三年没有参与骗取合同有关的犯罪事实或严重违法行为。

上述审查内容，投标人需向高校招投标管理部门提交相关的法定证明材料。

（四）发售招标文件

高校须向经审查验证合格的投标人分发招标文件及有关资料，并向投标人收取投标保证金。

招标文件发出后，高校不得擅自变更内容，若确需进行必要的说明、修改或补充的，应当在规定的时间内书面通知所有获取招标文件的投标人，且该说明、修改或补充的内容属招标文件的组成部分，对高校和投标人均具有约束力。

投标保证金是为了约束投标人的投标行为，保护高校的利益，维护招标投标活动的正常秩序，特设立投标保证金制度，这也是国际上的一种通常做法。投标保证金的收取和缴纳方式，应在招标文件中注明，并按招标文件的要求进行操作。

（五）踏勘现场情况

招标文件发出后，高校要在规定的时间内，组织投标人踏勘现场，让投标人了解工程现场和周围环境情况，如现场的地理位置、地形、地貌、地质、土质、地下水位、水文以及交通、通信、用水用电等相关情况，并在招标文件发出后的7—28天内安排召开投标预备会，做好开标前的准备工作。

（六）组织开标

组织开标应当在招标文件中确定的提交投标文件截至时间的同一时间公开进行，开标地点应当为招标文件中预先确定的地点。开标会议由高校或招标代理机构组织，并在相关部门的监督下进行。开标会议的全过程和主要情况须作现场记录，特别是投标人参加会议的情况、对投标文件核查检验结果、开启宣读投标文件和标底的主要内容等，必须当场记录在案，并请投标人确认核对无误后签章。至此，开标会结束，进入评标阶段。

（七）组织评标

组织评标必须在招投标管理机构或学校内部监察部门的监督下，由招标人依法组建的评标组织进行。评标组织由招标人的代表和有关经济、技术等方面的专家组成，其具体形式为评标委员会或评标工作小组，评标组织成员的名单在中标结果确定前应当保密。评标组织对投标文件进行审查、评议的主要内容包括：符合性评审；技术性评估；商务性评估；综合评价与比较等四个方面。评标组织负责人对评标结果进行校核，按照优劣情况和得分高低来确定投标人的顺序结果，并形成评标报告，经现场监督人员审查，确认无误后，即可据评标报告确定出中标人。

（八）定标确认

按照规定，评标结束后应当产生定标结果。高校（招标人）应根据评标组织提出的书面评标报告和推荐的中标候选人来确定中标人，也可授权评标组织直接确定中标人。定标应当择优，经评标能当场定标的，应当当场宣布中标人；不能当场定标的，中小型工程项目应在开标之后7天内定标，大型工程项目则应在开标之后14天内定标。

（九）签订合同

按照要求，中标人收到中标通知书后，高校（招标人）与中标人双方应协商谈判签订合同事宜，形成合同草案，并将合同草案报招标投标管理机构进行审查。经审查后，招标人与中标人应当自中标通知书发出之日起30天内，按照文件规定正式签订书面合同（说明：招标人和中标人不得订立背离合同实质性内容的其他协议）。至此，工程招标的整套工作流程全部结束。招标工作结束后，学校招投标管理部门应将有关招投标文件整理归档保存。

四 加强对招投标工作的监督与审计

高校基建项目招投标工作事关多方利益博弈，矛盾尤为复杂和尖锐。美国著名采购学者亨瑞芝将招标程序的公开性比喻为"如鱼在金鱼缸中，人人都可洞察一切"。之所以让高校纪检监察审计部门对基建项目招投标进行监督，让其在阳光下操作，目的是为了节约教育资金，提高经济效益，同时也是为了保护干部，加强廉政工程建设，杜绝腐败案件的发生。

（一）加强纪检监察力度

为了有效实施对高校招投标的监督，防止建设工程招投标过程中不正之风和腐败现象的发生，纪检监察部门必须加强对招投标活动的监督力度。结合现实工作情况，对基建招投标活动的监督可分为三个方面来展开：事前监督、事中监督和事后监督。

1. 事前监督，即对招标准备过程的监督。监督内容：一是有无出现按规定必须进行招标的工程项目而不招标的现象发生；二是有无将必须进行招标的工程项目化整为零或者以其他任何方式规避招标的情况发生；三是招标投标中有无出现不按规定程序运作或者弄虚作假的行为。

2. 事中监督，即对开标、评标、定标过程的监督。一是监督开标是否按照招标文件规定的时间、地点进行；是否按要求的投标截至时间终止招标文件的接收及检查招标文件的密封情况。二是监督评标工作是否规范有序，参与评标的相关人员的通信工具、活动范围是否实行严格控制；评标委员会及工作人员是否严格遵守评标纪律，有无出现采取暗示、授意、引导等方式干预评标；是否出现有指定分包和转包的问题等。三是对定标的监督：即中标人的确定，是否符合评标小组的推荐意见；中标结果出来后，是否按规定进行了公示，是否在规定的时间内签订书面合同，合同内容是否和招标文件要求的实质性内容相符等情况。

3. 事后监督，即中标人确定后的合同履行阶段的监督。包括合同签订前的考察监督、合同书的备案以及验收监督。

在学校基建项目招投标活动中，发现招标人员、评委在招标过程中不符合法规的问题，纪检监察人员要及时提出监察建议，督促纠正；对不按制度办事、违反操作规程以及损害国家和学校利益的违法、违规及违纪行为，学校纪检监察部门要按照有关规定进行处理，情节严重的须依法依纪追究责任人的责任；对构成犯罪的要移送司法机关依法追究刑事责任，并按照党风廉政建设责任制的有关规定追究主管领导和相关责任人的责任。

（二）发挥审计监督作用

基建项目招标工作的审计监督，与对某个部门的财务状况审计、工程结算审计不同，它是对招标工作整个过程的规范化检查和监督评价。招投标审计的主要内容包括：

1. 招投标前准备工作的审计

（1）检查是否建立、健全招投标的内部控制制度，了解其执行是否有效；

（2）检查招标项目是否具备相关法规和制度规定的必要条件；

（3）检查是否存在人为肢解工程项目、有意规避招投标等违规操作情况；

（4）检查招投标的程序和方式是否符合有关法规和制度规定，采用邀请招标的是否有三个以上投标人参加投标；

（5）检查是否公开发布招标公告、招标公告中的信息是否全面、准确；

（6）检查是否存在有人为因素而导致的串标风险。

2. 招投标文件及标底文件的审计

（1）检查招标文件的内容是否合规合法，是否完整准确地表达了招标项目的实际状况；

（2）检查招标文件是否全面准确地描述了招标人的实质性要求；

（3）检查采取工程量清单报价方式招标时，其项目描述是否按《建设工程工程量清单计价规范》的规定填制；

（4）检查投标文件的送达时间是否符合规定、法人代表签章是否齐全，有无存在未按要求进行操作的问题[①]。

---

① 朱清：《高校审计工作规范化管理创新》，中国教育出版社2007年版，第451—452页。

3. 开标、评标、定标的审计

（1）检查是否建立健全违规行为处罚制度，是否按照制度规定对违规行为进行处罚；

（2）检查开标的程序是否按照有关规定进行；

（3）检查评标标准是否公正，有无签订对某一投标人有利而对其他投标人不利的条款；

（4）检查各投标人的投标文件，对低于标底的报价的合理性进行评估分析；

（5）检查投标人承诺采用的新材料、新技术、新工艺是否先进，是否有利于保证质量、加快速度和降低成本；

（6）检查定标的程序及结果是否符合规定；

（7）检查中标价是否异常接近标底，是否有可能发生泄露标底的情况；

（8）检查与中标人签订的合同是否有悖于招标文件的实质性内容。

学校招投标活动中，审计监督行为主要是监督检查，而不是干预。审计监督目的是通过审计，严格规范招标行为，保证招标质量，遏制招标活动中不正之风和腐败现象的发生；更加体现公开、公平、公正和诚实信用原则；有效起到排除和预防经济运行中矛盾和风险发生的"免疫系统"功能。

第二节　高校物资、教材、设备采购的规范与程序

高校物资、教材、设备采购活动作为学校预算支出的重要内容，是高校对内部经济进行调控的有效手段之一。所以也是高校腐败高发区，因此，国家财政部门和教育部要求各高校严格执行高校采购制度，严格规范高校采购程序，实行阳光采购。

一　规范高校物资、教材、设备采购工作的重要性

（一）规范高校物资、教材、设备采购的本质要求

规范高校物资、教材、设备采购工作，就是要建立一整套完善的"高校物资、教材、设备采购管理制度"，通过制度来规范采购的操作方

式和程序，增加采购工作透明度，防止暗箱操作，保证公开、公平、公正竞争，同时通过制度，对采购实行有效的全过程监督机制，建立采购工作的公开化、民主化、制度化运行机制。以最终达到提高经费的使用效益和采购质量的目的。

（二）规范高校物资、教材、设备采购的意义和作用

规范高校采购，既有利于合理配置资源，节约资金；又有利于提高资金使用效率，维护学校的经济利益；更有利于树立高校各级领导干部廉洁奉公的良好形象。同时，规范高校采购制度是节减财政支出、提高资金使用效益的有效途径；是廉洁从政、树立政府良好作风的有效措施。

（三）高校物资、教材、设备采购管理制度内涵

所谓完善的"高校物资、教材、设备采购管理制度"，其内容应包括目标和原则，从立项到设备运行等采购全过程进行规范。在政策上应体现出强制性与限制性的特点：如实施对采购部门的限制性，明确采购部门的职责；实行采购方式的限制性，规定一定金额必须招标采购。高校的物资采购属政府采购和集中采购的范畴，决定着其强制性与限制性贯穿采购的全过程。各采购环节应建立目标责任制，包括人员责任、立项计划、论证责任、采购合同责任、验收责任、监察责任等。

二　高校物资、教材、设备采购的制度和管理；

（一）政府采购制度

高校物资、教材、设备的采购，实质上都应纳入各地方政府采购。在政府采购目录以内或采购限额以上的，要求纳入政府采购制度的管理，按省、市政府采购管理办法的规定执行，即统一到所在市区的政府采购公开招投标。

政府采购，也称公共采购，是指各级政府及其所属实体为提供社会公共产品和服务及满足自身需要，在财政的监督下，以招标方式从国内外市场上为政府部门或所属公共部门购买所需商品和服务的经常性活动。其基本原则是：公开、公平、公正和自由竞争。政府采购制度是在长期的政府采购实践中形成的对政府采购行为进行管理的一系列法规、政策和制度的总称。其基本内容体现在以下几个方面：

1. 采购政策，其中最重要的是采购目标和原则，它是政府采购制度的灵魂。

2. 采购的方式和程序，它是政府采购制度的核心内容。

3. 政府采购的组织管理，它是政府采购制度有效运行的基础。

4. 救济制度，它是制度规则受到损害时依靠制度的权威对制度的强制性维护。

按政府采购的公开程度划分可分为公开招标采购、邀请招标采购、竞争性谈判采购、询价采购和单一来源采购五种方式。

（二）高校内部采购制度

在政府采购目录以外或在采购限额以下的高校采购，为了加强对物资、教材、设备采购的监督管理，防止采购过程中的不正当行为发生和学校资金的流失，各高校也会参照政府采购制度制定相应的《物资、教材、设备采购管理办法（或规定）》，由学校内部相关部门负责采购工作。各高校采购限制金额一般控制在1万元—3万元。采购方式同样可以有公开招标采购、邀请招标采购、竞争性谈判采购、询价采购和单一来源采购五种方式。

（三）高校物资、教材、设备采购工作的规章制度建设

高校的物资、设备及教材采购规章制度应置于学校的系统规划下，其内容应包括采购的目标和购置原则，从立项到设备运行等采购全过程进行规范。而重点则应放在立项审批、采购管理和合同及验收上，建立相应管理制度：

1. 立项审批制度：包括计划制订与审查，计划的论证是否合理、科学，可行性研究是否充分，目标是否一致；采购计划与使用计划是否符合教学计划要求。

2. 限额与采购方式选择制度：要明确采购部门的职责，实行采购方式的限制性，规定一定金额以上必须通过招标采购，且须明确招标方式，应公开招标的，一定要分开招标。

3. 合同管理责任制度：包括合同的起草，把关，审批的流程，明确各参与方，如采购部门、监察、法律顾问、领导审批的权限、责任等。

4. 验收制度：应明确验收人员组成，验收程序，是否达到招标时的技术要求，对应验收对象的数量、规格、型号等的符合性进行检查。

三 高校物资、教材、设备采购的工作流程

（一）高校物资、教材、设备采购的操作流程

1. 招标采购的一般流程

按照《中华人民共和国招标投标法》的规定，招标分为公开招标和邀请招标两种形式。高等学校采购招标工作必须按照招标、投标、开标、评标、定标、签订合同等基本程序进行。

（1）招标材料的准备。招标前高校使用部门和学校资产管理部门应负责招标材料的准备工作，招标材料包括：

①采购业务基本情况说明：包括采购标的、型号、规格、参数等采购业务特性、近年采购情况等。

②招标方式说明：宜采用招标方式（公开招标或邀请招标）、划分标段的理由及具体划分情况。

③评标建议：对评标方式、评标标准等提出建议。

④财务建议：主要说明招标后价款的结算付款事宜。

⑤招标文件：向投标人提出任务、条件和要求，作为评标的依据和订立合同的基础。招标文件内容必须包括投标人资质要求、技术要求、服务要求、报价办法和要求、报价表、对投标书的要求等。

（2）招标申请：向学校领导提交实施某项招标采购的申请报告及相关资料。

（3）项目审查：由学校分管领导审批本次招标申请，重大项目提交学校办公会议审批。

（4）招标项目登记及安排招投标会议时间、印制招标文件。（如政府采购，则高校选择好代理机构，由代理机构负责。以下同）

（5）发布招标信息、接收投标报名。在报刊、电子网络或其他媒体上发布招标公告，告知投标要求、报名截至时间、开标时间等相关信息；接受投标报名。

（6）投标资格审查。按照招标相关法规规定和本次招标的要求，由代理机构对投标人进行基本资质审查，合格者方具有正式投标人资格。对具有正式投标资格的代理商发放招标文件。

（7）开标。投标人应当按招标文件规定的时间和地点送达投标文件，

招标人在投标文件上标明签收时间；在招标文件规定的截至时间后送达的投标文件，招标人应当拒收；开标前，任何人均不得开启投标文件；提交投标文件的投标人少于三个时，应当依法重新组织招标。

开标须有下列人员参加：投标人、采购代理和采购单位采购代表、监察等相关人员。

（8）评标。评标一般可采用综合评分法或有效最低价两种方式。

一是计分评标由评委按评标标准打分，然后按得分由高到低直接产生中标供应商；

二是有效最低价指评委初审后，对投标人的有效报价进行排序，然后按报价由低到高确定中标供应商。

中选的投标人应当符合下列条件之一：

①满足招标文件各项要求，并考虑各种优惠及税收等因素，在合理条件下所报投标价格最低（设有中标底价时，投标价格低于中标底价的除外）；

②最大满足招标文件中规定的综合评价标准。

评标小组完成评标后，应当由评标委员会提出书面评标报告，推荐中标候选人，或经采购部门授权，直接确定中标人。

（9）发放中标通知书及签订合同。招标人应当将中标结果书面通知所有投标人。

采购管理部门与中标人应当按照招标书的要求、投标人的投标书、招投标谈判结果、服务要求、结算方式以及构成合同的其他要件签订书面合同。为保证合同履行，签订合同时，招标文件要求中标人提交履约保证金或保证书的，中标人应当提交。

2. 竞争性谈判采购的一般流程

（1）项目申请和审批：使用部门向学校采购管理部门提交实施某项竞争性谈判采购的申请报告及相关资料，由学校采购管理部门审批，重大项目提交学校领导审批。

（2）提供说明材料：使用部门对该项采购业务进行详细说明，供谈判小组参考。

（3）成立谈判小组：参照评标委员会产生的规定组成谈判小组。

（4）制定谈判文件：明确谈判程序、谈判内容、合同草案的条款以及评定成交的标准等事项。

（5）确定邀请参加谈判的供应商名单：谈判小组从符合相应资格条件的供应商中确定参加谈判的供应商，一般不少于三家，并向其提供谈判文件。

（6）谈判：谈判小组所有成员集中与各供应商分别进行单独谈判。在谈判中，谈判的任何一方不得透露与谈判有关的其他供应商的技术资料、价格和其他信息。谈判文件有实质性变动的，谈判小组应当以书面形式通知所有参加谈判的供应商。

（7）确定成交供应商：谈判结束后，谈判小组应当要求所有参加谈判的供应商在规定时间内进行最后报价。谈判小组根据符合采购需求、质量和服务相等且报价最低的原则向学校集中采购管理部门推荐，或经集中采购管理部门授权，直接确定成交供应商。

（8）将结果通知所有参加谈判的供应商并与成交供应商签订合同。

3. 询价采购的一般流程

（1）项目申请和审批：使用单位向学校集中采购管理部门提交实施某项询价采购的申请报告及相关资料，由学校分管领导审批，重大项目提交校长办公会议审批。

（2）提供说明材料：使用单位对采购业务进行详细说明，供询价小组参考。

（3）成立询价小组：参照评标委员会产生的规定组成询价小组。询价小组对采购项目的价格构成和评定成交的标准等事项做出规定。

（4）确定被询价的供应商名单：询价小组根据采购需求，从符合相应资格条件的供应商中选取被询价的供应商，一般不少于三家，并向其发出询价通知书让其报价。

（5）询价：询价小组要求被询价的供应商一次报出不得更改的价格。

（6）确定成交供应商：询价小组根据符合采购需求、质量和服务相等且报价最低的原则向学校集中采购管理部门推荐或直接确定成交供应商。

（7）将结果通知所有被询价的供应商并与成交供应商签订合同。

4. 单一来源采购的一般流程

（1）项目申请和审批：使用单位向学校集中采购管理部门提交实施某项单一来源采购的申请报告及相关资料，由学校分管领导审批，重大项目提交校长办公会议审批。

（2）提供说明材料：使用单位对采购业务进行详细说明，供单一来源谈判小组参考。

（3）成立单一来源采购谈判小组：参照评标委员会产生的规定组成谈判小组。

（4）谈判：就项目的技术、服务和价格展开谈判，在保证采购项目质量和双方商定合理价格的基础上进行采购。

（5）签订合同：按照双方谈判结果签订采购合同。

（二）信息化条件下规程标准化设计

高校物资设备采购管理的全过程包括：立项—设备计划—采购—合同—验收—建账—付款—项目评价。而现代信息化的今天，可以利用网络把各个环节通过网上标准化的流程来实现。网上标准流程设计可以由以下六大系统完成。

1. 采购申请自动申报、统计系统。各部门的采购项目（在规定的限额以上）在网上申请，申请后就自动被录入到系统之中并进行数据统计，系统应提供多种统计（包括按采购方式统计、按资金来源统计、按设备名称统计、按供货商统计等）方式，同时能反映采购状态（待购项目、已购项目、收货验收状态等）。

2. 采购管理系统。该系统能自动实现对高校政府采购法律法规所规定的采购方式的选择，提供相应的审批流程，并通过校园网络送达审批人手中，限时审批，网上审批。同时，能直观详细地显示采购的各种状态与信息（包括采购人、审批人、采购时间、合同号、供应商、付款情况、资产入账状态等），便于各相关采购人员和审批人员了解和监督。

3. 采购评价管理系统。该系统的采购评价管理能根据采购物资（仪器、设备等）的质量和使用情况，提供包括故障原因、维修次数、使用寿命、供应商服务情况等资料，由使用部门在网上进行相应评价。

4. 供应商管理系统。该系统的供应商管理要自动记录所有与高校合作过的供应商的详细资料，以及曾中标的项目内容和在高校的资信档案。

5. 专家库管理系统。该系统的专家库管理要自动记录招标专家的详细资料、在高校参与的招标项目，并具备按要求自动抽取专家的功能。

6. 采购信息管理系统。该系统的采购信息管理要协助管理设备采购资金，协助管理仪器设备的采购信息，提供统计分析和决策支持功能。

四　加强重要岗位的监督与审计

（一）加强负责人及管理人员的廉政建设，提高采购管理人员的整体政策水平

采购是一项面向市场、政策性强、涉及范围广、专业化水平要求极高的工作，既牵涉经济、法律方面的问题，又与各种产品性能和价格有关。因此，需要采购人员掌握社会科学、自然科学等诸多方面的知识。

加强物资采购风险管理教育。高校物资采购相关环节（如采购、招投标等）的管理部门要充分认识到物资采购的严肃性，认识到各环节风险管理的意义，能够主动有意识的自我检查。

（二）加强关键岗位人员轮岗制度

一般来说，高等学校物资采购和其他如组织人事、后勤基建、财务、招生、科研等都属于重要岗位和要害部门，属于高校腐败的"易发区""多发区"。因此，实行"重要岗位人员"轮岗交流制度也是高校"治源防腐"的重要措施之一，是从源头上预防腐败的滋生蔓延，从干部管理过程中解决腐败的问题。

（三）加强监察部门对物资、教材、设备采购活动全过程监督。

1. 采购方式的监督内容包括：对照省财政厅规定的集中采购项目及学校规定的集中采购项目，采购人是否严格按照程序申报项目并按核准的采购方式进行采购，应当公开招标的项目，是否实行公开招标，有无未经批准，擅自采用邀请招标、竞争性谈判、单一来源、询价等其他方式进行采购的情况。

2. 编制招标文件过程的监督内容包括：采购需求有无附加倾向性、歧视性条款，有无指定商品的品牌；招标文件是否规范。

3. 招标过程的监督内容包括：政府采购活动是否严格按照《政府采购法》规定的基本程序进行运作；有无擅自更改或简化程序；在评审过程中，是否出现干扰评审专家评审的现象；整个采购过程是否遵循公开、公平、公正的竞争原则。

4. 信息公告的监督内容包括：政府采购招标公告是否在指定媒体上进行公开发布；公告期限是否符合规定；政府采购项目执行情况是否公开；凡是采用《政府采购法》规定的采购方式进行采购的，其结果是否在指定媒体上进行公布。

5. 采购合同的监督内容包括：采购合同是否符合政府采购的有关法律和政策；是否符合政府采购预算的要求；合同的主要条款是否符合招标文件的要求。

6. 采购合同履约情况监督内容包括：在采购合同履行期间以及履行后，严格对合同条款把关，对合同的采购标准、采购质量和采购内容等事项进行核查；加强对合同履行情况的监督，防止出现以次充好，降低服务标准等违反合同或不完全履行合同条约的行为。

（四）加强物资、教材、设备的采购审计

高校物资、教材、设备采购审计是对采购全过程进行的审计，包含了对采购的计划、论证、预算、招投标、验收等一系列环节的评估和审查。

1. 采购前期准备工作的审计；包括采购计划编制是否科学；是否符合规定的程序；采购项目是否列入年度采购计划；有无存在超计划、无计划采购的现象等。

2. 采购招标过程的审计。包括是否按规定编制招标文件，评标要求、评标标准的合理性、规范性；审查开标、评标程序的规范性。定标程序、方法的合规性。

3. 审查采购合同签约、履行和验收工作。审查参与验收的人员是否包括采购部门、资产管理部门、使用部门、监督部门等有关人员和一定数量的专家，审查验收工作是否按照采购文件和合同有关条款的要求，对应验收对象的数量、规格型号等的符合性进行检查①。

---

① 广东省教育厅：《广东省教育系统物资采购审计办法》，《广东教育审计规范》，广东高等教育出版社 2007 年版，第 63 页。

第三节　高校招生工作的规范与程序

　　我国高校招生制度经过几十年的改革取得了明显的公平性进展，高校招生工作不断规范，程序不断完善。但与和谐社会的建设、科学发展、人们对教育公平的追求相比还有差距，还存在很多问题。如据媒体报道：仅2009年就发生了"五大高校招生腐败案"；又如2013年11月20日，经上级指定管辖，南京市秦淮区检察院对中国人民大学招生就业处原处长蔡荣生立案侦查，2006年至2013年期间，蔡荣生利用职务便利，在学校特殊类型招生过程中为考生提供帮助，收受贿赂1000余万元①。因此，我们还必须加强高校招生工作的规范化建设，切实维护好教育的公平性，办好党和人民满意的高等教育。

一　高校招生工作规范化的重要意义

　　（一）有利于国家科学地选拔人才

　　教育兴则国兴，教育强则国强。高等教育的发展是提高国民素质、建设人力资源强国的必然要求。高校招生作为教育领域的风向标，是评价人才和选拔人才的指挥棒，对培养什么样的人、怎么培养人具有重要的导向作用。抓好高校招生工作的规范，就找准了突破口，牵住了教育领域综合改革的"牛鼻子"，必将使国家选拔人才的机制朝着更加科学健康的方向发展。

　　（二）有利于维护教育的公平性

　　教育公平是公平概念在教育领域的延伸与拓展，是公平中的一个子系统。教育公平作为现代教育的基本目标之一，也是教育现代化的一项基本原则。一个社会的公平首先在于教育的公平，而高校招生工作的规范无疑极大地维护了教育的公平，使得教育这架"社会天平"不至于发生倾斜。使"招生腐败"得到有效遏制，让万千学子在同一条起跑线上接受祖国的挑选。

---

　　① 《人民大学招生处长受贿被捕曾办假护照出逃被查》网易，http://news.163.com/14/0530/13/9TGETUV20001124J.html。

（三）有利于推动和谐社会的建设

社会的和谐稳定离不开教育的公平发展，教育不公平更将会直接影响到全国绝大部分的群众的切身利益，关系着国家的经济社会发展，关系着人心向背。高校招生工作的规范在维护教育的公平性基础上进而推动了和谐社会的建设。

（四）有利于促进社会的健康发展

高校是培养社会主义建设者和接班人的重要阵地。现今的大学生毕业后将充实到各行各业，有的甚至进入党和政府的各级部门，其中一部分还会掌握一定的权力，因此，他们是否具有坚定的廉洁信念，将直接影响他们今后如何正确看待手中的权力，进而影响中国当今反腐败斗争的成效，乃至若干年后我国的社会廉政风气和状况。高校招生工作的规范自然而然地成了高校青年学生的一门廉洁修身课程，对他们今后良好的人生观、价值观的形成产生极为有利的影响。

二 现行的高校招生制度建设

我国高校现行招生制度主要包括计划制度、考试制度、录取制度和管理制度四个方面。

（一）计划制度

包括计划形式和计划编制两个方面。

1. 计划形式。现行招生计划全部实行的是"并轨"后的计划，以国家任务计划为主，辅以少量的定向计划和机动计划。

2. 计划编制。即高等学校在每年招生工作开始之前根据学校发展规模、师资力量、专业设置、住房条件、教学设备等承受能力来确定学校的总招生规模和各专业的招生数量，并上报主管部门审批，教育部在此基础上根据各省、直辖市、自治区的考生数量、生源质量、对各专业人才需求情况、毕业生的就业情况等来制定在各省、直辖市、自治区的招生总数及分专业招生的人数。教育部对各地总招生计划的编制，事实上受到高等教育资源的分布、各地教育的发展水平、受教育人口的数量、国家人才培养的重点与扶持方向等许多因素的显著影响。

（二）考试制度

考试制度包括考试形式、考试内容、考试次数三大方面。

1. 考试形式。当前的考试形式包括普通高等学校统一入学考试（以下称高考），以及免试保送生和高校自主举行的各类入学考核方式。高考是高校招生入学考试最主要的形式。考生由各省、直辖市、自治区组织，在相同时间参加由国家组织的统一命题考试，考试成绩为高校录取的主要依据。各高校自行组织的考试、考核有两种形式：一是自主招生，主要针对艺术特长生、体育特长生以及品学兼优、在某些方面有突出能力的学生，首先由高校进行考核，考生考核合格后相关高校将名单报省级招生部门备案，考生须参加全国统一的入学考试，高考成绩达到学校规定的合格线者即可录取；二是单独提前招生，主要是针对小语种、民族传统体育、运动训练等特殊专业进行的考试，由高校组织，合格后高校可直接录取，报省级招生部门审批，不须参加全国统一入学考试，但入学后不允许调整专业。

2. 考试内容。包括考试命题、考试科目两个方面。

命题方式。主要分为全国统一命题和各省级教育考试院自主命题两种形式。自主命题为现行高考命题的主要方式，为适应不同地区基础教育发展的不均衡特点，把命题权下放，由命题省级教育考试院对部分或全部考试科目自行组织命题和阅卷。

命题原则。命题的原则在考试内容改革中处于重要地位，对基础教育的改革具有较强的导向作用。随着考试制度改革的深入，该项改革一直处于不断变革与完善中。目前为了突出对学生能力和素质的考查，命题原则主要体现遵循而不拘泥于中学教学大纲，坚持"能力立意"，在考查学科能力的同时注重考查跨学科的综合能力。

考试科目现在多数省份实行的是"3＋X"模式。3指的是语文、数学、英语，X文科指的是历史、地理、政治的综合，理科指的是物理、化学、生物的综合。根据2014年8月颁布的高考改革方案要点，高考将不再分文理科，高考总成绩＝全国统一高考的语数外（外语可考2次）＋高中学业水平考试成绩（14门随学随考，学生从史、地、政、理、化、生中自选3门成绩计入总分）①。考试命题包括命题原则和命题方式两个

---

① 《国务院发布考试招生制度改革：高考将不再分文理科》，《北京晚报》官方网站，http://www.takefoto.cn/viewnews-155269.html。

方面。

3. 考试次数。现在绝大多数省市实行的是夏季一次考试，少部分地区实行春、夏两次考试。

（三）录取制度

录取制度包括录取方式、录取原则、录取管理三大方面。

1. 录取方式。实行的是计算机远程网上录取。

2. 录取原则。坚持德、智、体全面考核，择优录取；现在的提法是坚持智德、知识能力并重的录取原则。

3. 录取管理。实行"学校负责、招办监督"体制。

（四）管理制度

包括招生队伍管理和法规制度建设两个方面。

1. 招生队伍管理。包括两方面内容，一是高校招生制度一直处于不断改革、完善和发展之中，为了确保这项工作顺利完成，要求各高校要有一支高水平的管理队伍，不断接受新事物、学习新知识，不断针对工作中的问题提出新思路；二是高校招生一直是社会上的敏感问题，为破除社会上不良风气的干扰，要求招生工作人员具有较高的自律能力。

2. 法规制度建设。我国高校招生制度的不断向前发展，法规、制度建设工作也根据遇到的新情况不断进行健全和调整，现已经出台了从招生计划编制、计划执行、考试、录取、收费、监察等一系列配套的公开透明的措施和监督机制，使招生工作的公开、公正、公平有了较有力的保障。

三 高校招生工作的规范化程序要求

为规范高校招生工作管理，保障高校选拔符合培养要求的新生，维护公平公正，依据《中华人民共和国教育法》《中华人民共和国高等教育法》和教育部关于做好高校招生工作有关文件的精神，对高校招生工作程序中的各个环节应作规范的要求。

（一）报名

1. 高考报名工作按各省、直辖市、自治区的普通高校招生统一考试报名和建档工作要求组织实施。

2. 考生报名工作结束后，各地招生办公室要做好考生电子档案和纸介质档案建立工作。电子档案内容包括考生报名信息、体检信息、志愿信息、学业水平考试等级、高中毕业成绩、高考成绩信息、考生参加高等学校招生考试的诚信记录、考生加分或优先录取资格信息，以及综合素质评价信息或高中毕业鉴定等。纸介质档案包括：考生高中学籍档案、综合素质评价、本人签名确认的报名表、报考学校志愿表、体检卡以及其他相关的证明材料。

3. 各级招生考试机构应根据教育部颁发的招生信息标准和省级招生机构制定的考生信息采集办法，建立完整的考生电子档案。要组织专门人员对采集的考生有关信息进行校验、确认，并负责进行汇总、整理，确保考生电子档案与纸介质表（卡）的一致，确保考生相关信息的完整、准确、安全，并按规定的格式建立考生电子档案库。考生电子档案库一经建立，任何人不得擅自更改。

4. 电子档案内的报名信息是考生考试、录取、被高等学校录取入学后学籍管理以及高等学校发放毕业证书的依据，考生应对其真实性、准确性负责。因考生本人填报的信息错漏造成无法考试、录取和影响高等教育毕业证电子注册的，其责任由考生本人负责。

5. 考生纸介质档案由各县级招生办公室统一管理。被录取考生凭高校录取通知书到各县级招生办公室领取档案，并于报到时自带到录取院校注册。未录取的考生档案退回考生原所在中学或单位。

（二）体检

1. 报考高等学校（含单考单招）的所有考生均须参加身体健康检查，如实填写本人的既往病史。

2. 招生体检工作必须严格按照国家相关部门的文件要求执行。

3. 招生体检工作由县级招生办公室会同当地卫生行政部门组织实施，体检医院负责采集、校对考生体检信息，录入数据的完整性由体检医院和当地招生办公室共同负责，各地招生办公室需对体检数据进行校验，重点检查漏检、漏登项目，确保数据准确无误。考生体检应在指定的二级甲等（含）以上医院或相应的医疗单位进行。主检医师应由作风正派、责任心强且具有副主任医师（含）以上职称的医生担任。非指定的医疗机构为考生做出的体检结论无效。

4. 对各体检医院体检结论有异议的，以省级招生机构指定的医院体检结果作为最终裁定。

5. 报考军事、公安类院校（专业）的考生体检工作按教育部、解放军总政治部、公安部等有关规定执行。

6. 高等学校在《普通高等学校招生体检工作指导意见》的基础上，可根据本校的办学条件和专业培养要求，提出对考生身体健康状况的补充要求。补充要求必须合法、合理，有详细的说明和解释，并在招生章程中向社会公布。

7. 体检医生必须严格按照国家相关部门的文件要求执行，如实反映考生体检情况，严禁宽检、漏检和弄虚作假，对弄虚作假者，按有关规定严肃处理。

（三）计划及章程

1. 高等学校要按照省级招生机构下达的招生计划，统一使用教育部"全国普通高校招生来源计划网上管理系统"编制、上报。未经教育部和省级招生机构统一公布的计划一律不得安排招生。

2. 高等学校编制分专业和生源计划时，应根据当地各科类生源情况及本校专业人才培养的特色、要求，合理确定各科类专业计划。

3. 招生章程是高等学校对社会做出的全面、准确、规范的招生承诺，是高等学校招生工作的行为规范，是社会和各级招生考试机构监督高等学校招生行为的重要依据。各高等学校必须依据《中华人民共和国教育法》《中华人民共和国高等教育法》和教育部、省招生委员会的有关规定制定本校的招生章程。

4. 招生章程内容主要包括高等学校全称、校址（校本部、分校或校区等须注明）、办学层次（本科、高职或专科）、办学类型和办学性质（公办普通高等学校，民办普通高等学校，独立学院，高等专科学校，高等职业学校）、办学条件、联系电话、网址、颁发学位证书的学校名称及证书种类、帮助经济困难学生的具体措施、收费标准、录取规则及操作办法、预留计划数及使用原则等招生信息，特别是专业对考生身体健康状况的补充要求，相关考试科目成绩或加试要求，对政策性加分考生及投档成绩相同考生的录取规则、进档考生的专业安排办法等。招生章程内容必须合法、真实、准确，文字表达要规范。高等学校法定代表人应对学校招生章程及有关宣传材料的真实性负责。高等学校制定的特殊类型招生办法须符合相关规定，且不得与本校招生章程内容相违背。

5. 高等学校的招生章程须经省级招生机构备案后，上传教育部"阳光高考"招生信息发布及管理平台，并向社会公布。招生章程一旦公布，不得擅自更改。高等学校上报生源计划时，须将公布招生章程的网址上传至"普通高校招生来源计划网上管理系统"，由省级招生机构汇总后在招生专业目录中公布。

6. 各高等学校分专业招生生源计划，一经公布，原则上不得更改。录取时，高等学校必须按招生章程规定的录取规则及操作办法录取新生，必须按照核定的招生计划完成招生任务。生源总量不足时，由省招生办公室安排征集志愿或适当调整录取分数线。招生计划总量如确需调整，高等学校应提前报省级主管部门审核，经批准后方可执行。

7. 高等学校招生计划的执行和使用，必须严格使用原则、严格使用程序、严格使用责任。严禁利用调整计划向考生乱收费，杜绝违反计划使用原则的现象发生。

8. 录取时，任何单位和个人不得随意增减已公布的招生计划，因生源不平衡问题需调整计划的，高等学校应集体研究决定，并负责处理因调整不当而造成的遗留问题。

（四）考试

1. 高等学校招生考试必须按照教育部和省级招生机构的统一要求实施。

2. 高等学校招生统一考试实行计算机网上辅助评卷，由省级招生机构委托有关高校承担评卷任务。承担评卷任务的高校要精心组织，加强管理，确保计算机网上辅助评卷顺利进行。各高等学校、普通中学应按要求选派业务水平高、责任心强、作风正派、能胜任评卷工作的优秀教师参加试卷评判工作，并采取有效措施对所选派的评卷教师实现科学管理，确保所选派的评卷教师严格执行评卷工作的各项规定和纪律，自觉完成评卷工作任务。

3. 考生考试成绩由省级招生机构责统计、合成并公布，由各县级招生办公室通知考生本人。考生也可通过电话和互联网查询本人考试成绩。考生对考试成绩有疑问，可申请答卷复查。答卷复查范围为答卷扫描是否准确，答卷是否漏评、错评，成绩统计合成是否有误，不涉及评卷宽严。

（五）考风考纪

1. 考风考纪工作实行目标管理责任制，要确保试卷安全保密万无一失和实现消灭试卷雷同的管理目标；要严肃查处各种徇私舞弊、弄虚作假行为，防止、制止请人代考和利用通信工具作弊及群体性违纪舞弊等行为的发生。

2. 各级招生考试机构要做好监考员的挑选和资格审查工作，高三年级教师和有直系亲属参加当年高考的人员实行回避制度，不得参加监考工作及其他有关的考试工作。要加强监考员队伍建设，认真抓好监考员的业务培训、纪律教育和职业道德教育，把加强考风考纪建设落实到每一个主考和监考员。

3. 各县级招生委员会要在考试前对考生进行多种形式的考风考纪教育，有应届毕业生的中学在考前应召开考生教育动员大会，对考生进行广泛深入的诚信考试教育和违纪舞弊处罚警示教育；要运用各种宣传媒体，通过正、反两个方面的典型事例，弘扬正气，打击邪气，营造"遵纪守法光荣，违纪舞弊可耻"的良好氛围；要采取有效措施禁止考生、考试工作人员携带手机、无线电收发装置等通信工具进入试室；要积极协调公安、无线电管理部门联合防范和打击有组织的团伙舞弊、代考或替考、利用无线电收发装置等通信手段作弊的行为；各级招生机构均要设立并公布考试违纪舞弊举报电话，各考点要设立举报信箱，加强社会监督。

4. 监考员要严格按照有关考务要求，认真履行工作职责，如实反映考生考试情况。考试期间，如发现考生违纪作弊，监考员要严肃提出警告，如实登记，并由两名监考员和主考签名。考试结束后，对违纪作弊考生由市招生办公室根据《国家教育考试违规处理办法》（教育部令第33号）做出处理决定，并上报省招生办公室，省招生办公室根据市招生办公室的处理决定进行成绩处理。评卷期间发现答卷雷同等违纪作弊行为的，经评卷教师、评卷领导小组认定后，将违纪作弊考生上报省招生办公室，省招生办公室根据有关规定进行处理。省招生办公室统一公布违纪作弊考生的处理结果。

5. 各级招生考试部门和各考点要把试题保密工作作为普通高考的头等大事来抓，切实做好试卷保密工作。要明确试卷、答卷安全保密责任人，落实责任制。要选派业务熟悉、责任心强的党员干部参与保密工作，切实加强试题印刷、运送、存放与保管等各个环节的管理，保证试卷、答卷的绝对安全。有直系亲属参加当年高考的工作人员，不得参与当年试题的印刷、运送、保管、保密等工作。

6. 各级招生考试部门和各考点要进一步完善标准化考点的建设，按照《教育部财政部关于大力推进国家教育考试标准化考点建设工作的通知》要求，进一步加强和完善考点的硬件和软件建设，按统一标准建立电子监控系统，并做好电子监控系统与省教育考试院互联互通工作，实现考试管理现代化。各考点各试室都须配置金属探测仪，进一步防范和打击利用无线电通信工具进行考试作弊的违纪作弊行为。

7. 建立考生考试诚信档案，考生考试违纪作弊情况将录入考生电子档案，供高校录取参考。

8. 各级招生考试部门和各考点要强化依法治招、依法治考的意识，切实落实分级管理责任制、重大问题报告制、招生过程督查制、违纪舞弊通报制和评估制度。对考生、考试工作人员或社会其他人员在高等学校招生统一考试和学校的单考单招考试（含音乐类、美术类、体育类术科考试）中的各种违规行为的处理，严格按照《国家教育考试违规处理办法》（教育部令第33号）及教育部普通高等学校招生工作有关规定执行。

（六）填报志愿

1. 考生填报志愿采取网上填报的方式。考生应在认真阅读有关高等学校招生章程和招生工作有关规定后，按照规定和要求选择报考学校及专业。考生所填志愿信息网上确认后，应到当地招生考试机构打印志愿表，考生当场签字。考生本人对不按时签字和由他人代为签字所产生的后果负责。志愿信息一经网上确认，任何人不得更改。

2. 考生填报志愿时，须根据本人普通高中学业水平考试成绩情况，按规定填报相应层次高等学校。普通高中学业水平考试成绩未能达到相应层次高等学校录取要求的，其填报的对应学校志愿无效。

（七）录取

1. 省级招生机构负责组织实施全国各类高等学校在当地招生的录取工作。

2. 高等学校招生录取工作实行"学校负责，招办监督"的录取管理体制，即在政治思想品德考核和身体健康状况检查合格、高中学业水平考试成绩符合同批录取资格、高考成绩达到同批录取最低控制分数线的考生中，省级招生机构按投档原则，以一定比例提供考生电子档案给高等学校，由高等学校决定考生录取与否及所录取的专业，高等学校负责对已投档但未被录取考生进行解释以及处理其他遗留问题。省级招生办公室对高等学校执行国家招生政策、招生计划完成情况进行监督和检查，对高等学校提交的录取和退档名单进行核准备案，对高等学校不合理录取或退档提出复议。高等学校必须认真对待省级招生办公室提出的复议，对不合理落选的考生，高等学校应予以纠正，如不纠正，考生提出质疑或上诉，高等学校必须进行解释和妥善处理。对群众来信来访，高等学校应认真、及时接待处理。

3. 录取期间，省级招生办公室设立录取监察组。录取监察组要加强对录取工作的监察，加强反腐防腐教育，加强录取纪律的监督，维护录取期间的正常秩序，保证录取工作的公平、公正。

4. 高等学校招生实行计算机远程网上录取，各高等学校须采取积极措施，加强计算机设备、校园网络及通信线路建设，保障网络畅通，做好计算机与网络防病毒工作，确保招生录取系统安全可靠运行。各高等学校需指定一位熟悉招生业务工作的同志，负责本校与省招生办公室的联络工作，录取期间须保证通信畅通。

5. 录取分数线的确定

（1）在各层次、各类别高等学校录取资格范围内，省级招生委员会依据文科类、理科类、体育类、音乐类、美术类专业招生计划，分别以文化课统考总分按一定比例划定文科类、理科类专业各批次录取最低控制分数线；以文化课统考总分和术科分数，按一定比例划定体育类专业各批次录取最低控制分数线；以艺术类考生文化课统考总分和术科分数，按一定比例划定音乐类、美术类专业各批次录取最低控制分数线。

（2）高等学校可根据办学水平、专业培养目标要求以及生源情况，在省级招生委员会划定的录取最低控制分数线上，在国家和省级招生主管部门规定的录取资格必要条件范围内，可自主制定本校具体的录取规则，并在招生章程中向社会公布。

6. 实行平行志愿各批次投档原则、比例及顺序按照省级的高校招生平行志愿投档及录取规定执行。实行平行志愿的学校，须根据省级招生办公室预投档的生源情况，按规定向省级招生办公室反馈是否增加招生计划及投档比例。未按时反馈投档比例的，省级招生办公室按招生计划数1∶1比例投档。

7. 填报平行志愿的考生，按投档原则未能在第一院校志愿组投档，或投档第一院校志愿组相应院校而被退档的，不再投档第一院校志愿组其他院校志愿，但可参加相应批次第二院校志愿组的排序投档。未能在第二院校志愿组投档，或投档第二院校志愿组相应院校而被退档的，不再投档第二院校志愿组其他院校志愿，但可参加征集志愿录取，或参加下一批次排序投档。

8. 非平行志愿批次的投档原则、比例及顺序

（1）总投档原则：省级招生办公室在录取最低控制分数线上，按考生志愿顺序从高分到低分投档。省级招生办公室根据各院校的招生计划总量适当控制各院校投档比例。

（2）文科类、理科类专业的投档原则及比例：省级招生办公室根据文科类、理科类招生计划，在录取最低控制分数线上，按总分从高分到低分，以1∶1至1∶1.2的比例投档，由高等学校择优录取。

（3）体育类、音乐类、美术类统考专业的投档原则及比例：省级招生办公室根据体育类、音乐类、美术类招生计划，在录取最低控制分数线上，以一定比例按文化分总分或术科分从高分到低分投档。

（4）投档顺序：第一次投档，在录取最低控制分数线上投第一志愿考生。在第一次投档录取结束后，根据院校剩余招生计划情况，按补投第一志愿，及第二志愿、第三志愿顺序进行第二次投档，按1∶1比例一次性提供考生档案给高校择优录取。第二次投档录取结束后，对第三批专科B类未完成招生计划院校适当调整录取最低控制分数线按志愿顺序一次性进行补档，补档后再根据调整录取最低控制分数线的录取情况，安排征集志愿；其余批次各类未完成招生计划的院校不调整录取最低控制分数线补档，先向社会公布未完成的招生计划，安排征集志愿。

（5）艺术类院校（专业）投档顺序：第一批本科艺术院校及专业按先投统考＋校考，再投校考，最后投统考的顺序投档；第二批本科A类艺术院校（专业）按先投统考，再投统考＋校考，最后投校考的顺序投档；第二批本科B类及第三批专科（A类、B类）艺术院校（专业）按

先投统考，再投校考的顺序投档。

9. 录取原则

（1）高等学校招生工作应遵循公平竞争、公正选择、德智体全面考核、综合评价、择优录取的原则。各高校要切实做好高分考生的录取工作，对高分考生的退档，要慎重处理。

（2）高等学校根据公布的招生章程的录取原则和普通高中学业水平考试成绩等级要求及综合素质评价情况，对省级招生办公室投出的考生电子档案进行择优录取。高等学校录取时，需认真参阅考生综合素质评价内容，并将综合素质评价作为高校录取或退档依据之一。在道德修养、文化素养、综合实践、艺术素质等领域中有特殊专长或特别优秀的考生，高等学校经核准后可优先录取。专业录取时，在同等条件下，应优先录取修习相关专业基础知识（模块）的考生及普通高中学业水平考试成绩优秀的考生。

（3）高等学校录取要按照教育部有关文件要求，结合本校实际，制定科学合理的录取办法，正确处理好考生成绩与志愿的关系。当同批分数线上第一志愿（组）的考生档案不足时，不得拒绝录取非第一志愿（组）的考生。

（4）高等学校必须按省级招生办公室的有关规定，按时完成调档、阅档、退档、审核等环节工作，保证考生档案的正常周转和录取工作的顺利进行。超过时间或不按规定进行录取的，省级招生办公室根据所发出的考生电子档案按计划数及录取规则从高分到低分顺序设置考生电子档案为拟录状态，从低分到高分顺序收回超比例投档考生档案。同时立即书面通知有关高等学校，并将有关情况上报教育部备案。

（5）报考高职院校自主招生并被录取的考生，可同时参加高考的本科院校录取。按本科院校志愿被录取后，原高职院校自主招生录取结果无效。

（6）各高等学校必须在投档比例数内完成招生任务。如因生源原因，在录取最低控制分数线上未能完成招生计划，或由于专业生源不平衡，又无法专业调剂造成缺额的，由省级招生办公室公布填报征集志愿的资格线，面向未被录取的当批次资格线上考生征集志愿，进行二次录取。已被高校录取的考生，不再进行征集志愿。在征集志愿资格线上仍未能完成招生计划的院校，由省招生办公室根据生源情况调剂录取。

（7）第一次投档未达到高等学校招生计划数的，该次投出的考生档案，无特殊原因的，高等学校不得退档。

（8）高等学校退档，必须注明退档理由，省级招生办公室对高等学校退档情况进行监督备案。对不符合教育部有关规定退档或退档理由不充足的，将退回高等学校复议。如高等学校坚持退档，责任由高等学校负责。考生对退档提出质疑的，高等学校必须做出解答，并负责妥善处理遗留问题。

（9）由于省级招生办公室或高等学校工作失误或执行政策产生偏差而造成考生落选，省级招生办公室或高等学校应积极协同采取措施妥善解决。

（10）对肢体残疾、生活能自理、不影响所报专业的学习，且填报志愿合理并达到录取最低分数的考生，高等学校应按照有关政策予以录取。

10. 各高等学校纪检监察部门要对本校的招生录取工作全程监督，并承担监督责任。

11. 各高等学校要建立校长作为高校法人代表签发或授权签发录取通知书制度。高等学校新生录取名单必须报省级招生委员会核准、备案，并加盖省级招生委员会办公室录取专用章，以此作为考生被正式录取的依据。

12. 对属于考生个人信息及有关录取过程中需要阶段性保密的工作内容，任何单位和个人不得擅自向他人提供或向社会公开，严禁非法传播、出售。

13. 省级招生办公室通过相关网站和信息平台公布考生录取情况。

14. 为保证录取工作的正常秩序，高等学校必须在当批次规定时间内完成录取任务，不得跨批次录取。

（八）高考加分和优先录取政策

严格按照教育部等五部门《关于调整部分高考加分项目和进一步加强管理工作的通知》（教学［2010］10号）及各省、直辖市、自治区招生主管部门的规定执行。认真做好高考加分和优先录取工作。

四　严格高校招生工作的监督和违纪处理

为保证招生公开、公平、公正，根据《中华人民共和国教育法》《中华人民共和国高等教育法》等法律法规，必须严格高校招生工作的监督和违纪处理。2014 年 7 月 8 日开始执行的《普通高等学校招生违规行为处理暂行办法》（中华人民共和国教育部令第 36 号）对高校招生工作的监督和违纪处理作了详细的规定，其主要精神如下。

（一）高校招生应当遵循公开、公平、公正原则全程接受纪检监察部门的监督，同时接受考生、社会的监督。

（二）对违纪行为用时认定并严肃处理

1. 省级教育行政部门违反有关管理职责，有下列情形之一的，由国务院教育行政部门责令限期改正，并可给予通报批评。对直接负责的主管人员和其他直接责任人员，由有关主管部门依法给予行政处分；涉嫌犯罪的，依法移送司法机关处理。

（1）要求招生考试机构和高校违规录取考生的；

（2）擅自扩大国家核定的招生规模和追加招生计划，擅自改变招生计划类型的；

（3）出台与国家招生政策相抵触的招生规定或者超越职权制定招生优惠、照顾政策的；

（4）对高校和招生考试机构招生工作监管不力、导致出现严重社会事件的；

（5）其他违反有关招生管理制度的行为。

2. 招生考试机构违反国家招生管理制度，有下列情形之一的，由主管教育行政部门责令限期改正，给予警告或者通报批评。对直接负责的主管人员和其他直接责任人员，依法给予处分；涉嫌犯罪的，依法移送司法机关处理。

（1）未按照信息公开的规定公开招生工作信息的；

（2）违反录取程序投档操作的；

（3）对高校超出核定办学规模招生或者降低标准违规录取考生进行投档的；

（4）在招生结束后违规补录的；

（5）对高校录取工作监督不力、造成不良后果或者社会影响的；

（6）其他违反国家有关招生管理制度的行为。

3. 高校违反国家招生管理制度，有下列情形之一的，由主管教育行政部门责令限期改正，给予警告或者通报批评；情节严重的，给予减少招生计划、暂停招生的处理。对直接负责的主管人员和其他直接责任人员，依法给予处分；涉嫌犯罪的，依法移送司法机关处理。

（1）违反规定程序降低标准录取考生或者拒绝录取符合条件的考生的；

（2）超出核定办学规模招生或者擅自调整招生计划的；

（3）未按照信息公开的规定公开招生信息的；

（4）发布未经备案的招生简章，或者进行虚假宣传、误导考生的；

（5）在特殊类型招生中出台违反国家规定的报考条件，或者弄虚作假、徇私舞弊，录取不具备条件的考生的；

（6）违规委托中介机构进行有偿招生录取，或者以承诺录取为名向考生收取费用的；

（7）其他违反国家有关招生管理制度的行为。

4. 招生工作人员有下列情形之一的，其所在单位应当立即责令暂停其负责的招生工作，由有关部门给予相应处分；涉嫌犯罪的，依法移送司法机关处理。

（1）泄露尚未公布的考生成绩、考生志愿、录取分数线等可能影响录取公正信息的，或者对外泄露、倒卖考生个人信息的；

（2）为考生获得相关招生资格弄虚作假、徇私舞弊的；

（3）违规更改考生报名、志愿、资格、分数、录取等信息的；

（4）对已录取考生违规变更录取学校或者专业的；

（5）在特殊类型招生中利用职务便利请托考核评价的教师，照顾特定考生的；

（6）索取或收受考生及家长财物，接受宴请等可能影响公正履职活动安排的；

（7）参与社会中介机构或者个人非法招生活动的；

（8）违反回避制度，应当回避而没有回避的；

（9）其他影响高校招生公平、公正的行为。

5. 高中有下列情形之一的，由主管教育行政部门责令限期改正，给予警告或者通报批评。对直接负责的主管人员和其他直接责任人员，依法给予处分；涉嫌犯罪的，依法移送司法机关处理。

（1）在考生报名、推荐等工作过程中出具与事实不符的成绩单、推荐材料、证明材料等虚假材料的，在学生综合素质档案中虚构事实或者故意隐瞒事实的；

（2）未按规定公示享受优惠和照顾政策的考生名单、各类推荐考生的名额、名单及相关证明材料的；

（3）违规办理学籍档案或者违规为考生填报志愿的；

（4）未按照规定的标准和程序，以照顾特定考生为目的，滥用推荐评价权力，或者有偿推荐或者组织生源的；

（5）其他违反国家有关招生管理制度的行为。

6. 考生有下列情形之一的，应当如实记入考试诚信档案。下列行为在报名阶段发现的，取消报考资格；在入学前发现的，取消入学资格；入学后发现的，取消录取资格或者学籍；毕业后发现的，由教育行政部门宣布学历、学位证书无效，并由学校予以追回。

（1）在综合素质评价、相关申请材料中提供虚假材料、影响录取结果的；

（2）冒名顶替入学的；

（3）提供虚假姓名、年龄、民族、户籍等个人信息，伪造、非法获得证件、成绩证明、荣誉证书等，骗取报名资格、享受优惠照顾政策的；

（4）其他涉及高校招生的弄虚作假行为。

（三）招生责任制及责任追究

1. 实行高校招生工作问责制。高校校长、招生考试机构主要负责人、教育行政部门主要负责人是招生工作的第一责任人，对本校、本部门、本地区的招生工作负全面领导责任。在招生工作中，因违规行为造成严重后果和恶劣影响的，除追究直接负责人的责任外，还应当根据领导干部问责的相关规定，对有关责任人实行问责。

2. 对在高校招生工作中违规人员的处理，由有权查处的部门按照管理权限，依据《中华人民共和国行政监察法》《行政机关公务员处分条例》《关于实行党政领导干部问责的暂行规定》《事业单位工作人员处分暂行规定》等相关规定，依法提出监察建议、做出监察决定或者做出处分决定。

3. 对党政领导干部和相关人员违规插手、干预招生工作，影响公平公正、造成严重影响和后果的，相关案件线索移送纪检监察机关或者司法机关查处。

第 四 章

高校学术委员会的工作规范与
程序设计研究

第一节 高校学术委员会概述

1999 年实施的中华人民共和国《中华人民共和国高等教育法》规定："高等学校设立学术委员会，审议学科、专业的设置，教学、科学研究计划方案，评定教学、科学研究成果等有关学术事务。"在十几年间，学术委员会在高校中扮演了重要的角色，在高校决策、战略拟定、人才培养等方面发挥了重要的作用。高等教育法对高校设立学术委员会提出了要求，并对学术委员会工作的范畴和领域进行了大致的规定。那么究竟学术委员会具体从事哪些工作、人员如何构成、依循什么原则工作、工作流程如何拟定、如何处理与党委书记、校长等关系以及能为社会解决哪些问题和为社会带来哪些效益呢？这些问题不搞清楚，高校学术委员会很难发挥其应有的作用和达到预期的目标。

一 高校学术委员会的内涵

随着我国教育和科研事业的蓬勃发展，学术委员会便应运而生。1961年 9 月，中共中央批准试行《教育部直属高等学校暂行工作条例（草案）》（简称"高教六十条"）。"高教六十条"率先规定设立学术委员会这一学术管理机构；1978 年 10 月《全国重点高等学校暂行工作条例（试行草案）》对学术委员会的职能定位、职责权限进行了补充；1999 年颁布实施的中华人民共和国《中华人民共和国高等教育法》从法律上正式确认了学术委员会在高校的地位与作用。中华人民共和国《中华人民共和国高等教育法》颁布后，高等学校愈加重视学术组织的作用，学术委员会制度不断健全和完善。经过十多年的发展，我国多所高校陆续成立了学术委员会。2014 年教育部令第 35 号发布《高等学校学术委员会规程》，对高等学校成立学术委员会、学术委员的职责、人员安排等作了战略性的部署，标志着我国高等学校的发展上了新台阶，教授治学的模式进入了新阶段。

（一）学术

我国"学术"一词在《说文解字》中释"'学'曰'觉悟也'、'术'曰'邑中道也'。'觉悟也'主要是'发蒙'或'学习'；'邑中道也'主要是'路径'或'手段'。在后来，'学'渐渐引申为学说、学问；'术'渐渐引申为技能、技艺"。在社会变革、经济发展和西方文化的传入等多种因素的影响下，我国的传统学术在梁启超的倡导和努力下开始了近代转型，"学"与"术"最终合二为一。《辞海》将"学术"解释为"较为专门、有系统的学问"。"为学术而学术"成为我国近代学术阶段的学术精神。

英文"学术"一词最初表述为"academy"，"该词源自前 387 年柏拉图在雅典创办的学园，学园因学者们对真理的向往聚集而成。学术的另一种表述是'scholarship'，'scholar'一词最早出现在英语词汇中是在 11 世纪，意思是在特定导师指引下进行学习的学生"。到了 16 世纪，"scholar"的含义发生了变化，开始指那些受过良好训练并博学的学者，特别是受过古典语言（如拉丁文或希腊文）的训练并具有相应文学知识的人。

（二）委员会

委员会一个机构或团体内一种集体决策的组织形式，每个成员（即"委员"）基本上都具有决策权，通常用以处理及决定一个机构或团体的特定事务或事件。委员会制，亦称为合议制，是政府制度之一。"委员会是以集体领导的形式来行使其最高行政权，各委员不但职权相同，并且进行集体议事，决议是以投票结果来做出的，而且实行集体负责制。"此种组织形式常见于政府与公司治理中，如各国国会、内阁机关、公司决策单位等。其代表者或领导者通常被称为"委员长""主任委员"或"主席"。

委员会是选举产生，而不是任命。委员会之所以采取选举的方式产生，它的本质就是体现民主制的多数人意志，同时体现委员会向选民负责。正如列宁所指出："民主就是承认少数服从多数的国家。"人民群众"应当有权为自己选择负责的领导者""应当有权撤换他们""应当有权了解和检查他们活动的每一个细小的步骤"。

委员会平等原则是指委员会内所有成员都是平等的。既然全体委员都是由选举产生的多数人意志的体现。那么，被选出的所有委员不应当有高低、上下级之分。其地位和权力应当是平等的。委员们之间在职位上是平等的，因此，一切重要政务均由委员会集体决议。

委员会任期原则是指委员会成员必须有期限的限制，不是无限期的作为成员参与其中。党的各级委员会行使职权的期限，根据党章规定，党的中央和地方各级委员会的每届任期均为五年。我国《宪法》规定："全国人民代表大会每届任期五年，地方各级人民代表大会每届任期五年。高校学术委员会的成员也是如此，必须有任期的限制，在任期内行使权力和履行义务。"

（三）学术委员会

学术委员会制度是我国高等学校内部管理体制中的一项重要的学术组织制度。"探索我国公立高等学校学术委员会的运行模式是国家中长期教育改革和发展规划纲要的明确要求，是国家教育体制改革试点过程中的有益尝试，是深化高校内部管理体制改革、建立有中国特色的现代大学制度的必然选择。"高等学校的学术委员会则是由各个学科专业的专家组成的学术团体，是高校的最高学术权威机构和学术咨询、审议、评定机构，代表着高校的最高学术水平。学术委员会存在于高校和科研机构中，是从事学术评议与审核的机构。学术委员会一般分为校、系（或院、所）两级。学术委员会具有以下特征：

1. 学术委员会具有最高学术决策权。学术委员会是在高校或科研机构中因为学术事物的需要而组成的，专门处理、解决、谋划学术事业发展的组织。必须清楚，学术委员会作为一个团体是不具有行政级别或是行政权力的，而且工作的领域也只有与学术有关的方面。学术委员会应在该部门党政机关领导下工作，但在学术问题上具有相对独立的地位。

2. 学术委员会成员的素质要求高。学术委员会作为高校学术事物的决策集体，其成员的素质能力要求很高，按照教育部《高等学校学术委员会规程》的要求，即"遵守宪法法律，学风端正、治学严谨、公道正派；学术造诣高，在本学科或者专业领域具有良好的学术声誉和公认的学术成果；关心学校建设和发展，有参与学术议事的意愿和能力，能够正常履行职责；学校规定的其他条件"。可以见得，学术委员会的成员必须是某一专业或领域有成就、有造诣的专家，在学术方面能起到引导、带头和监督的作用。

3. 学术委员会工作时间具有随机性。学术委员会对学校的学术事务进行决策在高校管理发展中体现了依法治校和公平公正。由于学校的学术事务设计项目论证、职称评审、专家推荐等许多工作不是常规性的，因此，学术委员会的工作也就具有很大的随机性。学术委员会要结合学校发展的需要、教师成长的需要、学科建设发展的需要以及人才培养的需要等，为学校做决策。这个决策需要与国家、省、市地方发展相契合，因此学术委员会的工作复杂而随机。

二　高校学术委员会的结构和分类

具体来说，我国公立高等学校学术委员会的结构分类主要包括以下几方面：

（一）高校学术委员会的结构

1. 组织结构。由于不同的院校在办学规模、办学层次、学科门类等方面存在不同，学术委员会的设立也存在不同。当前，我国公立高校学术委员会主要呈现为校、部、院的三级管理模式和校、院两级的管理模式。此外，大学可以根据需要自主设立内部机构。各高校根据自身学科特色或专项工作分配在学校学术委员会下设若干分委会，如兰州大学在校学术委员会下设"自科委、社科委、学风委"三个分委员会；中国政法大学下设学科专业与科研机构建设委员会、项目及成果评定委员会、学术能力评价委员会、学术规范与学风建设委员会和自然科学专业委员会5个专门委员会；东北师范大学分别成立哲学社会科学学术委员会、自然科学学术委员会，在院级设立教授会等。

2. 职责结构。中国公立高等学校学术委员会是在学校党委、行政领导下的对高校内事关学科建设与学术发展的学术事务做出咨询、评议、审议、评价、决策、监督的最高学术权力机构。各高校按照其内部管理层级分设校学术委员会、学部学术委员会和学院（系、研究所）学术委员会。从总体上来说，无论是从"大部制"抑或是从"学院制"来看，中国公立高等学校学术委员会的三级组织二级管理模式是学术管理重心下移的有益尝试，有利于提高学术资源的使用效率，协调内部权力的均衡与整合，促进多学科的交叉与融合，确保学术决策的科学与民主，最终推动高校学术的繁荣与办学质量的提高。

3. 人员结构。中国公立高等学校学术委员会大都在广泛征求意见和民主协商基础上，本着公平、公开、公正原则，在符合委员会资格要求（诸如学术忠诚、学术道德、学术造诣、科研成果、组织能力、年龄层次等）的教授和正高职称的技术人员中民主投票选举产生。尽管学术委员会代表选拔方式看似民主，但究其实质不难看出，当前我国诸多高校的学术委员会成员（多兼任行政领导）往往是校长、院士、各学院学术委员会主任和专家教授代表、校内各学科领域有代表性的教授和专家组成。自 2010 年以来，华中师范大学、山东大学、华中科技大学等高校的学校领导和职能部门负责人相继退出学术委员会，不再担任各级学术委员。

4. 权力结构。从高校学术委员会自身来看，高校学术委员会作为学校学术权力的最高机构，对学术事务具有评审、规划和建议权。但从整个高校来看，目前我国高校实行党委领导下的校长负责制，换言之，高校行政体制中既有党委这条线，又有校长负责的行政这条线。在这种权力环境下，高校若要真正想发挥学术委员会的作用，就必须给学术委员会相应的地位和权力，并要以制度的形式予以确定，使得学术委员会不被各种权力牵制，能放开手脚开展工作。

（二）高校学术委员会的分类

高校学术事务多而杂，必须根据需要设立相应的专业委员会。基于此，笔者以为要在学术委员会下设立学位评定委员会、教学委员会、学术发展与规划委员会、教师聘任委员会和学术道德委员会 5 个专门委员会。专业委员会要选出一名专业委员会主任，负责召集、审议和裁决

（当遇到票数相同时由专业委员会的主任裁决）；专业委员会的成员必须符合学术委员会的任职资格，必须是院系和二级单位选举产生，任期与学术委员会一致，同时专业委员会的委员必须也是学术委员会委员。

三 高校学术委员会的地位、工作职责和作用

学术委员会的全部审议工作坚持公开、公正、公平的原则，积极倡导学术自由，努力鼓励学术创新，坚定不移地维护大学的学术声誉、严谨学风和相应的学术规范。因此，必须明确高校学术委员会的职责、功能、作用。

（一）高校学术委员会的地位

《高等学校学术委员会规程》是由教育部在自身权限内发布的教育规章，是依据宪法，法律及法规制定的规范性文件，是规范高等学校学术委员会设立、运行、管理与监督的准则，也是指导高等学校制定、审议、修订、核准与备案本校学术委员会章程的准则。高等学校应当依法设立学术委员会，健全以学术委员会为核心的学术管理体系与组织架构；并以学术委员会作为校内最高学术机构，统筹行使学术事务的决策、审议、评定和咨询等职权。

高等学校学术委员会应当遵循学术规律，尊重学术自由、学术平等，鼓励学术创新，促进学术发展和人才培养，提高学术质量；应当公平、公正、公开地履行职责，保障教师、科研人员和学生在教学、科研和学术事务管理中充分发挥主体作用，促进学校科学发展。

（二）学术委员会的工作职责

教育部令第35号《高等学校学术委员会规程》中明确规定了学术委员会的工作职责，对学术委员会的权利和义务以及行使职权的范围进行了界定。

1. 熟悉学术规章制度。学术委员会作为学校的最高学术决策机构，学术委员会成员一定要了解学校的规章制度、发展规划、办学目标和办学定位以及人才培养的规章制度等；另一方面要熟悉《中华人民共和国高等教育法》《高等学校教师职业道德规范》《教育部关于进一步规范高校科研行为的意见》《高等学校哲学社会科学研究学术规范（试行）》《高

等学校科学技术学术规范指南》《普通高等学校学生管理规定》《关于全面提高高等教育质量的若干意见》《国家中长期教育改革和发展规划纲(2010—2020 年)》等，同时还要了解党和国家最新的教育动向，以及习近平总书记关于教育的一系列论述等。

2. 制定学术规章制度。教学、科研和人才培养是高校的使命，每所高校在完成使命的同时都有其特定的发展历史，有其特色的文化传统，有其特色的专业优势，有其某领域专长的教师队伍和与地方经济社会发展的特有关系。因此，高校要按照国家的教育、科研政策，因地制宜，从实际出发制定切合学校发展实际的政策和制度，引领学校朝着服务和服从社会主义现代化建设的需要，为国家和地方培养更多的优秀人才。高校学术委员会作为学校的学术权力组织，要从学校、教师、学生和社会的实际需要出发，制定有利于国家发展、有利于学校建设、有利于教师进步、有利于学生成长和有利于满足社会发展需求的学术政策。

3. 提供学术建议和咨询。学术委员会的学术建议和咨询的职责是新形势下高校发展的新需要。教学和科研是高校培养人才和服务社会的两大支柱和动力源泉。在大学里，没有科研，就很难产生名师，教学水平也就很难提高，因此，教学与科研是学校工作最主要的两个方面。处理好两者的关系，不论对社会发展，还是对学校发展，以及对老师个人发展，都是一件具有重要意义的事情。高校学术委员会不仅要为学校的科研发展、教师的科研问题提供建议和意见，为学校和教师的科研工做出谋献策，同时也要为学校的教学工作提供建议和意见。这种建议和意见不仅仅只是针对教师，学生有需要也要积极的提供帮助，只有这样，学术委员会才能算真正的履行了学术建议和咨询的职责。

4. 整合学校的学术资源。整合资源在管理领域早就被广泛地运用，是指组织或企业对不同来源、不同层次、不同结构、不同内容的资源进行识别与选择、汲取与配置、激活和有机融合，使其具有较强的柔性、条理性、系统性和价值性，并创造出新的资源的一个复杂的动态过程。高等学校必须以其诸多教育资源为依托，大力进行整合，积极挖掘潜在资源，大力盘活现有资源，并积极整合政府、企业、媒介等外部资源。邓小平曾经说过，科技、管理经验等没有国界和社会制度之分。因此，不仅学校把最好的资源通过网络教育平台向全国辐射，还要整合全国，甚至全世界的教育资源。

5. 成果和奖励评选与推荐。高校为了鼓励创新和提高教育科研水平，一方面设立相关科研项目，评选相关学术成果；另一方面积极组织教师申报市（厅）、省（部）及国家科研项目科成果评选。高校为了做好成果评审和奖励工作，大力鼓励教育工作者从事教学研究，提高教学水平和教育质量，这就要求必须积极做好教学和科研成果的评选和推荐工作。高校学术委员会作为学术决策组织，要公平公正地评选与推荐符合教育教学规律，反映各级各类教育特点，具有创新性、科学性、实用性，对提高教学水平和教育质量，实现培养目标产生明显效果的成果。

6. 规划学校教师队伍建设。教师队伍建设是一项长期细致的工作，必须有完善的制度保证才能取得实效。一是要进行制度创新即通过完善管理制度，营造教师渴求发展的环境与氛围，提供教师自主发展、施展才华的条件与空间，建设具有我校特色的队伍优化机制。二是要面向全体、突出骨干、分层要求、目标推进。围绕培养目标，建构教师培训框架，并进行有针对性的培养，引导和鼓励基本成熟型的教师把个人工作目标和学校的发展目标紧密联系起来，激励教师积极进取，同时要发挥学科带头人和骨干教师的引领作用。高校学术委员会作为学校的一个组织理应紧紧围绕学校的发展目标，为学校教师队伍建设提供建议和对策支持。

（三）学术委员会的作用

教育部发布的《高等学校学术委员会规程》明确指出，高等学校应当充分发挥学术委员会在学科建设、学术评价和学术发展等事项上的重要作用，积极探索教授治学的有效途径，尊重并支持学术委员会独立行使职权，为学术委员会正常开展工作提供必要的条件保障。具体来说，高校学术委员会发挥以下作用。

1. 规划指导。高校学术委员会作为高等学校的最高学术机构，要在学校人才培养、专业设置、学科建设等方面给予指导和规划。一是要从学术角度审定学院的专业设置、调整、发展规划，为学院的决策提供学术依据。二是要对学院学校申报的重点学科、重点专业材料进行审议，对已立项的重点学科、重点专业建设进行指导和年度检查。三是要对学校教师、科研人员提出的年度或阶段性的科学研究计划方案就可行性和学术价值进行审议，以决定该方案可否列入学校科学研究规划，并给予指导。三是要对学校内申报的年度或阶段性科学研究成果的学术水平与价值做出判断，决定成果的等级、层次，并提出审核、推荐的意见，向更高级别的学术评议机构申报。

2. 开发资源。高校作为一个组织，有人财物各种资源，每种资源都与学术委员会的工作有着密切的关系。教师队伍是高校的重要资源，必须充分发挥各类教师的特长才能最大发挥作用，同时还要发挥团队优势，把有同一类特长的教师组合起来，才更加能发挥高校的人才优势。学校要建立起人才梯队，使得教师队伍中老中青结合，学历、职称趋于平衡。此外，诸如学校科研经费的投入、设备、器材等都需要统筹策划，统筹考虑，才能将资源充分利用起来。另外，高校还要积极利用社会资源，把社会中可以运用于学校发展的资源整合起来。高校学术委员会要将学术事务与学校的整体发展规范结合起来，将学校现有的资源与社会资源结合起来，统筹考虑学术事务，这样学术委员会才能真正发挥资源整合的作用。

3. 引领示范。教育部令第 35 号《高等学校学术委员会规程》中明确规定，学术委员会委员要具备遵守宪法法律、学风端正、治学严谨、公道正派；学术造诣高，在本学科或者专业领域具有良好的学术声誉和公认的学术成果；关心学校建设和发展，有参与学术议事的意愿和能力，能够正常履行职责。从学术委员会委员的任职条件可以看出，高校学术委员会的委员在学校甚至是全省、全国都具有影响力或代表性。因此，学术委员会的成员本身就对广大教师起到了模范、表率作用。高校除了要通过学术委员会这样的组织来影响和促进学校的发展，同时还要积极利用学术委员会中专家学者和学校非学术委员会的专家、学者的学术影响力激励教师积极进取，努力成为师德优良，教学水平高，业绩丰硕的优秀教师。

4. 督导规范。教育部令第 35 号《高等学校学术委员会规程》中明确规定，学术委员会要对学校学术事务及学术委员会工作提出建议、实施监督。因此，高校学术委员会应该根据《教育部关于加强学术道德建设的若干意见》（教人〔2002〕4 号）、《教育部关于树立社会主义荣辱观进一步加强学术道德建设的意见》（教社科［2006］1 号）等文件，对学校的学术规范、学术道德进行指导、咨询和督导、规范。并积极倡导严谨治学、实事求是、民主务实、勇于创新的学风，维护学校学术的公正性、科学性，反对学术不端行为，营造有利于学术进步和科技创新的环境，促进学校学术水平的提高和教育事业的健康发展。

5. 建议咨询。教育部令第 35 号《高等学校学术委员会规程》中明确规定，高校学术委员会有权就学术事务向学校相关职能部门提出咨询或质询。因此，高等学校在制定全局性、重大发展规划、发展战略；预算、决算中教学、科研经费的安排及分配、使用；教学、科研重大项目的申报及资金的分配使用；开展中外合作办学、赴境外办学，对外开展重大项目合作等方面做出决策前，应当通报学术委员会，由其提出咨询意见。学校教学、科学研究成果和奖励，对外推荐国家优秀教学、科学研究成果奖励；高级教师职务聘任人选、高层次人才引进岗位人选、名誉（客座）教授聘任人选，推荐国内外重要学术组织的任职人选、各级政府部门组织人才选拔培养计划人选；学校自主设立的各类学术、科研基金，科研项目以及教学、科研与学生培养奖项评定等事项，涉及对学术水平做出评价的，应当由学术委员会或者其授权机构组织评定。高校学术委员会要结合实际问题认真研究、考察，结合学校发展目标、教师发展需要和学生成长诉求，实事求是地提出意见和建议。

6. 仲裁决策。在法律上，仲裁一般是当事人根据他们之间订立的仲裁协议，自愿将其争议提交由非官方身份的仲裁员组成的仲裁庭进行裁判，并受该裁判约束的一种制度。学术委员会要按照有关规定及学校委托，受理有关学术不端行为的举报并进行调查，裁决学术纠纷。学术委员会调查学术不端行为、裁决学术纠纷，应当组织具有权威性和中立性的专家组，从学术角度独立调查取证，客观公正地进行调查认定。专家组的认定结论，当事人有异议的，学术委员会应当组织复议，必要的可以举行听证。对违反学术道德的行为，学术委员会可以依职权直接撤销或者建议相关部门撤销当事人相应的学术称号、学术待遇，并可以同时向学校、相关部门提出处理建议。

第二节　高校学术委员会工作中的主要问题

在目前各个高校虽然成立组建了学术委员会，但仍存在着职权不够清晰，权责边界模糊，职权弱化，在学校治理结构中的定位和作用亟待明确和加强；委员行政化，代表性、开放性、民主性不足，组成主体和程序规则亟待完善；会议制度与规则不健全，运行机制亟待完善；学术组织在高校碎片化，高度分散，依附于职权部门，亟待加强学术组织的独立性；学术委员会缺乏人财物的必要支撑和保障条件等问题。

一　学术机构行政化现象严重

虽然学术委员会的成员大多数是教授，但是很多人是以校领导、院系领导、处长的身份加入的，无行政职务的教授很少，而且组成人员多为行政任命。结果，受传统的行政权力主导思想的影响，委员们决策往往唯行政领导马首是瞻，这种决策实际上还是行政决策、首长意志。另外，机构设置不全也加重了学术委员会的行政化现象。我国绝大多数学术委员会没有常设机构或日常管理机构。有一些大学学术委员会"挂靠"科研处等行政机构，这些行政机构事实上却成了它的"顶头上司"兼"常务部长"。平时有什么学术事务，往往由这些行政部门自行处理，如果实在需要专家学者的意见，就由"挂靠"单位的领导召集几个相关学科的成员咨询一下罢了。这样的管理很缺乏科学性、民主性，实际上仍是变相的行政管理。

二　学术委员会工作职能定位的偏差

学术委员会是跨学科的学术性组织，也是党委领导下校长负责制的十分重要的决策参谋机构。这样特征的组织有利于高校工作的联结、整合，有利于增强高校的有机性和适应性。又由于它是跨学科的，具体到某一学科的学术委员也就一两个（顶多三五个），在做一些具体决策时，比如项目遴选、成果评定、职称评定、学位授予等方面，多数人往往似懂非懂，也不乏门外汉，如果由学术委员会进行实质性的决策，委员们对跨自己专业的项目、成果等，很可能不能从专业的角度给以科学合理的评价。这种决策当然无法真正体现学术公正、学术民主。再者，学术委员会主要进行的是评议、研讨及制定有关学术工作条例、办法等工作，这些属于常规性、事务性、适应性的学术工作，对于将发扬学术、促进学术的宗旨内化为高校的精髓还远远不够。

三　学术委员会办事机构的挂靠现象严重

苏宝利和吕贵认为，学术委员会的结构不健全，在院系一级普遍没有成立相应的下属委员会。由于学科分化与交叉，仅靠孤立的校学术委员会难以胜任繁重的学术事务。而在院系，学术人员最集中，学术活动最频繁，当然也最需要发挥学术权力，却恰恰缺少行使学术权力的平台。没有设专门机构，出现挂靠现象，在探讨的章程中，绝大多数没有独立设置日常学术管理机构。而更多的是挂靠在其他行政部门，其中有的挂靠在科技处、有的挂靠在科研处、有的挂靠在学科建设办公室，至少在章程中是这样的没有独立的常设机构。一些日常活动的开展就有可能受到影响，而且总结发现，研究型大学和以教学为主的普通高校之间并没有明显的区别，学术事务的处理需要一套自己独立的机构和体系，明确机构宗旨，使职位设置实体化、功能定位清晰化，避免组织机构的职权重叠、定位不准、人员构成复杂而又不稳定等问题。

四　学术委员会的"权力"处于尴尬境地

《中华人民共和国高等教育法》赋予了学术委员会处理学术事务的审议权与决策权，甚至有学者认为，学术委员会应该作为高等学校的最高学术权力组织而充分发挥其作用。但在实际中，学术委员会应有的权力微乎其微。"在学术权力中理应发挥举足轻重的作用。但实际情况是不少大学学术委员会没有实质性的权力。对学校、学科、专业设置，教学、科学研究计划，评定教学、科研成果等有关学术事项。只是起咨询作用，并未具有高等教育法所授予的审议权。""在中国内地，大学内部的很多学术事务委员会都常常有名无实，形同虚设。一方面，学术事务委员会的设立无章可循，往往是一纸红头文件聚集一帮人便成立了一个委员会。另一方面，学术事务委员会自身的规则章程不健全，以致日常运行混乱或者根本就不运行，发挥不了实际的功效。""由于缺乏具体的制度保障，学术委员会的权利在实践中难以得到很好的落实，学术委员会在高校大多被视为一个无足轻重甚至可有可无的参谋咨询机构。"

五　高校学术委员会的"代表性"不强

就目前而言，高校学术委员会的构成人员中具有行政职务的人员和高职称人员占多数。高校不能仅将人员组成限定在正高职称职务的人员和行政人员上，人员组成应具有广泛的代表性。应包括高职称的学术权威、行政领导以及普通教师和学生因为大学是一个统一体，在大学的管理上它是由学术和辅助学术的行政组成的，不能狭义地、机械地将学术与行政完全分割开。一般来说，教授们只是对自身的专业领域研究透彻，在其他方面可能需要行政领导为决策提供建议，来拓宽思路，使决策更科学合理。普通教师和学生占学校人数的绝大多数，是学校的重要组成部分，也是学校发展的利益相关者，因此需要考虑他们的需求。资深教授、普通教授、副教授、讲师和助教同样是学术组织中的学术人员，如果限制资历，就会形成一道鸿沟，无形中就将科层制渗透在学术组织之中，不利于学术的发展。

六　高校学术委员会的权责利缺乏保障

《国家中长期教育改革和发展规划纲要（2010—2020 年）》从"坚持和完善党委领导下的校长负责制""健全议事规则与决策程序""依法落实党委、校长职权""发挥学术委员会的重要作用""探索教授治学的有效途径""尊重学术自由"等方面提出了高校管理运作的要求。这就不难看出，高校存在着"党权、政权、学术权"三种权力类型，这就给高校学术委员会行使权力带来了挑战。就整体而言，高校学术委员会工作仍然存在许多问题，一些高校并没有完全实现加强学科整合、促进学术权力下移、增强学术权力的初衷。由于高校学术委员会建制不全，高校普遍存在将学术事务和行政事务混在一起，统一由行政管理层决策的模式。高校学术委员会的落脚点在于学术工作，若高校学术委员会不能通过一些常设的渠道和机制参与高校决策层学术事务的咨询和决策，势必导致高校学术委员会人员的学术专长难以发挥。

第三节　高校学术委员会的工作原则、规范与程序

一　高校学术委员会工作的原则

高等学校学术委员会应当遵循学术规律，尊重学术自由、学术平等，鼓励学术创新，促进学术发展和人才培养，提高学术质量；应当公平、公正、公开地履行职责，保障教师、科研人员和学生在教学、科研和学术事务管理中充分发挥主体作用，促进学校科学发展。

（一）实事求是原则

高校学术委员会的工作关系到师生的切身利益、学校的发展壮大、社会的重要影响，因此高校学术委员的工作要坚持实事求是原则。所谓"实事求是"，就是指从实际对象出发，探求事物的内部联系及其发展的规律性，认识事物的本质。毛泽东在《改造我们的学习》一文中，从哲学的角度对它的含义作了解释："'实事'就是客观存在着的一切事物，'是'就是客观事物的内部联系，即规律性，'求'就是我们去研究。"高校学术委员会的工作责任重大，意义深远，因此，在制定学术制度、拟订学术规划、提供学术建议和咨询以及仲裁决策中，要结合我国实际的国情、党情、民情和学校的实际情况、教师队伍的实际情况，开展工作。只有这样学术委员会的工作才不会迷失方向，因小失大，鼓励眼前，失了长远；只有这样学术委员会的工作才能更加科学、有效。

（二）公平公正原则

胡锦涛同志在十八大报告中指出，"公平正义是中国特色社会主义的内在要求。要在全体人民共同奋斗、经济社会发展的基础上，加紧建设对保障社会公平正义具有重大作用的制度，逐步建立以权利公平、机会公平、规则公平为主要内容的社会公平保障体系，努力营造公平的社会环境，保证人民平等参与、平等发展权利。"① 由此可见，公平公正在社会发展中起着举足轻重的作用，是社会和谐、组织发展和发动人民积极性的重要举措，同时也是社会运行的法则。高校学术委员会掌握着学校的学术

---

① 习近平：《切实把思想统一到党的十八届三中全会精神上来》，新华网，http://news.xinhuanet.com/poeities/2013–12/31/c_ 118787463_ 2.htm。

资源，影响学校、教师甚至是社会的发展，因此，在工作中必须本着公平公正的原则，在科研项目申报、学术成果评奖、推荐、高级人才引进、专业学科建设等工作中必须严把质量关，就事论事，对事不对人，把质量高的、能力好的、优秀的科研成果、专业学科或是项目推出来，让广大教师心服口服，感到公平公正。

（三）快速高效原则

大学职能的多样化，大学组织的复杂性，需要强有力的管理发挥作用，才能保证高校在整体稳定有序的状态下不断发展和提高。高校学术委员作为学术决策机构，主要通过会议表决的形式形成决策，要避免文山会海，禁止铺张浪费。这就要求要本着快速高效的原则，避免相互扯皮、推诿的现象，提高工作效率。一是要节约时间，即当学术事务被提上议程要在规定的时间内保质保量地完成，尽可能采用一会多用，多会合一的办法，压缩开会的时间；二是要节约成本，即在处理学术事务过程中尽可能采用电子办公，减少笔、纸等办公用品的浪费。

（四）公开透明原则

公开透明原则，是指有学术委员会的政策、制度、程序和决策活动对社会公开，所有相关信息都必须公之于众。高校学术委员会的工作涉及学校和教师的切身利益，所有的工作必须让师生知道学术制度、决策的产生过程，做到公开透明。有必要将研究课题的评定、资助项目及金额的确定、优秀研究成果的评选做到公开、公正、透明，各项结果应通过学会文件或通知、基地网页、内刊等不同形式公布。只有这样才能减少师生的误解和困惑，同时还可以减少学术腐败，让学术工作变得更加清澈、更加具有含金量。

（五）维护师生利益原则

全心全意为人民服务是我党的宗旨，党始终代表最广大人民的根本利益。高校作为一个组织必须以师生和国家的利益为主要衡量工作对与错、好与坏的标准。高校学术委员会作为学术权力机构，同样必须将师生的利益作为出发点和落脚点，才会使工作沿着正确的方向进行，才能赢得广大师生的支持和认同。这就要求高校学术委员会在评审科研项目、评优评先、成果推荐、高级人才引进以及学科专业建设等方面必须将师生利益、学校发展和社会的需要作为重要的标尺进行考虑，时刻维护师生的利益。

（六）有利社会发展原则

科研工作意义重大、影响深远，关系到国家人才培养质量，关系到国家科技创新，关系到生产力的发展，关系到国家的综合国力以及社会发展的速度。高校学术委员会掌控着科研工作的侧重点和方向；涉及譬如，教师聘任、学科专业设置以及硕士点、博士点审批等问题；涉及学校学术发展的速度与质量。因此，高校学术委员会的一切工作必须以有利于促进社会发展的原则，开展各项工作。事实上，有利于社会发展和有利于师生发展、有利于学校发展是一致的，只是载体或对象不同和群体的范围不同而已。

二　高校学术委员会的工作规范

高校学术委员会工作必须要有严格的规范作为依据，才能使得工作公平公正、公开透明，才能高效快速议定学校重要学术事物。具体而言，学术委员会工作规范主要包括以下几种：制度规范、管理规范、内容规范、权力规范、行为规范等。

（一）思想规范

高校学术委员会要高举中国特色社会主义伟大旗帜，以邓小平理论、"三个代表"重要思想和科学发展观为指导，深入贯彻落实习近平总书记关于高等教育的一系列论述精神；全面贯彻党的教育方针，坚持教育为社会主义现代化建设服务，为人民服务，与生产劳动和社会实践相结合，培养德智体美全面发展的社会主义建设者和接班人；全面推进教育事业科学发展，立足社会主义初级阶段基本国情，把握教育发展阶段性特征，坚持以人为本，遵循教育规律，面向社会需求，优化结构布局，提高教育现代化水平。

（二）制度规范

高校学术委员会制度是现代大学制度不可或缺的重要组成部分。高校要发挥学术委员会在学科建设、学术评价、学术发展和学风建设等事项上的作用，就必须完善学术管理的体制、制度和规范，积极探索教授治学的有效途径。高校要本着"学术立校""教授治学"的办学理念，把高校的学术事项以制度的形式甲乙规定，比如学科专业建设、教学计划、科研方案、学术评价、学风建设等，交由学院的教授委员会和学校的学术委员会去审议或决策，充分发挥由教授组成的教授委员会、学术委员会在学校学术建设和学术发展中的作用。

（三）管理规范

各高校都要根据《高校学术委员会规程》的规定，修订本校的学术委员会章程或规章，进行顶层设计，然后整合、调整、重组校内的学术组织，构建科学合理、运行规范、统一协调的学术管理体系与组织架构，特别要突出校学术委员会在整个学术管理体系与组织架构中的核心和最高学术机构的地位，厘清校内各级、各类学术组织相互之间的关系，尊重并支持学术委员会独立行使职权，用制度从组成、职权、运行程序、工作条件等方面保证学术委员会在学科建设、学术评价、学术发展和学风建设等事项上的重要作用。避免与行政权力边界不清，成为行政权力的道具。

（四）内容规范

高校要按照《中华人民共和国高等教育法》和《高等学校学术委员会规程》的规定，明确哪些是高校学术委员会决策的工作或事务或内容。这样，使得高校学术委员会知道自己该做什么，能做什么，怎么去做，而不是作为行政领导走形式的工具机构。要按照《高校学术委员会规程》的规定，一是要尽忠职守、一丝不苟、公平工作地履行各项职责。二是要建立学术委员会的监督机构，对学术委员会履行职权教学督导，进一步促进学术委员会工作的科学性。

（五）权力规范

高校学术委员在高校发展中扮演了重要的角色，许多大的方针政策、战略规划等都是由学术委员会通过决定的，从某种程度上来说，学术委员会决定着学校发展的方向和发展的质量与实效。目前，我国的大学采取的是"党委领导、校长负责、教授治学、民主管理、社会参与、依法治校"的管理模式。教育部政策法规司司长、法制办公室主任孙霄兵认为，在高校内部建立学术事务归学术委员会、学术事务按照学术规则处理的治理架构，突出了学术判断和学术规则的价值与作用，突出学术与行政适度分离、相互配合的导向，促进学术权力与行政权力的相对分离、相互配合，为在高校内部实现教授治学，形成鼓励教师专注学术、发展学术，构建以学术为中心的评价机制，提供制度保障。

（六）行为规范

高校学术委员会成员在决策的过程中，学术委员会成员应当对此承担学术责任，支持或者反对初步建议的学术委员会成员应当承担成员资格的责任。无记名投票的决策，应当设置会议讨论并保留会议记录，以此规范约束学术委员会成员的决策行为。除此之外，高校学术委员会成员要恪尽职守、兢兢业业，严格要求自己，牢固树立中国特色社会主义理想信念，带头践行社会主义核心价值观，自觉增强立德树人、教书育人的荣誉感和责任感，学为人师，行为世范，做学生健康成长的指导者和引路人；牢固树立终身学习理念，加强学习，拓宽视野，更新知识，不断提高业务能力和教育教学质量，努力成为业务精湛、学生喜爱的高素质教师；牢固树立改革创新意识，踊跃投身教育创新实践，为发展具有中国特色、世界水平的现代教育做出贡献。

三　高校学术委员的工作程序

学术委员会的工作形式主要有召开会议。会议包括全体会议、专业委员会会议、主任会议。重要工作或事项必须通过各种会议审议、决定。具体工作程序如下：

（一）院系及二级单位将学术事务报送学术委员会

各院系及二级单位将学校学科、专业的设置，教学、科学研究计划方案，评定教学、科学研究成果等有关学术事务汇总后报给学术委员会和相关主管部门。

（二）学术委员会审议或是交由专业委员会审议

学术委员会根据学术事务的性质交由相关的专业委员会审议决定，比如教学方面的事务，要由教学委员会审议决定，科研项目由学术发展与规划委员会审议决定，再报校长办公室。

（三）将学术委员审议通过的报校长办公室讨论审议

校长办公室召开校长办公会，结合学校的总体规划讨论学术事项，如果有利于学校发展，有利于教师发展的学术事务一般要同意学术委员会决定；如果违背国家或是学校或是教师的利益，在校长办公会上就要予以否定，并向学术委员会出具书面否定理由。如果是上级主管部门或是国家要求要做的事务，校长办公室要直接交由学术委员会决定。

（四）将校长办公会审议结果和被否定的事项报党委会审议

学校党委对校长办公室审议的结果和被否定的事项进行审议。原则上，只要不违背党的教育方针政策、不抵触国家的教育制度、不影响学校发展和师生利益，学校党委要同意校长办公会的决定。被校长办公会否定的事项，如果党委认为有利于国家、社会、学校和师生，可以认同学术委员会的意见，允许执行实施。

第 五 章

高校教职工代表大会行使职能的
规范与程序设计研究

第一节　高校教职工代表大会的性质、特点和职权

一　教职工代表大会的性质

《全民所有制工业企业职工代表大会条例》（1986 年 9 月 15 日国务院发布）对职工代表大会的性质作了明确规定："职工代表大会是企业实行民主管理的基本形式，是职工行使管理权力的机构。"

《学校教职工代表大会规定》（中华人民共和国教育部令第 32 号）①规定：学校教职工代表大会是教职工依法参与学校民主管理和监督的基本形式。

这些规定体现几层含义：

（一）职工代表大会的主体是职工

职工代表大会的是由全体职工选举的职工代表组成的，他们代表全体职工行使民主管理权力，表达全体职工的意志，体现大多数职工的利益。因此，职工代表大会是以全体职工为主体的。

（二）职工代表大会是职工群众行使民主权利的机构

职工代表大会拥有对企事业重大决策进行审议权、对职工切身利益的重大事项有审议通过权、对职工群众的生活福利有决定权、对企业贯彻落实法律法规有监督权，因此，职工代表大会是一个可以在一定范围内做出

---

① 《学校教职工代表大会规定》经 2011 年 11 月 9 日第 34 次部长办公会议审议通过，并经商中华全国总工会同意发布，自 2012 年 1 月 1 日起施行。

决定的权力机构。

（三）职工代表大会不是企业的最高权力机构

职工代表大会通过的决议或做出的决定，由企事业单位各职能部门组织实施，而职工代表大会只是负责监督和检查，因此，职工代表大会不是最高权力机构。

二　教职工代表大会的特点

职工代表大会是企事业实行民主管理的基本形式，是职工行使民主管理权力的机构，它具有民主管理其他形式所不具有的特点和优点：

（一）广泛的代表性和充分的民主性

职工代表大会由职工代表组成，而职工代表是以按一定的民主程序和一定的比例由职工直接选举产生。他们来自各个部门，几乎包括了企事业各个方面的人物，代表职工的意志，以接受他们的监督。另外，职工代表大会提案的提出和决议的做出都经过一定的民主程序。这样，就保证了大会的代表性和民主性。

（二）坚实的法律依据和较强的权威性

我国《宪法》第十六条、第十七条明确规定："国有企业依照法律规定，通过职工代表大会和其他形式，实行民主管理。""集体经济组织实行民主管理，依照法律规定选举和罢免管理人员，决定经营管理的重大问题。"《企业法》还专门设立一章，规定职工群众的民主权利和职工代表大会的五项职权。《劳动法》《劳动合同法》也都有规定，企业通过职工代表大会的形式，实行民主管理和民主参与。这些规定为建立和健全职工代表大会制度提供了法律保障。

（三）系统的组织机构和严密的组织制度

实行职工代大会的企事业单位，已基本形成了一套完整的组织机构和组织制度，它有专门的工作机构，设有各种专门委员会，基层单位都有职工代表团或小组。职工代表大会不仅在开会期间能够有效在实行民主管理，在闭会后也能经常开展工作。

三　教职工代表大会的职权

依《学校教职工代表大会规定》（中华人民共和国教育部令第 32 号）

规定，教代会职权有：

（一）听取学校章程草案的制定和修订情况报告，提出修改意见和建议；

（二）听取学校发展规划、教职工队伍建设、教育教学改革、校园建设以及其他重大改革和重大问题解决方案的报告，提出意见和建议；

（三）听取学校年度工作、财务工作、工会工作报告以及其他专项工作报告，提出意见和建议；

（四）讨论通过学校提出的与教职工利益直接相关的福利、校内分配实施方案以及相应的教职工聘任、考核、奖惩办法；

（五）审议学校上一届（次）教职工代表大会提案的办理情况报告；

（六）按照有关工作规定和安排评议学校领导干部；

（七）通过多种方式对学校工作提出意见和建议，监督学校章程、规章制度和决策的落实，提出整改意见和建议；

（八）讨论法律法规规章规定的以及学校与学校工会商定的其他事项。

第二节　高校教职工代表大会代表产生与权利、义务和职责

一　教职工代表的产生

（一）代表资格

依《学校教职工代表大会规定》（中华人民共和国教育部令第32号）规定：凡与学校签订聘任聘用合同、具有聘任聘用关系的教职工，均可当选为教职工代表大会代表。

（二）代表比例

依《学校教职工代表大会规定》（中华人民共和国教育部令第32号）规定：教职工代表大会代表占全体教职工的比例，由地方省级教育等部门确定；地方省级教育等部门没有确定的，由学校自主确定。

参照《关于基层工会会员代表大会代表实行常任制的若干暂行规定》（1992年4月14日全国总工会）：基层工会会员代表大会的代表名额，按会员人数确定。会员在200—500人者，代表为会员的25%—20%；会员

在 501—1000 人者，代表为会员的 20%—10%；会员在 1001—5000 人者，代表为会员的 10%—6%；会员在 5001 人—10000 人者，代表为会员的 5%。

（三）代表构成

依《学校教职工代表大会规定》（中华人民共和国教育部令第 32 号）规定：教职工代表大会代表以教师为主体，教师代表不得低于代表总数的 60%，并应当根据学校实际，保证一定比例的青年教师和女教师代表。民族地区的学校和民族学校，少数民族代表应当占有一定比例。

（四）代表产生

依《学校教职工代表大会规定》（中华人民共和国教育部令第 32 号）规定：教职工代表大会代表以学院、系（所、年级）、室（组）等为单位，由教职工直接选举产生。

《广东省普通高等学校教职工代表大会工作规定》对代表的产生有具体规定：教代会代表由学校各选举单位以无记名投票的方式直接选举产生。代表的选举由选举单位提出代表候选人名单，提交教代会常设委员会审核并公示，再由选举单位按选举程序进行。教代会代表须经选举单位全体教职工过半数通过方可当选。

（五）代表任期管理

依《学校教职工代表大会规定》（中华人民共和国教育部令第 32 号）规定：教职工代表大会代表实行任期制，任期 3 年或 5 年，可以连选连任；选举、更换和撤换教职工代表大会代表的程序，由学校根据相关规定，并结合本校实际予以明确规定。

依《广东省普通高等学校教职工代表大会工作规定》：教代会代表实行任期制，每届任期 5 年，可以连选连任。教代会代表受教职工和选举单位的监督。教职工或者选举单位有权依照规定罢免自己选出的代表。被罢免的教代会代表有权出席罢免该代表的会议，提出申诉意见或者提交书面申请意见。教代会代表在任期内有下列情况之一的，教代会常设委员会应当撤销其代表资格，由原选举单位根据选举办法进行补选：（1）调离学校的；（2）退（离）休的；（3）连续两年无故不参加教代会活动的；（4）其他依照有关法规不得担任教代会代表的。

二　教职工代表的权利

依《学校教职工代表大会规定》（中华人民共和国教育部令第 32 号）规定，教代会代表权利如下：

（一）在教职工代表大会上享有选举权、被选举权和表决权；

（二）在教职工代表大会上充分发表意见和建议；

（三）提出提案并对提案办理情况进行询问和监督；

（四）就学校工作向学校领导和学校有关机构反映教职工的意见和要求；

（五）因履行职责受到压制、阻挠或者打击报复时，向有关部门提出申诉和控告。

三　教职工代表的义务

依《学校教职工代表大会规定》（中华人民共和国教育部令第 32 号）规定，教代会代表义务如下：

（一）努力学习并认真执行党的路线方针政策、国家的法律法规、党和国家关于教育改革发展的方针政策，不断提高思想政治素质和参与民主管理的能力；

（二）积极参加教职工代表大会的活动，认真宣传、贯彻教职工代表大会决议，完成教职工代表大会交给的任务；

（三）办事公正，为人正派，密切联系教职工群众，如实反映群众的意见和要求；

（四）及时向本部门教职工通报参加教职工代表大会活动和履行职责的情况，接受评议监督；

（五）自觉遵守学校的规章制度和职业道德，提高业务水平，做好本职工作。

四　教职工代表的职责

（一）参加职工代表大会

1. 会前工作。一是熟悉材料，认真阅读领导的工作报告（讨论稿）和各项拟审议讨论的方案等有关文件，了解和掌握大会的中心议题；

二是调查研究，围绕中心议题，广泛听取周围群众的意见和建议，并加以综合整理；

三是反映意见，将综合整理好的意见建议，以口头或书面的形式反映给职工代表团（组）；

四是提出提案，在征求群众意见的基础上，提出职工代表的提案，提案应有实际内容，提案是职工代表行使民主权利的一种表现，因此，提案内容应该具体，要提出意见和要求，还要提出解决问题的办法和整改的措施。

2. 会中工作。一是参加预备会议，听取并审议职工代表大会主席团名单、大会秘书长名单、代表资格审查委员会关于代表资格的审查报告（换届大会）、大会日程和其他需要确认的事项；

二是听取领导或有关领导在职工代表大会上所做的工作报告、方案说明；

三是做好讨论发言的准备，有条件的最好写出发言提纲；

四是积极参加各项方案的讨论，在讨论会上，要畅所欲言，充分发表意见；

五是根据教代会的议程，经过充分思考，认真行使表决权和选举权。

3. 会后工作。一是向所在单位职工群众汇报、宣传职工代表大会所通过的决议或做出的决定，对群众不清楚的问题做好解释工作；

二是收集周围群众对职工代表大会通过的决议、决定的意见，并向所在职工代表团反映；

三是以实际行动影响和带动职工贯彻落实职工代表大会的决议和决定。

（二）参加日常民主管理活动

职工代表通过参加日常民主管理活动来发挥作用的渠道主要有：

1. 根据职代表通过的年度生产经营目标，积极组织和带动群众踊跃参加劳动竞赛和合理化建议活动。

2. 及时反生产经营中出现在的问题，对各种损害国家、企业和群众利益的现象提出批评，或向有关部门反映，督促纠正和解决。

3. 参加职工代表团（组）组织的职工代表视察活动，积极提出问题，对重要问题要做好记录。

4. 参加职工代表大会有关专门小组组织的民主咨询、民主对话及其活动。

5. 参加职工代表大会决议贯彻落实情况的检查监督工作。

6. 在各自单位民主管理中发挥骨干作用。

第三节　高校教职工代表大会的程序和组织制度

一　教职工代表大会预备会议程序

依《广东省普通高等学校教职工代表大会工作规定》（2011），教职工代表大会预备会议主要议程包括：

（一）听取大会筹备领导小组报告大会筹备情况。

（二）听取关于代表资格审查或代表增补情况报告。

（三）通过大会议题和议程。

（四）选举本次会议的主席团和秘书长。

（五）通过大会其他有关事项。

二　正式教职工代表大会程序

依《广东省普通高等学校教职工代表大会工作规定》（2011），教职工代表会议主要议程包括：

（一）核实出席人数，与会代表须超过代表总数三分之二方可宣布开会。

（二）校长向大会作工作报告。

（三）有关负责人向大会报告工作或对提交大会审议的提案作说明。

（四）教代会常设委员会就上次大会决议、决定的贯彻情况、提案处理情况，本次大会提案征集情况向大会作教代会工作报告。

（五）教代会常设委员会就教代会闭幕期间召开联席会议所决定的问题向大会做出说明，提请大会确认。

（六）以代表团（组）为单位，就会议报告、议案进行讨论、审议，对大会的各项决议、决定草案和提交大会选举的候选人名单进行讨论酝酿。各代表团（组）将讨论、审议意见归纳整理，向主席团（或教代会常设委员会）报告。

（七）主席团或教代会常设委员会听取各代表团（组）意见后，安排对大会决议、决定草案进行修改，并向大会做出说明。

（八）根据需要，安排代表在大会上发言。

（九）大会选举或对决议、决定进行表决，并宣布选举或表决结果。

三　教职工代表大会的组织制度

依《学校教职工代表大会规定》（中华人民共和国教育部令第 32 号）规定，教代会组织制度如下：

（一）代表会议和全体会议

有教职工 80 人以上的学校，应当建立教职工代表大会制度；不足 80 人的学校，建立由全体教职工直接参加的教职工大会制度。

学校根据实际情况，可在其内部单位建立教职工代表大会制度或者教职工大会制度，在该范围内行使相应的职权。

教职工大会制度的性质、领导关系、组织制度、运行规则等，与教职工代表大会制度相同。

（二）年会和换届

学校应当遵守教职工代表大会的组织规则，定期召开教职工代表大会，支持教职工代表大会的活动。

教职工代表大会每学年至少召开一次。

遇有重大事项，经学校、学校工会或 1/3 以上教职工代表大会代表提议，可以临时召开教职工代表大会。

教职工代表大会每 3 年或 5 年为一届。期满应当进行换届选举。

（三）代表出席会议人数要求

教职工代表大会须有 2/3 以上教职工代表大会代表出席。

（四）特邀或列席代表

教职工代表大会根据需要可以邀请离退休教职工等非教职工代表大会代表，作为特邀或列席代表参加会议。特邀或列席代表在教职工代表大会上不具有选举权、被选举权和表决权。

（五）会议议题

教职工代表大会的议题，应当根据学校的中心工作、教职工的普遍要求，由学校工会提交学校研究确定，并提请教职工代表大会表决通过。

（六）选举和表决

教职工代表大会的选举和表决，须经教职工代表大会代表总数半数以上通过方为有效。

（七）主席团

教职工代表大会在教职工代表大会代表中推选人员，组成主席团主持会议。

主席团应当由学校各方面人员组成，其中包括学校、学校工会主要领导，教师代表应占多数。

（八）专门委员会

教职工代表大会可根据实际情况和需要设立若干专门委员会（工作小组），完成教职工代表大会交办的有关任务。专门委员会（工作小组）对教职工代表大会负责。

（九）执行委员会

教职工代表大会根据实际情况和需要，可以在教职工代表大会代表中选举产生执行委员会。执行委员会中，教师代表应占多数。

教职工代表大会闭会期间，遇有急需解决的重要问题，可由执行委员会联系有关专门委员会（工作小组）与学校有关机构协商处理。其结果向下一次教职工代表大会报告。

第四节　高校教职工代表大会的运行情况

一　教育部和广东省教育厅（以广东省为例）的基本要求

（一）教育部要求

《学校教职工代表大会规定》（中华人民共和国教育部令第 32 号）内容：《学校教职工代表大会规定》共有五章，第一章总则；第二章职权；第三章教职工代表大会代表；第四章组织规则；第五章工作机构；第六章附则。本规定对学校教职工代表大会的性质、教职工代表大会的职权、教职工代表大会代表的产生、职工代表大会代表权利、教职工代表大会代表义务、教职工代表大会的组织制度（代表会议和全体会议、年会和换届、代表出席会议人数要求、特邀或列席代表、会议议题、选举和表决、主席团、专门委员会、执行委员会）、大会的执行机构等做出规定。教育部的这个规定只是一个原则性文件，对一些具体问题如代表比例、具体构成、提案组织等一些实施细则，要求各省级教育行政部门和学校制订具体规定执行，"省、自治区、直辖市人民政府教育行政部门，可以与本地区有关组织联合制定本行政区域内学校教职工代表大会的相关规定"，"有关学校根据本规定和所在地区的相关规定，可以制定相应的教职工代表大会或者教职工大会的实施办法"。

（二）广东省要求

《广东省普通高等学校教职工代表大会工作规定》（广东省教育厅，2011 年）在教育部规定的基础上，对以下内容进行细化：一是代表选举程序；二是代表管理；三是提案征集办法；四是提案处理办法；五是大会预备会议的主要内容；六是主席团的职责；七是代表大会程序；八是常设委员会职责等。根据广东省教育厅的要求，教职工代表大会的工作已经进入实际操作层面。

二　高校教职工代表大会的工作进展（以嘉应学院为例）

（一）嘉应学院概况

嘉应学院是一所省属普通本科院校，有 101 年的办学历史，位于叶剑英元帅的家乡，中国历史文化名城，客家人的主要聚居地，全国优秀旅游城市，著名的文化之乡、华侨之乡、足球之乡——广东省梅州市。梅州在清朝时称嘉应州，嘉应学院由此得名。

学校现有教职工 1647 人，其中专任教师 1239 人（教授 119 人、副教授 350 人，博士 107 人、硕士 652 人）。现有全日制在校生 22185 人，有 19 个二级学院、2 个公共教学部，50 个本科专业，学科专业涵盖文学、理学、工学、法学、医学等 11 个学科门类。

学校具有"植根侨乡，服务地方，弘扬客家文化"的鲜明办学特色。学校于 2006 年以良好成绩通过教育部本科教学工作水平评估，目前，学校遵循"教学服务型"办学定位，积极实施"十二五"发展规划，努力办好应用型优秀本科教育，尽快取得硕士学位授权资格，创建国内知名特色大学。

（二）嘉应学院教职工代表大会工作进展

1.《嘉应学院教职工代表大会与工会会员代表大会工作规程》等有关规定。《嘉应学院教职工代表大会与工会会员代表大会工作规程》于2011年11月二届四次教职工代表大会通过，其主要依据是《中华人民共和国教育法》《中华人民共和国教师法》《中华人民共和国工会法》《学校教职工代表大会规定》《广东省普通高等学校教职工代表大会工作规定》和中华全国总工会《关于基层会员代表大会代表实行常任制的若干规定》。

在教育部、广东省教育厅有关教职工代表大会规定的基础上，《嘉应学院教职工代表大会与工会会员代表大会工作规程》在以下内容方面作了细化：一是教代会、工代会联合召开；二是有关大会的筹备的工作；三是代表条件和选举办法；四是代表的详细构成（教师占比、高级职称教师比例、女职工比例等）；五是提案征集和处理；六是大会决议和决定等。

《嘉应学院教代会提案规程（草案）》于2007年4月于学校二届二次教职工代表大会通过。其内容主要有：提案工作委员会工作；提案资格、内容、格式、时间等规范要求；提案征集、初审与整理；提案的审核立案与交办；提案的办理与答复等。

2.嘉应学院教职工代表大会工作进展。多年来，学校重视教职工代表大会，每年召开年会，有重大问题，还召开教职工代表大会特别会议，具体情况如下：

一是凝聚人心，每一次教职工代表大会，校长作工作报告和书记致辞，总结过去工作，展望未来工作，提出奋斗目标，号召全校师生，团结一心，努力工作，为实现目标而努力奋斗。

二是多年来学校财务决算、预算提交教职工代表大会讨论通过，反映学校财务开支的科学性、合理性和公开性。

三是人事分配制度方案提交教职工代表大会特别会议讨论通过（2011年，教代会特别会议讨论通过学校岗位设置方案，2012年特别会议讨论通过目标管理改革方案，2013年讨论通过绩效工资改革方案），学校将涉及广大教职工利益的人事分配方案提交教职工代表大会，反映学校领导决策的民主性。

四是讨论通过学校发展规划和学校章程，学校将发展方向、措施等权力交给广大教职工。

五是教职工代表大会严格规范程序，代表发挥民主管理、民主监督职能，提案聚焦热点。如 2014 年三届二次教职工代表大会，形成三大热点，一是校园整治，二是学校办学方向，三是绩效工资改革。

教职工代表大会逐步成为教职工喜欢的工作，同时教职工代表大会正逐步发挥出了民主管理、科学决策、民主监督的职能。

第五节　高校教职工代表大会存在的问题与努力方向

一　存在问题

（一）教职工代表大会职能未能充分发挥

对照《学校教职工代表大会规定》（中华人民共和国教育部令第 32 号）的规定，我们可以发现教代会职能还未能充分发挥，主要表现在：

一是在"听取学校发展规划、教职工队伍建设、教育教学改革、校园建设以及其他重大改革和重大问题解决方案的报告，提出意见和建议"方面还不够；

二是在"讨论通过学校提出的与教职工利益直接相关的福利以及相应的教职工聘任、考核、奖惩办法"方面还不够；

三是按照有关工作规定和安排评议学校领导干部还未做或不够；

四是在"监督学校章程、规章制度和决策的落实，提出整改意见和建议"做得还不够。

（二）教职工代表大会常设机构未能建立或未能充分发挥作用

教职工代表大会中有一年一次，工会干部也不能代表教职工代表，所以，更多的工作还必须由常设机构来完成。

以嘉应学院为例，2008 年，学校二届二次教职工代表大会提出常设机构，并规定其职能。常设机构有：提案审理专门工作委员会、生活福利专门工作委员会、教学科研专门工作委员会、劳动人事专门工作委员会、干部评议专门工作委员会、妇女工作专门委员会等。常设机构可以负责处理提案、生活福利、干部评议、劳动人事等事务。但由于种种原因，常设机构未能发挥其应有作用。

（三）教职工代表大会提案内容存在单一性

我们经过统计，嘉应学院三届一次教代会同意立案的提案共 50 条，其中，生活福利绩效工资等有 30 条，占 60%，教学科研只有 4 条，占 8%。三届两次教代会同意立案的提案共 54 条，其中，生活福利绩效工资等共 24 条，占 54.6%；教学科研只有 5 条，占 11.4%。

（四）教职工代表大会提案处理不够彻底和规范

虽然各级教育行政部门逐步重视教职工代表大会，对提案处理开始有了程序和规定，但多数学校未能完全有效地处理提案，表现在：（1）领导有过问或有签字，但仅仅停留在应付式的回复；（2）没有进行分类处理，能解决的立即解决，能通过努力解决的分步解决，无法解决的给予解释；（3）解决情况反馈工作没有认真做好。

二　改进措施与努力方向

（一）按高校的民主化进程的要求完善教职工代表大会职能

高等院校是知识分子密集的地方，知识分子群体对民主监督、民主管理呼声高，因此，长期以来，学校管理民主化程度较高。目前，教职工代表大会的工作权限已深入到学校发展的重大事务、干部评议、学术权力监督方面。

1. 学校发展的重大事务。教职工代表大会要"听取学校发展规划、教职工队伍建设、教育教学改革、校园建设以及其他重大改革和重大问题解决方案的报告，并提出意见和建议"，要"讨论通过学校提出的与教职工利益直接相关的福利以及相应的教职工聘任、考核、奖惩办法"，要求学校党政领导要真正将学校改革、发展中的重大事务提交教职工代表大会讨论通过，体现教职工权益，并争取全校教职工的理解和支持。

2. 干部评议。《学校教职工代表大会规定》（中华人民共和国教育部令第 32 号）第七条（六）规定：教职工代表大会职权应"按照有关工作规定和安排评议学校领导干部"。目前，中山大学就已经按教育部规定要求，组织教职工代表大会代表对学校领导每年的评价。

3. 学术权力监督。高等院校学术权力机构是学术委员会，依据中华人民共和国教育部令第 35 号《高等学校学术委员会规程》（2014 年 1 月

8 日）规定：高等学校应当依法设立学术委员会，健全以学术委员会为核心的学术管理体系与组织架构；并以学术委员会作为校内最高学术机构，统筹行使学术事务的决策、审议、评定和咨询等职权。但是，学术委员会章程须提交教职工代表大会审议。

《关于学习宣传、贯彻实施〈高等学校学术委员会规程〉的通知》（教育部办公厅，2014 年 3 月 24 日）规定：新制定或者修订的学术委员会章程应当提交学校教职工代表大会审议，并报主管教育行政部门备案。自本年度起，实施学术委员会年度报告制度，要将报告提交教职工代表大会审议。

《高等学校学术委员会规程》（中华人民共和国教育部令第 35 号，2014 年 1 月 8 日）规定："学术委员会应当建立年度报告制度，每年度对学校整体的学术水平、学科发展、人才培养质量等进行全面评价，提出意见、建议；对学术委员会的运行及履行职责的情况进行总结。""学术委员会年度报告应提交教职工代表大会审议，有关意见、建议的采纳情况，校长应当做出说明。"

（二）充分发挥高校教职工代表大会常设机构的作用

1. 提案审理专门工作委员会职能。一是负责收集提案，并对征集到的提案进行审核，分析研究，决定是否立案。对正式立案的提案进行分类，登记造册；

二是对落实到有关部门的提案进行跟踪检查；

三是将提案处理结果以书面形式向提案人反馈，并听取提案人对提案处理结果的意见；

四是在教职工代表大会上向全体代表报告提案征集、分理、立案及处理结果。

2. 生活福利专门工作委员会职能。一是参与制定和修改福利费的管理使用办法，注意听取和组织收集教职工的意见和建议，并向有关职能部门反馈；

二是监督检查福利费的管理使用情况；

三是调查研究教职工关心的生活福利问题，并提出意见或建议；

四是参与讨论集体福利问题。

3. 教学科研专门工作委员会职能。一是听取有关职能部门就办学规模、专业设置、学科建设、教学改革、科研工作等方面的规划，以及有关加强教学和科研管理、加强师资队伍建设和教书育人工作等方面所拟定提出的改革措施、方案的情况介绍，讨论并提出修改意见；

二是广泛收集教职工关于教学、科研工作的意见和建议，进行分析讨论并整理成书面材料送交有关职能部门和校领导，或邀请有关职能部门和教职工代表就上述问题直接交换意见；

三是协助有关部门开展教书育人、为人师表、教学竞赛和学风建设活动；

四是配合相关部门开展教学培训、科学论坛、学术讲座等活动；

五是参与优秀教师、优秀教学成果和科研成果评比表彰活动，宣传在教学、科研工作中做出重大贡献的教职工。

4. 劳动人事专门工作委员会职能。一是参与学校机构设置、人员定编、人事管理、分配及引进人才等工作方案、制度的讨论和审议，参与相关文件的制订；

二是参与并监督学校人员招聘工作，发生劳动争议时，参与调查和调解；

三是对涉及教职工利益的共性问题进行调研并提出建议；

四是宣传国家有关政策、法规，认真听取教职工参人事工作的意见和建议，协助学校化解改革、建设、发展中出现的矛盾。

5. 干部评议专门工作委员会职责。一是草拟民主评议干部工作的实施方案；

二是负责实施民主评议干部的具体工作；

三是对民主评议干部中发现的问题，提出处理意见和建议；

四是整理教职工代表大会的意见和统计测评结果，起草向党委提交的干部评议工作总结报告。

6. 妇女工作专门委员会职能。一是以《中华人民共和国妇女权益保障法》为依据，维护、保障女教职工的合法权益；

二是围绕学校中心工作，开展适合女教职工特点的有益于身心健康的各种活动，充分调动、发挥女教职工在学校发展中的作用；

三是深入开展调查研究，关心女教职工在学习、工作和生活中的困难，听取她们的呼声，为她们排忧解难；

四是积极宣传女教职工的先进典型，教育、鼓励女教职工自尊、自信、自立、自强，提高自身素质；

五是充分发挥女教职工在家庭生活和教育子女中的作用。

（三）教职工代表的培训与引导

教职工代表是经过全体教职工推荐和选举产生出来的，具有广泛的代表性，具的较高的素质，但对教职工代表的职责、提案产生、提案的意义、提案的处理等还存在误区，必须进行一定形式的培训。

教职工代表受全校教职工的委托，提交提案，容易集中在生活福利待遇等方面。必须引导教职工代表，多从教学、科研、学校发展方向、校园建设和管理等学校中心工作收集提案，从而使教职工代表大会达到最好的效果。

第 六 章

高校审计监督机制与程序

　　随着我国高等教育体制改革的不断深入，高校在招生录取、经费使用、基本建设项目安排、物资设备采购、干部聘任、职称评审环节等方面拥有越来越多的自主权，高校领导干部和一些职能部门的权力随之增大，但有些管理制度不够健全，内部监督不到位，难以对这些权力进行有效的制约和监督。近几年来，各地频频曝光的高校腐败案件，确实反映了审计监督工作还存在一定的问题。在新的历史时期下，如何在现行的审计监督体系下提高审计监督的成效，更能体现出审计的职能作用，这既是对高校审计监督工作提出的新要求，又是高校反腐倡廉建设的迫切任务和重大课题。本章结合高校审计工作的实际情况，对高校审计监督机制与程序展开论述。

第一节　高校审计监督机制概述

一　高校审计监督机制的含义及作用

（一）高校审计监督的含义

　　高校审计监督是指高校的审计部门，为维护国家财政经济秩序，严肃财经纪律，打击经济违法犯罪活动，促进廉政建设，保障学校经济健康发展，依法对学校的财务收支等方面的真实性、合法性和效益性所进行的监督活动。简单地说，审计监督主要通过审计业务，并结合高校的内部控制，对学校有关经济活动进行监督和评价，以使能够深入了解现行制度和机制等方面存在的问题，从而加以规范，堵塞管理漏洞，防止违纪违规行为的发生。

（二）高校审计监督机制的含义

高校审计监督机制是指为确保国家政策和学校制度得到有效的贯彻和执行，在审计管理过程中所设置各相关主体之间的权责制衡制度与运行机制。其功能是围绕高校审计目标，对影响高校审计活动的各种因素迅速做出反应，调节和制约相关行为，使其按一定方式有序运转。

（三）高校审计监督的作用

伴随着高校的快速发展，内部审计工作日益受到重视。内部审计作为审计体系的有机组成部分，在高校行使着内部审计职权，对加强高校内部管理、维护学校合法权益、预防和惩治腐败、推进党风廉政建设、健全学校内部的自我监督、自我约束和自我调整机制等方面起着十分重要的作用。主要体现在以下四个方面：

1. 加强高校审计监督，有利于促进学校管理水平的提高。随着高校办学规模的不断扩大和教育经费逐年增加，高校经济管理日趋复杂，制度管理上存在薄弱环节的问题逐步显现，高校腐败现象呈上升趋势，大案、要案不断出现，特别在食堂的物资采购、教学仪器设备、基建工程和修缮项目等方面的违纪违法行为严重。因此，加强高校审计监督，防止权力滥用，促进学校经济活动的健康发展和财务管理的规范有序；促进高校依法治校，已显得非常迫切。

2. 加强高校审计监督，有利于提高教育资金的使用效益。教育经费紧张是各高校普遍存在的问题，也是制约学校发展的重要因素，高校只有合理安排和使用好教育经费，才能缓解资金的供需矛盾。作为高校审计部门，对教育经费的筹措、管理以及使用进行审计监督，能够及时纠正和制止损害国家和学校经济利益的行为，进一步健全内部控制制度，完善相关措施，促进增收节支，提高资金的使用效益，保障学校经费良性运行起到了积极的作用。

3. 加强高校审计监督，可以有效地遏制腐败的发生。腐败现象之所以屡禁不止，主要是对领导干部监督不力，机制、体制和制度不完善等方面的因素造成的。审计部门通过对学校的各项审计工作，如财务收支审计、工程项目审计、领导干部经济责任审计、专项审计等重点问题进行审计监督，并对学校的各项相关信息进行分析，把发现问题和解决问题有机地结合起来，提出审计意见和建议，促使学校管理层及时采取措施，堵塞漏洞，使违纪违规现象"制止于始萌，绝之于未形"，从源头上预防和遏制腐败起到了重要作用。

4. 加强高校审计监督，是贯彻落实中央"八项规定"的必然要求。把贯彻实施"八项规定"与反腐倡廉工作结合起来，就是要加强对高校重点部门和重点岗位的监督，推进权力运行公开化、规范化，不断完善权力运行的监控机制和问责机制，妥善解决广大师生员工反映强烈的热点难点问题，充分发挥审计监督的"免疫系统"功能和参谋作用，对促进党风廉政建设和反腐倡廉工作有着十分重大的意义。

二　高校审计发现的问题及主要表现形式

（一）高校审计发现的问题

1. 清华北大等18所高校乱收费8亿元。根据《中华人民共和国审计法》的规定，2004年，审计署对教育部等中央部门直属的18所高校2003年度财务收支情况进行了审计，并对债务、投资等情况进行了审计调查。这次审计的18所高校均为教育部等中央部门直属高校，实行定员定额拨款和专项补助的预算管理体制。近年来，各高校认真贯彻《教育法》和《中华人民共和国高等教育法》，积极实施"科教兴国"战略，不断加大教育投入，推进高校改革，初步建立了以财政拨款为主、多渠道筹措教育经费的投入机制，支出结构也不断改善，为学校增加积累、改善办学条件和扩大招生规模提供了财力保障。高等教育事业呈现出快速发展的势头。但审计和审计调查也发现，高校在财务收支和收费等方面仍存在一些需要加以纠正和改进的问题。①

（1）违规和不规范收费仍然存在。2003年，清华大学、北京大学等18所高校收取未经批准的进修费、MBA学费等64427万元，收取国家明令禁止的费用6010万元，自行设立并收取辅修费、旁听费等7351万元，超标准、超范围收取学费、住宿费等5219万元，强制收取服务性、代办性收费3284万元，重修费、专升本学费等554万元，共计8.68亿元。①

（2）部分高校大规模进行基本建设，造成债务负担沉重。至2003年

---

① 审计署：《清华北大等18所高校乱收费8亿》，新浪网，http：//news. sina. com. cn/c/edu/2006 – 03 – 29/10008557155s. shtml。

末，18 所高校债务总额 72.75 亿元，比 2002 年末增长 45%，其中基本建设形成的债务占 82%。①

（3）部分高校财务及校办产业管理较为薄弱。一是收支反映不实。14 所高校未将科研收入、收费、投资收益等 6.16 亿元作为收入管理，有的滞留在所属单位坐收坐支。二是有些科研课题经费管理不规范。至 2003 年末，13 所高校有 1.73 万个已结题科研课题未按规定结账，结存资金 3.69 亿元，仍分散滞留在已结题项目，未发挥效益。三是部分校办企业管理不严，有的存在严重违法违规问题。如清华大学所属北京清华阳光能源开发有限责任公司原总经理在 1995 年至 2003 年 3 月间，授意公司财务人员隐瞒部分销售收入等，私设"小金库"2138 万元，并以发放奖金、对外投资和支付合作方红利等名义支取大量现金。①

2. 四川审计发现省属高校不同程度存在问题。2010 年以来，四川省审计机关组织对其 18 所省属高校 2008—2009 年度（个别学校延伸到 2010 年度）财务收支情况进行了审计。结果表明，随着建设投入的增加，各高校近年均有较快发展；高校财务工作总体上不断改善，财务管理基础工作水平有明显提高。但审计仍发现，在财务收支、基本建设及有关政策执行方面，各高校不同程度地存在与国家规定不符的问题。审计报告显示，各高校在收费及其管理方面的违规问题仍较普遍，奖、助学金政策执行不到位。自 2008 年以来，有 12 所高校无依据收费 329.54 万元，扩大范围、超标准及"搭车"收费 11150.94 万元。有 13 所高校多收取的学费、住宿费等 3.35 亿元未及时上缴财政专户。审计结果还显示，6 所高校将教学等资金 8034.96 万元挪用于修建新校区、教职工住房等；3 所高校存在私设"小金库"行为，涉及金额 836.69 万元，如成都电子高专成教部伪造印章、使用白条收取学费和职业技能培训费等 814 万元存放账外。①

3. 河南 12 所高校三年查出 1.1 亿问题资金。2010 年至 2012 年，该省审计厅对河南师范大学、河南理工大学等 12 所高校的审计中，查处无依据收费、挪用助学金、账外收支、少提奖贷基金、应退未退学生教材折

---

① 《四川审计发现省属高校不同程度存在问题》，新浪网，http：//news.sina.com.cn/c/2011－07－27/221722888575.shtml。

扣款、学费收入未缴财政专户、假发票列支等一系列问题。其中移送大要案6起，案值1.1亿元。①

（二）主要表现形式

从近期媒体披露的高校经济犯罪案件来看，高校在重要环节、关键点上得不到全面有效控制，监管方面仍存在较大的漏洞和薄弱环节，主要表现在：一是高校的后勤管理、基建工程、物资采购、招生等重点部门的问题易发多发。由于对这些部门的日常监督欠缺，一些制度还不健全或者未得到很好执行，权力得不到监督制约，因此更容易产生收受贿赂和贪污等腐败问题；二是科研经费报销制度存在不合理的地方，科研经费腐败已经成为一个新的突出问题。一些科研课题组的负责人只重视项目的申请，而轻视对经费支出管理，甚至将课题经费直接变成个人收入，或使用虚假票据报销费用套取项目资金，侵吞科研资金的现象也不同程度的存在；② 三是私设"小金库"现象在一些高校依然存在，造成资金体外循环，资金管理存在一定程度的失控；四是对后勤服务集团和校办企业管理还不到位。后勤服务集团经营管理者因受利益的驱使，可能对账面成本、利润进行"加工"，致使账面利润失真。校办企业可能对利润的片面追求而忽视不良资产的消化，增加经营性潜亏，容易导致国有资产的流失。

为此，有专家曾表示，对高校的审计监督是绝对必要的，尤其是对知名高校。知名高校国家投资多、影响大，应该知道每年拨给他们的钱是花到什么地方了。而高校的收入情况并不透明，高校中的经济犯罪并不少见。

三 高校审计监督机制存在的问题及原因分析

（一）高校审计监督机制存在的问题

1. 对高校审计监督工作的重视程度不够，少数人法律意识淡薄。部分高校的管理层认为内部审计部门可有可无，没有意识到内部审计工作是学校建立健全内部管理体系和监督制约机制的重要环节，外部审计和会计

---

① 《河南12所高校三年查出1.1亿问题资金》，新浪网，http：//news. sina. com. cn/c/2012－12－09/120825767166. shtml。

② 《浅谈我国高校审计监督现状和主要关注点》，中华人民共和国审计署网，http：//www. audit. gov. cn/n1992130/n1992150/n1992576/3283142. html。

监督都无法替代的。他们误认为学校是事业单位，即使有点问题，与政府相关部门和国有大企业等相比，根本算不上什么，甚至用行政的力量来干预内部审计。有些人对高校存在的腐败现象缺乏应有的重视，放松了对自己的人生观、价值观和世界观的改造，不能自觉抵御现实生活中负面因素的影响，丧失了理想信念，沉迷于灯红酒绿，追求奢侈享受，进行权钱交易、权权交易、权术交易和权色交易等，滋生了拜金主义、官僚主义和享乐主义，导致这些人心理失衡、思想观念扭曲，腐败心理最终走向犯罪深渊。

2. 审计监督执行力度不够，监督效果不明显。同国家审计和社会审计相比，高校的内部审计监督在独立性和强制性方面上都要弱一些，所以被审计单位对学校审计部门提出的整改意见或建议不太重视，没有将审计意见落到实处，甚至没有制定相应的整改方案或者消极对待审计整改。再加上审计部门和被审计对象在平常的工作和生活中有所接触，多少存在着密切的关系。所以，有些高校审计部门的领导和审计人员通常会抱有多一事不如少一事的心态，往往不会敦促审计建议和审计处理意见的落实，这就导致近年来高校内部审计成果利用度较低、审计发现问题的整改率不高的一个重要方面的问题。

3. 监督机制存在缺陷，责任追究难度大。虽然高校的纪检、监察、审计部门及教职工代表大会、民主党派和群众监督等各种广泛的渠道在形式和主体上存在，但由于监督机制不完善，往往侧重于对普通党员和一般干部为监督对象，缺乏对领导干部的强有力监督制约，审计监督常常流于形式。如天津大学原校长单平从1997年至2006年担任该校校长期间，在未进行可行性论证和未经校领导班子集体讨论，未报有关部门批准的情况下，动用1亿元资金与深圳某公司签订了委托其在证券市场运作的协议。该公司收到学校资金并购买股票后，将所购股票用于质押融资。后来质押的股票被相关证券公司陆续强行平仓，款项被划走，公司的当事人潜逃，造成学校所投资本金重大损失，[①] 就能很好地说明这个问题。虽然高校都建立了各种责任制，如党风廉政建设责任制、基建工程项目建设责任制

---

① 《天津大学原校长单平严重失职造成重大资金损失》，新浪网，http://news.sina. com. cn/c/2006 – 11 – 22/200611588745. shtml。

等，但有些制度缺乏相应的惩处性规定，只强调"不准"，但违反"不准"却没有相应的处罚，或对违纪不惩、重犯轻处的现象时有发生，使制度失去应有的威慑性，难以达到警示效果，以致出现"屡查屡犯、边纠边犯"的问题。

4. 审计监督思路滞后，审计技术手段落后。长期以来，高校内部审计主要采用以查错防弊为主的真实性审计和以对照制度检查为主的合规性审计，审计人员大多还沿用传统的审计理论和模式，以账项为基础，围绕凭证、账本、规章制度等方面对各项业务进行监督、检查、鉴证的审计活动，就其真实、合法、正确、完整性做出评价与建议。对深层次的问题审计如政策法规、监督体系等方面进行研究较少，特别是面对审计业务创新频出，操作与流程的不断改进的情况下，但内部审计却变化缓慢，这种审计方法显示出对风险控制、识别能力和审计效果都较差。同时，部分审计人员对审计工作指导思想认识上的简单和片面性，往往忽视对高校资金的投入和使用的合理性，以及效益性进行审计，不重视学校经济活动的起点和实施过程，很难起到事前审计把关和事中审计控制的作用。这样，造成高校内部审计监督的范围、内容、深度都远远达不到要求，严重约束着内部审计职能的发挥。当前，高校基本上已实现了会计电算化，但还有些高校内部审计仍采用手工查账为主要方式，不能充分运用计算机辅助审计软件对相关数据进行采集、汇总和分析，这种审计手段和方法已不适应现代审计发展的要求。

5. 部门之间协调不够，没有建立有效的联动机制。尽管高校都普遍成立了由纪检、监察、组织部门和审计部门等主要负责人组成的审计工作领导小组或建立了审计联席会议制度。但从目前的情况看，存在"审计工作是审计部门一家的事情"的现象，部门之间的工作协调互动远远不够，在审计工作中缺乏必要的协调与配合，未能与纪检、监察部门建立联动机制，对审计发现存在违规违纪的行为，没有及时与纪检、监察部门沟通，不能充分发挥纪检、监察部门对审计发现问题的有效监督和对违规违纪行为的查处；组织部门对审计工作还不够重视，被动式参与；财务部门提供审计资料的积极性并不高。由于部门之间配合脱节，被审计对象的有关信息共享不够，审计监督的合力作用因而没有充分发挥出来。

6. 审计队伍素质不高，审计监督风险较大。高校内部审计人员在管理、法规、信息等方面的知识还掌握得不够，逻辑思维、判断能力和综合分析能力不强，业务水平相对较低，因而在审计工作中表现出底气不足，抓不住问题的症结和关键，直接影响到内审工作深度和广度。特别在开展审计项目之时，一味追求工作效率，对相关问题进行分析评价时，缺乏审计专业判断的能力，往往造成审计定性和评价有所偏差，形成了审计监督风险。与此同时，审计部门一般存在人员少、任务重，后续教育及培训跟不上，加上没有把审计人员的工作实绩纳入到内部审计的考核机制中去，很难形成有效的再监督机制，以致造成审计人员职责不清，奖罚不明，无压力，缺乏创新动力，这些都导致审计工作质量和效率不高。

（二）主要原因分析

1. 内部审计的独立性较差。独立性是审计工作的灵魂，内部审计独立性较差主要表现在：一方面，有些高校特别是高职院校内部审计机构不独立设置，基本上都是与纪检、监察合署办公，或在财务部门设置一个审计岗等。身兼数职的内部审计负责人，无法将全部精力放在审计监督工作上去，致使审计监督有效性显得十分有限；另一方面，审计部门是对校内进行监督，直接由高校负责人领导，无法对学校领导进行监督。同时，审计部门与其他部门之间以及人与人之间有着千丝万缕的关系，审计工作难免受到来自各方面的影响和干扰，特别是有些主要领导的意见参与其中，使得审计人员很难依法独立行使监督和评价职责。

2. 内部审计制度体系不完善。大多数高校审计制度没有随着自身的快速发展进行更新和修订，制定的审计监督规范也有限，在一定程度上存在着表面化，监管体系难以系统、全面地覆盖到本单位各部门和各个领域。其内容也比较笼统，不够细化，整体性不强，操作性较差，在高校审计监督工作中既难以发挥有效的指导作用，又给审计监督带来了较大的难度。如基建工程项目招标、物资及设备采购制度等不健全，造成了滥用职权、暗箱操作等现象。由于缺乏应有的透明度和配套措施，很容易为腐败行为的发生提供了空间。

3. 审计力量严重不足。现在的高校大多是综合性的大学，其规模大、部门和附属单位较多，学校经济活动频繁，审计部门对财务收支、科研经费、处级领导干部经济责任等方方面面都要进行审计，高校审计任务量显著增大。然而，高校审计部门的审计人员配置普遍不足，一般高校只配备专职审计人员2—3人，学生规模超过万人的本科院校也只有4—5人，个别高校仅有1人，甚至有些高职院校还没专职的审计人员，根本无法开展审计工作。有审计人员的高校中这些人还要承担基建（修缮）项目审计、专项审计、设备与物资采购审计等常规性工作，审计人员与审计任务严重失调，矛盾更加突出，从而直接影响到内部审计工作的覆盖面。

4. 审计监督意识不强。一些高校的领导仍存在着"重教学、科研、轻管理"的观念。认为高校不是生产经营单位，内部审计监督作用不大，只要抓好教学和科研工作就可以了。个别审计人员不能坚守思想道德和职业操守，对审计监督的重要性认识不够，不敢坚持原则，不愿得罪人。认为内部审计工作只是"形式需要、领导需要"，采取"应付"和"无所谓"的态度，因而也难以提出针对性强的审计建议和意见，审计报告不能得到有效运用，发挥不了审计监督的作用。

四　高校审计监督机制的完善

（一）加强领导和反腐倡廉教育，确保审计监督工作正常开展

经济越发展，审计越重要，审计工作只能加强，不能削弱。高校领导要真正认识到审计工作的重要性，进一步加强对审计工作的领导。支持审计部门依法开展审计监督和处理有关问题，帮助解决审计工作中遇到的实际困难和问题，充分调动审计人员的工作积极性和创造性。同时，要紧密结合高校党员干部的自身实际情况，把监督工作关口前移。一方面，通过运用校园网、广播、校报等各种教育方式，开展审计法规宣传，进一步提升监督工作的针对性和实效性。另一方面，以党规法纪为先导，廉洁从政、从教，举办反腐倡廉形势报告会、观看警示教育片、剖析典型案件等形式多样的教育活动，引导领导党员干部、广大教职员工坚定理想信念，树立正确的世界观、人生观和荣辱观，筑牢拒腐防变的思想防线，自觉抵制各种腐败现象的侵蚀。促使他们深刻认识到审计是起到"一审二帮三促进"的作用，审计的最终目的是不断规范学校的各项管理工作，提高办学水平和效益，使他们从消极抵触、被动接受监督，转变为自觉配合、主动接受审计监督。

（二）强化审计监督执行力度，确保监督工作落到实处

首先，审计部门必须严格依法办事，按程序下发审计通知书、审计证据的签字认可、审计报告征求意见等。其次，在审计过程中就发现的问题与被审计对象进行沟通交流，避免因各自观点不同或情况不明造成分歧，对一些有争议的问题一起进行充分讨论，力求取得共识。再次，审计人员要做到廉洁从审，认真执行审计纪律，尤其在审计监督的过程中，要敢于碰硬，切实履行审计监督职能，不断促进学校审计工作的健康发展。最后，高校管理层要对审计意见的执行情况进行监督检查，建立审计结果问责制。对于审计中发现的相关问题，要求被审计对象在规定的期限内编制整改计划和具体措施，列出整改时间表、责任人，限期整改，并将审计整改结果的情况及时反馈给审计部门，必要时审计部门适时进行后续审计，对其整改结果进行复查，确保整改方案落到实处；对于多次督促仍不整改或整改工作不到位的，根据相关法规和制度严肃追究相关责任人员的责任，不断强化审计监督执行力度，最终实现审计成果的有效转化。

（三）建立健全的审计监督机制，加大审计处理处罚力度

高校要根据《审计法》《教育系统内部审计准则》等法律法规和审计规章制度，健全内控制度体系，规范权力运行程序，建立较为完善有效的监督制约机制。用制度来规范工作流程，就是要做到用制度管权、按制度管事、靠制度管人。学校审计部门既要善于运用校园网或审计内网，让广大师生员工全面了解审计部门都做了哪些工作，查处了哪些问题，落实情况如何，以增进他们对审计工作的了解和支持，又要发挥审计结果的作用。除需要保密以外，都要按程序进行审计结果公告，这样更能体现出审计的客观公正性，真正推动审计监督与舆论监督、社会监督的有效结合。同时，对容易滋生腐败的项目、环节和重要问题要重点监督也要进行事前、事中和事后全过程跟踪监督，从而预防违规问题的发生。另外，还要采取行之有效的手段，坚决遏制"屡审屡犯、边纠边犯"现象发生，进一步加大惩治违纪违法行为力度。认为该曝光的要曝光，该通报批评的要通报批评；认为需要依法给予党纪政纪处分的，提出审计建议，移交纪检监察部门处理；认为触犯刑律应当追究法律责任的，移送司法部门进行处理，从而扩大审计工作的影响力和监督的威慑力，提升反腐倡廉的水平。

（四）创新审计监督思路，改进审计方法和手段

高校审计人员在审计理念上，必须与时俱进，开拓创新，不断研究新情况，不断解决新问题。从以前注重查错纠弊监督，逐渐转变为更注重制度缺陷和风险管理的监督；从以往注重财务收支的常规性监督，逐步转变为更注重教育资金使用的效果性监督。还要特别在动态监督中关注资金与项目的效益，及时准确地为学校领导和相关部门提供参考信息，提高审计绩效，有效发挥审计监督的建设性作用。同时，在高校内部审计大力推广计算机审计，逐步建立审计信息数据库，不断探索监督技术，充分运用各种测试方法和其他分析工具，对电子数据进行采集、排查和分析，通过综合各种审计证据和审计资料，做出审计结论，提高审计成果，真正达到防范和控制审计风险的目的。此外，还要积极推行网上在线审计和实时审计，比如，对学校日常财会业务的在线实时监督，通过本校互联网与财务部门的网络信息系统连接，可以实现审计监督工作日常化；对后勤服务集团的财务收支与经济效益情况的审计，可利用计算机专用网络和审计软件等信息技术与后勤服务集团的财务管理数据接口连接，实现与其的数据共享。这样，不仅有效打破审计资料基本依靠被审计单位提供的局面，从而保证所提取资料的及时性和准确性，而且通过掌握被审计单位经济活动的最新状况，实施适时的监督，既降低数据处理成本，又提高审计工作质量，推进了高校现代审计的快速发展。

（五）加强部门协调和配合，不断完善审计监督机制

高校的纪检监察部门、人事等部门和审计部门等有关职能部门要充分发挥各自的作用，及时揭露和发现制度缺陷及管理控制薄弱点，提出预防职务犯罪的建议，从而有效地参与到学校管理各个环节中去。同时，各个部门之间要定期召开部门会议，交流和通报审计情况，及时研究、解决审计中出现的问题。不仅要建立广泛的沟通制度和联动机制，而且要实行监督信息共享，将监督管理的有关信息和结果加以公布，确保监督管理的成效，逐步形成优势互补、监督有力、配合紧密、运转顺畅的机制，充分发挥监督效能，以此形成强大的整体合力来约束各单位主要负责人对于权力的运用，促进了审计监督工作的顺利开展。

（六）提高审计人员综合素质，降低审计监督风险

要保证高校审计监督的工作质量和成果，就必须提高审计人员的综合

素质。一是要加强政治理论学习，增强审计人员的使命感和责任感；二是审计人员要树立良好的职业道德，做到爱岗敬业、廉洁奉公，切实维护国家和学校的利益；三是要有计划地安排审计人员进行后续业务培训，使他们开阔视野，拓宽思路，不断提高自身的理解能力、分析能力、判断能力和专业水平，最终成为既精通财务、审计业务，又具备经济管理、工程技术、法律、计算机应用等各方面知识的复合型人才，以适应高校审计工作不断发展变化的需要；四是要多渠道、多形式与兄弟院校进行审计业务交流，借鉴先进经验和方法技巧，才能更好地去化解和避免审计风险；五是审计人员在审计过程中遇到的新问题要善于进行总结、思考、分析、研究，形成理论成果，更好地指导审计实践；六是审计部门要定期组织优秀审计项目评审和典型案例分析，并鼓励审计人员了解审计前沿知识、进行论文发表、申报课题等一些研究性工作，从而提高他们的业务技能；七是要制定合理的激励机制，调动审计人员的积极性，尤其在福利待遇、升迁考核、工作硬件设施等方面给予大力支持，以稳定审计队伍并发挥其作用。

第二节　高校审计监督程序设计

一套良好的审计监督控制流程能够直观、具体、明确地反映出各项审计工作的主要步骤和工作重点，更能促使审计人员严格按照审计实务操作程序，从而加强审计质量控制，降低审计风险，不断提高审计工作效率。高校审计监督程序主要表现在工作流程的设计上，除基建（修缮）工程项目立项审计流程、基建（修缮）工程项目竣工结算审计流程和工程项目全过程跟踪审计流程等基建审计流程不纳入本节内容外，现将财务审计、经济责任审计等八个工作流程列示如下：

一　财务审计工作流程

（一）审计准备阶段

1. 根据学校年度审计工作计划或学校工作安排，确定对学校及所属单位（含后勤服务集团、教育科研服务公司）开展财务收支审计的具体项目；

2. 审计处在实施审计 3 日前，向被审单位送达审计通知书。被审单位按审计通知的要求，配合审计工作，提供会计资料和其他有关资料，并对有关事项资料的真实性、完整性做出书面承诺；

3. 审计处组成审计组，了解被审单位的有关情况，制定财务收支审计工作方案，并经审计处负责人审批后执行。

（二）实施审计阶段

审计组对被审单位的财务管理制度、会计凭证、会计账簿、财务收支、专用基金、结余分配、资产、负债和年度决算等情况进行审计，包括审计调查，取得有关证明材料，获取审计证据，编制审计工作底稿。

（三）审计报告阶段

1. 审计组完成必要的审计程序后，分析、整理审计证据，汇总、复核审计工作底稿，评价审计工作质量和审计结果，形成初步审计意见，编写审计报告初稿；

2. 审计组将集体审定的书面审计报告征求被审单位意见，被审单位应在10日内提交书面意见，逾期视为无异议；

3. 审计组根据被审单位反馈的意见，进一步进行核实情况，经讨论研究做出最后定稿；

4. 审计处处长复核、审定审计报告后，出具正式审计报告报送审计工作领导小组审批；

5. 将审计报告报送学校主要领导和分管校领导，同时抄送被审单位及其他相关单位；

6. 被审单位应将审计意见的落实情况反馈审计处，审计组对审计报告中发现的问题进行整改的措施和效果，对审计意见的落实和执行情况进行检查，必要时进行后续审计。

（四）审计归档阶段

审计事项结束后，审计组及时对审计工作底稿进行分类整理，进行归档、立卷，建立财务收支审计项目档案，按学校审计档案管理的有关要求进行管理。

二　经济责任审计工作流程

（一）审计准备阶段

1. 接受学校组织部门出具的《经济责任审计委托书》的委托；

2. 审计处组成审计组，审计项目负责人制定经济责任审计工作方案，并报审计处负责人审批；

3. 提前5日向被审计人和所在单位发出审计通知书，被审计人按要求提供述职报告及审计所需资料；

4. 被审人对提供的与审计事项有关资料的真实性、完整性做出书面承诺；

5. 召开由被审计单位的现任领导干部、被审计单位有关人员等参加的经济责任审计进点会或座谈会；

6. 审计组通报审计工作安排和经济责任审计的有关要求。

（二）审计实施阶段

1. 审计组实施审计，包括谈话、查阅账目及有关资料等必要的审计程序，获取审计证据，编制审计工作底稿；

2. 复核审计工作底稿，分析经济责任履行情况，进行初步评价。

（三）审计报告阶段

1. 审计小组撰写审计报告初稿；

2. 审计组将审定后的审计报告（征求意见稿）征求被审计人及其所在单位的意见；

3. 征求被审计人意见并在规定时间内返回报告；

4. 根据被审计人反馈的情况，经审计小组讨论研究做出最后定稿；

5. 审计小组出具审计报告，处长审核审计报告；

6. 出具正式审计报告报送审计工作领导小组审批；

7. 审计报告报送学校主要领导和分管校领导、组织部门和抄送被审计人及其所在单位。

（四）审计归档阶段

审计事项结束后，审计组及时对审计工作底稿进行分类整理，进行归档、立卷，建立经济责任审计项目档案，按学校审计档案管理的有关要求进行管理。

三　预算执行和决算审计工作流程

（一）审计准备阶段

1. 根据省教育审计年度工作要点和学校年度审计工作计划，确定对学校上一年度的预算执行情况进行审计的具体时间；

2. 审计处在实施审计 3 日前，向学校财务处送达审计通知书。财务处按审计通知要求，提供会计资料和预决算有关的资料，并对资料的真实性、完整性做出书面承诺；

3. 审计处组成审计组，了解学校年度预决算有关的情况，制定预决算审计工作方案，并经审计负责人审批后执行。

（二）实施审计阶段

审计组根据审计方案，对预算管理、预算编制、预算执行、预算调整、财务决算和其他有关情况进行审计，获取审计证据，编制审计工作底稿。

（三）审计报告阶段

1. 审计组完成必要的审计程序后，分析、整理审计证据，汇总、复核审计工作底稿，评价审计工作质量和审计结果，形成初步审计意见，编写审计报告（征求意见稿）；

2. 审计组将集体审定的书面审计报告征求被审单位意见，被审单位应在 10 日内提交书面意见，逾期视为无异议；

3. 审计组根据被审单位反馈的意见，进一步进行核实情况，对审计报告作必要的修改，连同书面意见报审计处负责人；

4. 审计处审定审计报告，报送审计工作领导小组审批；

5. 按规定将年度预决算审计报告上报教育厅，同时报送学校主要领导和分管校领导，同时抄送学校财务处；

6. 财务处应将审计意见的落实情况反馈审计处，审计组对审计报告中发现问题进行整改的措施和效果，对审计意见的落实和执行情况进行检查，必要时进行后续审计。

（四）审计归档阶段

审计事项结束后，审计组及时对审计工作底稿进行分类整理，进行归档、立卷，建立预决算审计项目档案，按学校有关档案管理的有关要求进行管理。

四　绩效审计工作流程

（一）审计准备阶段

1. 根据学校年度审计计划或学校工作安排确定绩效审计项目；

2. 审计处组成审计组，制定绩效审计项目方案，报审计处负责人审批；

3. 审计处向被审计单位发出审计通知书；

4. 被审计单位提交书面承诺。

（二）审计实施阶段

审计组对审计事项实施审计，获取审计证据，编制工作底稿。

（三）审计报告阶段

1. 审计组在实施和完成必要的审计程序后，编写审计报告（征求意见稿），并进行讨论和审核；

2. 审计组将经审核的审计报告征求被审计单位意见。被审计单位自接到审计报告（征求意见稿）之日起 10 日内，提交书面意见，逾期即视为无异议；

3. 审计组对反馈意见进行研究和核实，必要时修改审计报告；

4. 审计报告经过修改后，连同被审计单位的书面反馈意见报审计处负责人审核，最后报送审计工作领导小组审批；

5. 审计处将审计报告报送有关学校主要领导和有关领导，同时抄送被审计单位及其他相关单位；

6. 审计组对重要事项进行后续审计，检查被审计单位对审计发现的问题所采取的纠正措施及其效果。

（四）审计归档阶段

审计事项结束后，审计组及时对审计工作底稿进行分类整理，进行归档、立卷，建立绩效审计项目档案，按学校审计档案管理的有关要求进行管理。①

五　内部控制审计工作流程

（一）审计准备阶段

1. 根据学校年度审计工作计划或学校相关部门委托确定具体的内部控制审计事项；

2. 审计处组成审计组，审计项目负责人制定内部控制审计工作方案，

---

① 广东外语外贸大学：《内部审计工作手册》（下）。

并报审计处负责人审批；

3. 审计处应在实施审计 3 日前，向被审计单位下达审计通知书；

4. 审计组接收与审计事项有关的资料和被审计单位的承诺书。

（二）实施审计阶段

1. 审计组实施内部控制审计，必要时开展内部控制评估（专题讨论会、调查问卷等）；

2. 实施符合性测试程序，进行内部控制全面分析与评价；

3. 编制审计工作底稿。

（三）审计报告阶段

1. 审计组编写审计报告初稿；

2. 审计组将讨论审核后的审计报告征求被审计单位意见；

3. 审计组根据被审计单位书面反馈的意见进行研究和核实，必要时修改审计报告；

4. 审计报告（征求意见稿）连同被审计单位的书面反馈意见报审计处负责人审核，最后报送审计工作领导小组审批；

5. 审计处将审计报告报送学校主要领导和有关领导，同时抄送被审单位及其他相关单位。

（四）审计归档阶段

审计事项结束后，审计组及时对审计工作底稿进行分类整理，进行归档、立卷，建立内部控制审计项目档案，按学校审计档案管理的有关要求进行管理。①

六　专项审计工作流程

（一）审计准备阶段

1. 根据学校审计计划或学校工作安排确定专项审计的具体项目；

2. 审计处组成审计组，制定专项审计工作方案，报审计处负责人审批；

3. 审计处应在实施审计 3 日前发出审计通知书；

4. 被审计单位向审计处提交书面承诺书。

---

① 广东外语外贸大学：《内部审计工作手册》（下）。

（二）审计实施阶段

审计组对专项审计事项实施审计，获取审计证据，编制审计工作底稿。

（三）审计报告阶段

1. 审计组在实施和完成必要的审计程序后，编写审计报告（征求意见稿），报审计处负责人审核；

2. 审计组将经审核的书面审计报告征求审计单位的意见。被审计单位应在 10 日内提交书面意见，逾期即视为无异议；

3. 审计处对被审计单位书面反馈意见进行研究和核实，必要时修改审计报告；

4. 审计报告经过修改后，连同被审计单位的书面反馈意见报审计处负责人审核，报送审计工作领导小组审批；

5. 将审计报告报送学校主要领导和有关校领导，同时抄送被审计单位及其他相关单位；

6. 要求被审计单位在规定的期限内落实纠正措施。审计组对重要事项进行后续审计，检查被审计单位对审计发现的问题所采取的纠正措施及其效果。

（四）审计归档阶段

审计事项结束后，审计组及时对审计工作底稿进行分类整理，进行归档、立卷，建立专项审计项目档案，按学校审计档案管理的有关要求进行管理。①

七　专项审计调查工作流程

（一）审计准备阶段

1. 根据学校审计计划或学校工作安排确定专项审计调查的具体项目；

2. 审计处组成审计组，制定审计调查方案，报审计处负责人审批；

3. 审计处应向被审计单位发出审计调查通知书，并要求其向审计处提交书面承诺书。

---

① 广东外语外贸大学：《内部审计工作手册》（下）。

（二）审计实施阶段

审计组实施审计调查，获取审计证据，编制审计工作底稿。

（三）审计报告阶段

1. 审计组在实施和完成必要的审计程序后，编写专项审计调查报告（征求意见稿），报审计处负责人审核；

2. 审计组将经审核的审计调查报告征求审计单位的意见，被审计单位应在 10 日内提交书面意见，逾期即视为无异议；

3. 审计组对被审计单位书面反馈意见进行研究和核实，必要时修改审计调查报告；

4. 审计报告经过修改后，连同被审计单位的书面反馈意见报审计处负责人审核，报送审计工作领导小组审批；

5. 将审计报告报送学校主要领导和有关校领导，同时抄送被审计单位。

（四）审计归档阶段

审计事项结束后，审计组及时对审计工作底稿进行分类整理，进行归档、立卷，建立专项审计调查项目档案，按学校审计档案管理的有关要求进行管理。①

八　重大合同审签工作流程

1. 学校重大合同立项单位将合同文本送交审计处；

2. 审计处主审人员对送审合同资料进行检查，如果资料不完整，送审单位负责补充完善；

3. 主审人员对合同立项依据、主体资质、合同内容及签订程序等进行审核，送审单位予以配合；

4. 经审计合格的合同，由主审人签署审计意见并签名，经审计处负责人审核同意后，在会签表上签名和盖章；对审计不合格的或需要修改的合同，由主审人出具有审签意见或建议的审计意见书，经审计处负责人审

---

① 广东外语外贸大学：《内部审计工作手册》（下）。

核同意后，签名和盖章交回合同，送审单位按审计意见书的意见或建议执行；①

5. 对重大的合同，审计处应派员提前介入，参与合同的相关工作，成文的合同仍须按程序报送审计处审计。

在当前新形势下，快速发展中的高校对审计监督提出了许多新任务和新要求，高校广大的审计人员只有坚持运用各所大学在审计监督工作中的成功经验，并借鉴国外高校先进的审计监督理念，才能更好地促进国内高校审计监督工作真正做到依法审计、科学审计和高效审计，进而推动我国高等教育事业不断健康、稳定地向前发展。

---

① 张德有：《吉林油田审计监督体系研究》，《中国优秀硕士学位论文全文数据库》，2012 年。

第七章

高校内部决策权、执行权、
监督权的制约机制

党的十五大、十七大、十八大报告明确提出要建立健全权力制约和监督体系，确保权力正确规范运行，这表明党对权力制约机制认识的深化。我国高校内部权力集中，权力制约机制非制度化运行明显，顶层权力得不到有效制约，构建和完善高校内部权力制约机制至关重要。

第一节　我国高校内部决策权、执行权、
　　　　监督权的制约机制运行的现状

1998 年 8 月 29 日，第九届全国人民代表大会常务委员会第四次会议通过了《中华人民共和国高等教育法》，并于 1999 年 1 月 1 日起正式实施。《高教法》对我国高校的法律地位、内部权力构成、权力关系结构及权力职责范围等做了明确的规定，标志着我国高校步入了依法治校的时代。有关高校内部权力关系及其基本的运行机制，除《中华人民共和国高等教育法》之外，1996 年的《中国共产党普通高等学校基层组织工作条例》（2010 年作了修订，以下简称"高校组织工作条例"）也作了规定。根据这两个法律法规，我国高校内部的权力组织机构与权力主体有：高等学校党的基层委员会（简称"校党委会"）、高等学校校长及校长办公会议或校务会议、学术委员会、教职工代表大会（简称"教代会"），其基本关系与结构是"党委领导、校长行政负责、学术委员会审议咨询、教代会民主参与与监督"，简称"党委领导下的校长负责制"。

《高教法》第 39 条规定，校党委会"按照中国共产党章程和有关规定，统一领导学校工作，支持校长独立负责地行使职权，负责执行中国共

产党的路线、方针、政策，坚持社会主义办学方向，领导学校的思想政治工作和德育工作，讨论决定学校内部组织机构的设置和内部组织机构负责人的人选，讨论决定学校的改革、发展和基本管理制度等重大事项，保证以培养人才为中心的各项任务的完成"。校党委会是学校的决策机构。校长代表学校的决策执行权，校长办公会议或校务会议是校长行使权力的主要机制。《高教法》第40、41条规定，校长"全面负责本学校的教学、科学研究和其他行政管理工作，行使以下职权：拟订发展规划，制定具体规章制度和年度工作计划并组织实施；组织教学活动、科学研究和思想品德教育；拟订内部组织机构的设置方案，推荐副校长人选，任免内部组织机构的负责人；聘任与解聘教师以及内部其他工作人员，对学生进行学籍管理并实施奖励或者处分；拟订和执行年度经费预算方案，保护和管理校产，维护学校的合法权益；章程规定的其他职权"。校长办公会议或者校务会议处理前款规定的有关事项。《高教法》和《高校组织工作条例》也分别对学术委员会和教代会的权力职责作了规定：学术委员会的权责主要是"审议学科、专业的设置，教学、科学研究计划方案，评定教学、科学研究成果等有关学术事项"；教代会的权责主要是"高等学校通过以教师为主体的教职工代表大会等组织形式，依法保障教职工参与民主管理和监督，维护教职工合法权益"。

从法理上讲，校党委会和校长是最主要的决策机构和权力主体。其中校党委会是高校决策权力机构，校长是决策执行主体，而学术委员会和教代会则是主要的决策咨询与民主监督机构。但是，对于以上权力关系的实际运行机制，高教法和高校组织工作条例并没有做出明确的法律规定。为了保证大学内部权力的有效运行，各高校根据高教法及高校基层组织工作条例又制定了各项议事规则，作为处理权力关系的具体机制。但是由于高校的权力所有者对高教法及高校基层组织工作条例等法律法规理解和认识的不同，其实际制定出来的权力运行规则具有明显的校本特色。再加上各类规章制度和议事规则在制定的过程中并没有进入相应的法律程序，因此，其实际法律效力是非常有限的，对权力的实际约束力也因此显得非常有限。这正是权力实际运行中边界模糊，权力拥有者敢于违背程序和越权操作手中权力的重要原因。

2010年，中央颁布了《国家中长期教育改革和发展规划纲要

(2010—2020 年)》（下简称《纲要》），明确提出各类高校应加强大学章程建设，依法制定大学章程，依据大学章程管理学校的要求。为了指导和规范高校章程的具体制定工作，教育部又于 2011 年 7 月 12 日审议通过并发布了《高等学校章程制定暂行办法》，对章程制定的程序、基本内容和形式等做了详细规定。2012 年教育部又发布了《全面推进依法治校实施纲要》的通知（教政法［2012］9 号），提出落实党的十八大提出的"以制度管权、管事、管人"的制度制约权力机制建设的要求，做到依法治校。

早在 1999 年，教育部就颁发了《关于加强教育法制建设的意见》，要求高校尽快依据《高教法》等法规制定完善大学章程。2007 年教育法规办公室公布《关于报送高等学校章程材料的通知》时，已有 563 所高校向教育部报送了大学章程草案。① 和大学章程相配套的其他以促进制度制约权力机制建设的还有 2011 年教育部颁布的《教育部关于进一步推进直属高校贯彻落实"三重一大"决策制度的意见》（教监［2011］7号）② 以及 2012 年教育部为落实党的十八大有关精神，进一步推进高校的法制化建设进程，印发的《全面推进依法治校实施纲要》（教政法［2012］9 号）。

我国高校内部权力结构是一种"决策、执行、监督"分工负责的权力结构关系。其中，校党委会是决策权力机构，党委书记在全体委员中有着"班长"的身份，党委会主要代表着执政党在高校的权力意志；校长是执行权力主体，校长通过校长办公会或校务委员会行使手中的权力。校长由政府任命，受政府委托，代表的是行政权力的意志；选入学术委员会的教授和具有教代会代表身份的教职工行使的是审议咨询与监督权力，代表的是学术权力/利和民主权利。以上三类权力是一种分工负责的关系，这与党的十七大、十八大报告提出的"建立健全决策权、执行权、监督

---

① 张国有、胡少诚：《中国人民大学章程建设的历程与形态》，《北京大学教育评论》2012 年第 2 期。

② "三重一大"最早是 1996 年 1 月 24 日至 27 日举行的"中国共产党中央纪律检查委员会第六次全体会议"上对党员领导干部在政治纪律方面提出的四条要求的第二条纪律要求。具体表述如下：认真贯彻民主集中制原则，凡属重大决策、重要干部任免、重要项目安排和大额度资金的使用，必须经集体讨论做出决定。

权既相互制约又相互协调的权力结构和运行机制"是一致的。由此可见，高校内部除校长权力具有个体性外，其他权力主体都是集体决策，如党委会的决策，学术委员会和教代会的议事方式。

除了正在构建和完善的规则与制度制约权力的机制外，我国高校内部的权力制约机制还有以下几种类型：

一　集体权力、会议决策机制与首长负责机制

集体权力、会议决策机制是指两个及两个以上的平等权力主体，实行民主集中的集体形式决策，遵循多数票决制。根据 2012 年 11 月 14 日修订通过的《中国共产党章程》（下简称《党章》）第 10 条第 5 款规定，"党的各级委员会实行集体领导和个人分工负责相结合的制度。凡属重大问题都要按照集体领导、民主集中、个别酝酿、会议决定的原则，由党的委员会集体讨论，做出决定，委员会成员要根据集体的决定和分工，切实履行自己的职责"。《中国共产党普通高等学校基层组织工作条例》（2010修订）第 3 条对以上决策权力主体集体化和集体决策机制也有说明。《党章》（2012 年修订）第二章第 16 条规定，"任何党员不论职务高低，都不能个人决定重大问题；如遇紧急情况，必须由个人做出决定时，事后要迅速向党组织报告。不允许任何领导人实行个人专断和把个人凌驾于组织之上"。以上规定明确了作为最高决策机构的高校党委会，其决策的基本原则是"集体决策、讨论决定"，党委全委会、党委常委会等都是以会议的形式运行，党委的领导是集体领导而不是党委书记个人领导，是党委委员集体决策而不是党委书记个人决策。权力主体集体化的目的是为了防止权力的个人化和决策的专制化，权力通常以委员会的形式运行，如党委全委会与党委常委会等。这种权力运行机制是相对于"首长制"的权力运行机制而言的，是和社会主义民主政治的决策体制相吻合的。

首长负责机制是指各级政府及其部门的首长在民主讨论的基础上，对本行政组织所管辖的重要事务具有最后决策权，并对此全面负责。首长负责制在高校主要指校长作为学校行政负责人，对学校的各项管理工作负责，具有在校长办公会或校务委员会会议讨论的基础上做出最后决策的权力。校长和校长办公会或校务委员会其他成员之间是一种上下级关系，校长具有否决其他成员决策意见的权力。但这并不意味着校长可以独断专

行，从校长权力运行的机制看，高校的首长负责制也是民主集中制的一种形式，其决策也主要是通过行政会议做出的，是与党委的集体领导相结合的。

学术委员会和教代会的运行机制也主要是以会议的形式运行，二者分别通过学术委员会会议和教代会代表大会的形式发挥审议咨询和民主监督职责。各委员成员与代表本着平等协商、民主集中的原则集体做出咨询性决策。

二　分工负责机制与程序制约机制

分工负责机制的各分工负责的主体之间可能是领导与被领导的关系，也可能是平等的权利关系；而分权制约机制的权力主体之间是一种相对独立和平行的权力关系，体现为有限决策权力的各主体之间拥有决策的差异优势。如美国的"立法、行政、司法"三权分立制约机制。我国高校内部的党委会、校长与校长办公会、学术委员会和教代会之间实际上是一种校党委一元领导下的分工负责机制。"四会"之间是直接或间接的领导与被领导关系。校党委会通过把握办学方向、掌握重要人事任免、重大机构与制度立废、重大财务等方面的终决权，获得了学校最主要的权力资源，与其他委员会形成直接或间接的领导关系。其他各委员会和党委之间是上下级负责关系，各委员会分别负责有限范围的权力职责。上级领导权力享有对下级主要权力主体负责人的提名、任命权，以此形成对下级权力主体行为的监督和约束。《中华人民共和国高等教育法》第41条第3款和《高校基层组织条例》第10条第3款都规定校党委会和校长具有讨论决定学校内部组织机构负责人人选的权力。

程序制约机制是最主要的一种制度制约权力机制形式，一般以议事规则的制定实现。在制度既定的情况下，程序是处理各类权力关系的重要机制，如校党委会和校长办公会在决策重大学术事务或教师福利事宜时，必须在学术委员会或者教代会先行讨论通过才能做出最终决定。从程序上，学术委员会及教代会对校党委会和校长办公会的决策形成一定的制约。如某大学《校长办公会议事规则》第10条规定，校长办公会从议题提出到上会决议的程序如下，"议题提出前，分管校领导和相关部门应进行充分调研、论证和协商。与师生员工利益密切相关的事项，应通过教职工代表大会或其他形式听取意见和建议。对专业性、技术性较强的重要事项，应事先进行专家评估论证，技术、政策法律咨询，提交论证报告或立项报告。按照《学术委员会章程》规定应由学术委员会事先审议的，要先通过学术委员会审议"。这是对权力关系在决策程序上的制约。

三　董事会/理事会制——社会权利制约权力机制

新中国成立以来，高校董事会的创建主要有两个时期，一是 20 世纪 90 年代前后，以 1987 年汕头大学①董事会的成立为开端，先后有对外经济贸易大学（1989）、中国矿业大学（1989）、中国传媒大学（1994）、湖北大学（1996）和复旦大学（1997）等；二是 21 世纪前 10 年，如东南大学（2000）、江南大学（2001）、苏州大学（2002）、武汉大学（2003）、华北电力大学（2003）和同济大学（2005）等。② 其中，前一次创建的动力源自 1985 年《关于教育体制改革的决定》颁布后，各高校对内部治理结构的创新性探索；第二次创建的动因主要是借助董事会机制缓解高校扩招导致的资源紧缺问题。2011 年审议通过的《高等学校章程制定暂行办法》第 13 条对高校董事会/理事会的成员构成作了规定，并要求在大学章程中明确董事会/理事会的地位、作用与议事规则等。尽管到目前为止，董事会在高校中的定位、法律依据和权责还不是很清晰，但是董事会作为社会参与大学决策机制的引入，意味着社会权利制约权力机制构建的开始。

以上只是从制度设计的层面对我国高校内部权力制约机制的分析。在实际运行中，各类权力制约机制效果如何，还需要从各权力主体的实际关系和运行情况进行分析。从实际运行看，以上权力制约机制或多或少存在非制度化运行的现象，如实际存在的两个"一把手"问题，学术委员会权力虚化的问题、教代会没有发挥出民主监督与管理实效的问题等。

---

① 汕头大学是 1981 年经国务院批准成立的广东省属"211 工程"重点建设综合性大学，是教育部、广东省、李嘉诚基金会三方共建的高等院校，也是全球唯一一所由私人基金会——李嘉诚基金会持续资助的公立大学。

② 周群英：《合理性与合法性：中国公立高校董事会的实践与争议》，《现代教育管理》2009 年第 8 期。

第二节 我国高校内部决策权、执行权、
监督权的制约机制运行的效果

我国高校内部权力制约机制主要有以集体权力和集体决策为特征的权力制约机制，党委领导下的分工负责机制，以大学章程和各项议事规则为形式的制度制约权力机制、程序制约权力机制和以正在构建的董事会、教代会为形式的社会权利和民主权利制约权力机制等类型。

一 集体权力、集体决策与分工负责机制运行的效果

党委集体领导与校长个人分工负责机制实际上是一种特殊的权力制约权力机制。这种权力制约机制不是建立在分权治理的基础上，而是建立在一元权力领导体系结构基础上的自上而下的权力监督关系。因此，这种权力制约机制是一种权力监督机制。根据《中华人民共和国高等教育法》和《高校基层组织工作条例》，我国公立高校内部权力制约关系主要体现为"校党委会、校长及校长办公会或校务委员会、学术委员会与教代会"四会之间的制约关系。四会都以会议决策为特征，尽管校长具有行政决策的最终决定权，但是校长的决策也以校长办公会的形式遵循集体协商和民主集中的决策原则做出决定。四会都有相应的负责人，如党委会的书记、校长办公会的校长、学术委员会的主任、教代会主席团的团长。由于集体领导是一种权力制而不是责任制。集体做出的决策结果只能归咎于集体，但是集体是没有办法负责任的，因此，只能寻求责任的转移，如党委决策由校长负责执行并承担相应的责任。其他权力组织机构也一般主要问责首席负责人或者主要的责任人。这容易使四会关系演变成四位主要负责人或首席负责人——书记、校长、学术委员会主任和主席团团长或工会主席之间的沟通关系。由于学术委员会在很多学校实际运行频率并不高，有些院校甚至几年都不召开学术委员会会议，学术委员会主任职位因此基本成为一种荣誉职位。教代会一般一年才召开一次，其对学校重大决策的影响也是很有限的。因此，学校重大事务和日常事务决策的沟通主要是党委书记与校长的沟通。重大决策实际上也主要是所谓的两个"一把手"做出的。

"集体领导是党的领导的最高原则之一。从中央到基层的各级党的委

员会，都要按照这一原则实行集体领导和个人分工负责相结合的制度。凡是涉及党的路线、方针、政策的大事，重大工作任务的部署，干部的重要任免、调动和处理，群众利益方面的重要问题，以及上级领导机关规定应由党委集体决定的问题，应该根据情况分别提交党的委员会、常委会或书记处、党组集体讨论决定，而不得由个人专断。"这是 1980 年 2 月，党的十一届中央委员会第五次全体会议通过的《关于党内政治生活的若干准则》第 2 条规定，该条同时规定，"书记和委员不是上下级关系，书记是党的委员会中平等的一员。书记或第一书记要善于集中大家的意见，不允许搞'一言堂'、家长制"。而有关党委会集体领导与集体决策的原则在《党的基层组织工作条例》（2010 年修订）第 3 条中也有明确说明。但是实际运行中，集体权力决策机制成了"一把手"决策的合法外衣，其并没有起到约束和预防个人专断的效果。"党委领导下的校长负责制"以"党委书记领导下的校长负责制"的方式运行。再加上党委书记和校长身份的特殊性，集体领导与集体决策机制实际上已蜕变成了"两个'一把手'"的权力博弈机制。并且，当二者站在学校的立场时，二者具有积极的权力制约关系，但当二者站在个人立场决策时则具有消极的权力制约关系。又因为书记和校长的个人能力等因素影响而形成了具有校本化的"哥俩好""强弱型""对峙型"权力博弈关系。这种情况下，集体领导与集体决策机制就进一步演变成了依靠"个人道德修养"制约权力的道德约束机制。这是一种弱的权力制约机制。

二　以大学章程和议事规则为形式的制度和程序制约权力机制运行的效果

　　大学章程是大学依法办学和依法治校的法律依据，取得法律效力的大学章程对大学内外部权力关系具有制度和程序两方面的制约和约束效果。除章程外，学校内部各类规章制度及议事规则作为内部权力制约机制的基本形式，也是参差不齐，说明相当数量的学校是在没有大学章程的情况下运行的。而我国公立大学能够在没有章程的情况下运行的根本原因在于大学实质上的行政依附性和独立法人地位的缺失。大学只要按照"上级指示"办学就能将学校运行下去，办学失误并不需要当事人（党委书记和校长）负相应的经济责任甚至相关法律责任，也没有相应的责任追究机制与问责机制。因此，在没有大学章程约束的情况下，有些大学决策权力拥有者将主要精力花在为自己捞取更多的社会资本而不是学校发展方面。其结果使大学蜕变成权力和利益的博弈场。

大学章程基本都是以《教育法》和《中华人民共和国高等教育法》为法律依据。但是章程的法律效力，以及章程有关校外权力如政府权力等与大学内部权力的关系则没有说明。有关章程的修订权限和解释权限表述也不尽相同。说明在"党委领导、校长负责"的权力结构架构下，大学内部各权力主体的权限大小、职责范围因学校还有所不同。

学术委员会是学校的学术审议机构，但是从学术委员会的成员构成看，"双肩挑"人员在学术委员会中占了相当大的比例，学术委员会的决策因为学术委员会委员行政身份的优势成为广义的行政决策。

教代会在党委的领导下，其情况类似于学术委员会，半数以上甚至2/3的主席团成员由行政人员构成，其审议决策过程具有行政化运作的意味。因此，教代会和学术委员会在实际运行中并没有发挥大学章程所规定的权限。原则上的"决策、执行、监督"分开运行、相互制约的内部权力结构与关系演变成"议行合一"的权力运行机制。大学党委通过"校党委会—院系党总支—教研室和学生党支部—师生党员"形成完整的校内政党权力运行体系。这与规划纲要（2010—2020年）及《高校章程制定暂行办法》中提出的"管办分离、政校分开"的原则及《高教法》的"高校享有独立法人资格"的规定相左。《高教法》第30条规定："高等学校自批准设立之日起取得法人资格。高等学校的校长为高等学校的法定代表人。高等学校在民事活动中依法享有民事权利，承担民事责任。"第32—38条具体规定了高校所应享有的设置内部组织机构和人员配备等自主权力，但是第39条又规定高校的党委"讨论决定学校内部组织机构的设置和内部组织机构负责人的人选，讨论决定学校的改革、发展和基本管理制度等重大事项"。以上条例规定之间是相矛盾的。我国《民法通则》第36—37条规定："法人是依法成立、具有民事权利能力和民事行为能力，依法独立享有民事权利和承担民事义务的组织。"根据《民法通则》的规定，作为独立法人的高校组织原则上应具备的人事权与资源配置等权力并不被校长这一法人代表拥有。"四会"名义上的"决策—执行—审议监督"相互协调和制约关系与实际上的"校党委会一元领导体制机制"，以及党委领导下的校长负责制与实际上的党政两个"一把手"的权力博弈问题，使得大学章程等蜕变成对外证明合法性的依据而不是对内约束权力旳法律依据。

校内的其他议事规则等管理文件的法律依据也不清晰。这意味着校内繁多的议事规则等属于没有法律效力的日常文件，其对权力的制约和约束效力可想而知。这正是大学内部存在"朝令夕改"，以及"规章制度满天飞，决策权力任意行"现象的根本原因。

三　以董事会/理事会制为形式的社会权利制约权力机制运行的效果

1998 年的《中华人民共和国高等教育法》并没有提及大学董事会或理事会的有关规定。但是 2010 年的《国家中长期教育改革和发展规划纲要（2010—2020 年）》第十三章第 40 条则明确提出"探索建立高校理事会或董事会，健全社会支持和监督学校发展的长效机制"的说法。[1] 2011年审议通过的《高等学校章程制定暂行办法》第二章第 13 条也明确提出有关董事会章程的事宜等。这使得我国高校董事会的建立逐步有了法规制度依据。

从董事会发挥的职能看，公办高校的董事会主要有半决策型的，如汕头大学校董事会；咨询型的董事会，如暨南大学等；产学研对口支持型的，如中国矿业大学校董事会。半决策型董事会是学校建校或运行经费等的主要资助者，董事在捐建学校的股东中产生，董事长由最大的股东担任，董事会拥有学校重大事务审议指导权，校长或副校长人选提名权，但董事会不作为学校法人行使学校最高权力，如汕头大学董事会。咨询性董事会主要对学校进行基金支持，有权对学校发展规划和工作报告进行审议、质询，监督捐赠基金使用情况，并提名推荐校长和副校长的权力，如暨南大学。对口支持型董事会一般通过聘请对口行业领域人士担任董事，指导学校发展规划、人才培养计划和项目开发工作，是一种产学研合作的形式，董事长由校长担任，对学校发展提供决策咨询，如中国矿业大学（北京）董事会。从董事会成员背景构成等方面来看，董事会代表的是广泛的社会利益群体，他们参与大学的治理从应然的层面有利于制约大学的

---

[1]　《国家中长期教育改革和发展规划纲要（2010—2020 年）》，中国法制出版社 2010 年版。

内部权力，平衡大学内部权力结构与权力关系。但从实际效果看，我国高校董事会定位主要是咨询性组织机构，实际工作是资金筹集与资金监管委员会。对大学的决策并没有起到实质性的影响，这与美国高校董事会的地位是不同的。对于董事会或理事会的法律地位、组织性质，以及与学校其他权力之间的关系，高等教育法、国家中长期教育改革和发展规划纲要、大学章程制定暂行办法中都没有明确的说明。

从相关大学的董事会章程了解，董事会的地位也不尽相同，如汕头大学校董会章程对董事会职责的描述是"协助政府加强对汕头大学的领导，为学校的建设和发展进行积极的实质性的工作，对学校的重大决策进行审议和指导"。董事会好像是低于政府高于学校的一个外部性行政评估与监督机构，董事会章程在省政府和教育部备案。而中国矿业大学（北京）董事会章程则将董事会规定为是学校和社会企业组成的指导、咨询和监督学校办学行为的组织机构，其董事会好像是社会民间组织，章程中没有提及在任何机构备案之事。暨南大学校董会章程则规定董事会是协助国务院侨务办公室办好暨南大学的咨询组织机构，董事会审批权在国务院华侨办公室，董事会章程在国务院华侨办公室备案，董事会好像是监督大学办学行为并提供咨询的政府组织。中南大学董事会章程则规定董事会是学校的非行政常设机构，是对学校重大问题进行咨询、评议、监督的咨议机构，不影响中南大学既有的办学性质。中南大学董事会又显然是低于学校党政权力机构的内部组织机构。

董事会与校内各权力主体关系的模糊性使得董事会的地位比较尴尬，至少在法律上没有合法性依据。而根据高等教育法、高校基层组织条例等法规制度，董事会是不可能超越校党委会成为学校的最高决策权力机构，也不可能代替校长办公会成为学校的行政执行权力机构。从董事会的工作绩效看，董事会主要发挥了办学资金筹集与监管的功能，如中南大学校董事会的实际运行绩效主要是对学校的办学资金、科研成果转换、人才培养与就业等方面的贡献，而与大学决策的相关性却不是很高。在这种情况下，董事会作为代表社会群体利益相关者并没有实质性地参与和影响到大学的重要决策，其对大学内部权力的平衡和制约效果也不是很明显。

代表学校师生权力和利益的教代会（工会）参与大学决策，平衡大学内部权力结构与关系的绩效也不理想。

我国高校内部权力权力制约机制符合我国的基本国情是与我国的政治社会文化传统相适应的，但从权力制约机制的实际运行效果看，的确存在着不符合制度设计初衷和异化运行的情况。

第三节 我国高校内部决策权、执行权、监督权的制约机制存在的问题

我国高校内部治理结构是典型的"委员会制"与"首长负责制"相结合的"混合型"权力运行的体制机制。从学校的最高决策权力机构而言，校党委会是实行"集体领导、民主集中"与"集体决策""个人分工负责"的权力运行机制。校党委会内部的各个成员是平等的委员关系，拥有平等的决策权力，决策实行民主集中制。党委书记仅仅是会议的召集者、组织者和与其他权力主体衔接的联络人。校长是学校的法人代表，是学校的最高行政执行决策主体，享有全面负责学校行政事务的权力与责任。校长权力的运行机制主要是校长办公会议，校长主持校长办公会议，在充分听取全体与会人员意见后享有做出最后决定的权力。① 校长与副校长之间不是一种平行的权力关系，副校长向校长负责。

大学内部权力制约机制设计原则上是符合这一内部治理结构要求的。但是从权力制约机制的实际运行效果看还是存在一些问题，最突出的表现就是权力制约机制的非制度化运行情况。主要存在以下问题：一是党委领导（决策）与党委书记领导（决策）的问题；二是大学权力与权利的矛盾问题；三是两个"一把手"的矛盾问题；四是基于非正式人际关系的权力"潜规则"制约文化问题等。

一 党委决策与党委书记决策的问题

虽然《中国共产党党章》（2012 修订）第 10 条第 5 款，《高等学校基层组织条例》（2010 修订）第 3 条及《关于党内政治生活的若干准则》第二部分都明确规定，高校党委领导的原则是"集体领导、民主集中、个别酝酿、会议决定"。决策的程序是"集体讨论、做出决定"，决策的

---

① 李胜利：《对党委领导下的校长负责制的几点思考》，《中国高等教育》2011 年第 5 期。

机制是"会议决策",即党委全委会会议决策（在党委全委会闭会期间,由校党委常委会代行党委全委会进行决策）。具体的操作程序包括,校党委书记根据常委等意见确定会议议题,由校党委书记或者书记委托的党委副书记主持会议,在会议遵循以上总原则的基础上,采取口头、举手、无记名或记名投票等方式进行会议表决,表决遵循少数服从多数原则。党委委员要根据集体的决定和分工,切实履行自己的职责。但在实际调研中却发现,党委领导与实际上的党委书记领导,党委决策与实际上的党委书记决策的问题是实际存在的突出问题之一。在会前和会上,党委书记首先"定调",即直接或者间接地表达个人的决策意向,然后由大家讨论决定。其他党委委员,尤其是具有副校长职务的党委委员不愿意在决策和自己关系不大的事务时而得罪党委书记,因此,往往根据党委书记对某一事项的决策意向而进行表决,这就很难确定是校党委的决策还是校党委书记的决策了。这就意味着借助决策权力集体机制制约个人专制权力的机制设计也就基本失效了。这既与制度设计本身的不完善有关,也与我国社会政治权力文化传统有很大的关系。

有学者对党委书记决策现象的原因做了研究,认为主要原因在于"制度设计的非周严性",是一元化政治领导决策体制中的两元实现方式造成的。① 这一研究结论有一定的合理性。由于有关党委领导下的校长负责制的过于笼统描述造成了实际操作的困难。在实际运行中,党委会权力的抽象性与党委书记个人权力的具体性之间的矛盾难以协调,党委委员之间的平等关系又难以替代党委书记个人身份的特殊性,因此,只能以"党委书记领导下的校长负责制"代替"党委领导下的校长负责制"落实权力运行的制度设计。而以上现象的深层次原因可追溯至我国"首长负责制"的权力运行文化传统。自秦始皇以来,我国社会政治权力运行就形成了"首长负责制"的运行机制。在这种机制中,权力主要是一种自上而下的授权委托关系和垂直监督制约关系。权力与职责之间存在错位和分离现象,即"一把手"享有的是决策权力,而决策的责任却由执行权力主体承担,如皇帝可以决定战争与否,但是战争胜败的责任却不在决策

---

① 孙天华:《决策系统的有效整合与降低摩擦成本的关系:对我国公立大学决策机制的分析》,《经济经纬》2004 年第 4 期。

者主体——皇帝，而是归咎于赴战场的"元帅"——执行者。

二　我国高校内部的权力与权利的矛盾问题

目前，我国高校内部的权力主要指处于决策地位的政治权力（校党委会）和行政权力（校长及校行政），而学术权力主要指进入学术委员会，发挥学术审议和咨询功能的教授的权力。高校内部的权利则主要由教职工代表大会代表行使，同时包括最广大的教师和学生。学生会的发展还很不成熟，现有的学生会主要是学生管理工作的一种机制，并不代表参与学校决策的学生权利。

目前，我国高校内部权力存在行政化、泛行政化运行的现状。学术权利参与学校决策的情况并不理想，没有对学校权力主体形成有效地制约。目前，学校的校级党政权力集决策权、执行权与监督权于一体，控制着学校内部的人、财、物的主要配置权，已在大学内部形成顶层权力制约监督的"真空带"。从权力主体构成看，大部分学校的党委会和校长办公会成员构成重叠率较高，会议决策成员仅仅是以不同的身份出席会议。① 而代表权利利益的学术委员会和教代会的相当一部分成员是拥有行政权力身份的"权力"代表，更加重了高校内部"权力"与"权利"的失衡。

学术委员会和教代会权利的虚化与学校师生权利主体期望参与决策之间的反差，加剧了学校内部"权力"和"权利"主体之间矛盾，如2013年发生在重庆工商大学的集体罢教事件，就是学术权利以非正常的形式与大学权力对抗和冲突的表现。而代表社会权利利益的董事会因为法律依据不清和规章制度不健全等原因，也主要发挥着大学基金会的功效，对大学内部"权力"也没有形成有效制约。

形成高校内部决策权、执行权、监督权相互制约机制在实际运行中变成"议行合一"的权力运行机制的原因主要有两点：

第一，制度设计的不完善。高教法和高校基层组织条例既规定大学是独立的法人组织，又规定大学是党委领导下的大学，党委会是学校的最高决策机构；既规定学术委员会和教代会是行使学术审议和民主管理与监督权的机构，又规定大学的重要人事任免权在校党委和上级党政机构。这些

---

① 刘献君：《论大学内部权力的制约机制》，《等教育研究》2012年第3期。

矛盾的制度设计使得大学的权力主体既不能得到上级主管部门的有效监督制约，也不能保证学校广大权利主体对高校内部权力的监督与制约；高教法除对学校党委会、校长、学术委员会和教代会的职责和基本关系作了简要规定外，并没有明确各权力主体在具体操作中的程序关系、规则依据等内容，如党委书记与校长及其他权力主体的关系。另一方面，《高教法》没有说明其自身修订的程序、修订和解释的主体或组织机构，也没有声明高教法与高校内部各项规章制度、议事规则之间的关系。这既给《高教法》本身的完善程序造成不确定因素，也给高校内部法（主要指大学章程、各项议事规则）制定的法律程序、法律效力等方面带来不确定因素。由此，各校章程、内部规则制定的法律依据、修改程序、解释权等的规定五花八门、模糊不清，如中国政法大学将大学章程的修改审批权赋予学校教代会，而吉林大学等则将以上权限赋予了校党代会等。

第二，大学的行政依附性与大学民主意识的缺失。我国高校内部的组织主要是以行政附属机构的形式设置，高校权力主要来自于上级的行政授权，高校里的教师也曾以准公务员的身份存在。这种层层依附的权力关系使得大学高校内部最广大的学术权利从一开始就缺乏自治意识。尽管蔡元培时期的北京大学和民国时期的西南联大都曾试图建构这种民主意识，但由于特殊的国情和时代背景最终也没能建构起来。

三　两个"一把手"的权力冲突与博弈的问题

大学校长或院长虽然和校或院党委书记处在同级别的权力层次上，但由于制度对二者关系规定和描述的模糊性与不确定性，使得校长权力在实际运行中面临接受党委的领导还是党委书记领导的纠结。在部分党委书记看来，自己是党委会的"班长"，是名副其实的领导班子"一把手"。党委书记在实际行权中也是尽可能多的控制关键领域的决策权和领导权，要求校长对其负责，以免自己被"集体的名义"架空。但是在校长的立场，校长认为自己是学校法定的法人代表和学校行政"一把手"，并且作为党委委员与党委书记之间是平等的委员关系，不存在负责关系，校长工作的负责关系主要是校长和校党委会之间的负责关系。由于以上认识的不同，学校党政关系存在一些配合上的问题。

从制度设计和规定看，学校内部不应该存在"两个'一把手'博弈"

的问题。因为，高教法、基层组织条例等规章制度都没有规定党委书记的具体权力与职责，也没有说明党委书记与校长之间的关系处理方法。但实际操作中，由于制度设计的模糊性，两个"一把手"的博弈和制约关系是学校内部存在的名副其实的权力制约关系。二者关系的类型因各个学校权力运行的文化传统不同而呈现校本化的权力运行模式。对于这种关系的处理，从实际调研看，主要不是靠硬性的法规制度设计，而是靠个人道德修养，甚至个人情感、人品、作风和个人素质等不确定性因素决定。这些因素对于控制党政"一把手"权力关系问题实际上是有风险的。

另一方面，党政两个"一把手"问题也存在一些正式非正式的制度性根源。如《关于党内政治生活的若干准则》声明在领导班子的"分工负责中，书记或第一书记担负着组织党委的活动和处理日常工作的主要责任，不应借口集体领导而降低和抹杀书记或第一书记在党委会中的重要作用"。这可以看作党委书记在党委会特殊身份的制度依据。而国家领导人正式与非正式的讲话中也提出了"两个'一把手'"的问题，如江泽民1997年12月22日在全国组织工作会议讲话中提出"党政'一把手'既是班子中平等的一员，又在班子中处于关键地位，负有特别重大的责任"。这正是党委领导与决策演变为党委书记领导与决策的制度性根源，也是学校党政两个"一把手"问题的正式与非正式的制度依据。

四　基于非正式人际关系的大学权力"潜规则"的问题

按照理性分析制度主义的观点，我国公办大学内部的权力存在委托代理的关系。党委书记和校长都是在上级党委和国家政府的授权委托下行使权力。大学内部其他权力与校党委和校长之间也存在一定的授权委托关系。在这种委托代理关系下，权力主体由于行权的责任和风险，存在两种决策立场与目标。一种是私人利益和私人目标，另一种是公共（学校）利益和公共（学校）目标。当代理制度健全，各级各类权力主体受到有效约束时，私人利益和私人目标就会倾向于服从公共（学校）利益和公共（学校）目标。但是，当制度不健全、主要权力不受制约时，权力主体在决策过程中就会出现以隐蔽的方式将私人利益和私人目标凌驾于公共（学校）利益和公共（学校）目标之上的决策行为，导致权力发生异化甚至发生腐败。

在以上权力运行机制下，大学内部权力关系主要呈现为"螳螂捕蝉"式的垂直性、单向性权力制约监督关系。由于每一层权力的上位权力掌握着该权力的任命与推荐权，所以，基于个人的理性算计，大学内部权力以党政"一把手"为分界而形成非正式的权力派对关系。这些权力派对关系在权力运行与决策过程中起到了相互约束的实际效果。和正式制度设计的权力制约效果不同，这种权力制约机制主要是以追求权力主体个人利益或非正式群体利益最大化为目标，其次才是组织目标和学术利益目标。

大学内部确实存在着复杂的人际关系网，并且这些关系网都是基于利益、偏好、情感等不确定因素形成，成为影响决策的重要因素。在学校内部人事决策过程中，除起码的学术资质要求外，获得最终成功的主要因素就是人际关系网络。这些关系网络是左右人事决策的"潜规则"。不同的网络关系可能代表着不同权力群体的利益，关系圈使大学的权力运行规则从学术规则演变成了官场的规则。基于非正式人际关系的大学内部权力结构更为复杂，从党委书记、校长、副书记、副校长、院长、处长、科长无不包含着复杂的权力与利益关系。这些复杂关系左右着大学内部的权力关系格局，使大学成了一个以"党政"权力为核心的权力博弈场，而学术权力和民主监督权力在这一权力博弈的场域中被严重边缘化了。

第四节　我国高校内部决策权、执行权、监督权的制约机制完善的路径选择

权力制约机制是解决制度化权力关系的具体手段与方法之一，治理结构是大学内部权力关系的制度安排和设计，是权力制约机制形成的基础，也是权力制约机制运行的载体。一定的治理结构只有通过不同形式的权力制约机制才能得以落实和执行。但是，大学治理结构与大学权力制约机制之间不是一种线性的逻辑关系，相同或相似的大学治理结构在不同的国家可能其权力运行制约机制完全不同，这与大学权力运行的"国情"，即权力运行的文化传统、价值信念等有关系。

由于我国高校目前正处于转型发展的特殊时期，无论正式的治理结构，还是正式与非正式的权力制约机制都存在需要进一步完善的地方，只有从正式与非正式的制度设计等方面进行综合改革，才有可能实现向现代

大学治理模式的成功转型。大学内部权力制约机制的非制度化运行及基于人际关系的非正式权力制约机制的运行现状也告诉我们，在重视正式规则构建的同时，也要重视大学权力运行的非正式规则的影响，营造良好的权力运行文化，以解决长期困扰我国大学治理中的两个"一把手"问题、大学权力与权利严重失衡的问题、大学行政化与泛行政化的问题等。

一　通过差异决策与优势互补完善权力制约权力机制

权力制约权力机制最早可追溯至亚里士多德提出的政府的"议事、行政、司法"三权分立观点。孟德斯鸠后又将其发展为著名的"三权分立学说"，即立法权、行政权和司法权分别由三个不同的国家机关独立行使、相互协作、互相制衡的理论观点。这一理论在美国政治社会得以践行。权力制约权力机制强调的是相互对等的权力主体之间因为互相约束、限制而使彼此只能拥有有限的决定权力，以此防止权力的专制与腐败。权力制约权力机制形成的前提是分权，即必须将属于组织的整体权力分解为属于两个及两个以上执行主体的有限权力，这样，权力主体之间才会有一个相互制约和约束的问题。没有分权就没有制约，也就没有办法形成权力制约机制。

我国高校内部各类权力在结构上构成了"决策权、执行权、监督权"三类职责不同的权力类型。这种权力结构意在使学校内部权力形成一种相互制约与协调的权力关系与运行机制。但是从权力的实际运行看，校级党政权力机构几乎掌握着学校全部人、财、物的资源配置权，校党委具有集决策权、执行权和监督权于一体的倾向。由于党委全委会是学校最高决策权力机构，在全委会闭会期间党委全委会的决策权力由党委常委会代行，而党委常委会又是党委全委会决策的执行者。因此，从党委常委会的视角看，党委已经集决策权与执行权于一体了，再加上学校的纪委、监察部门是党委领导下的组织机构，这意味着党委在实质上已集决策权、执行权和监督权于一体。这种议行合一的权力运行机制与大学权力结构设计的初衷是相背离的。

再从大学的外部权力看，由于大学的上级主管部门与学校内部权力之间是相对分离的，除了原来的本科教学评估工作和目前提出的教育质量年度工作报告机制外，上级主管部门并没有对大学内部的主要权力主体采取定期或不定期的问责与评估等直接的监督与制约，也没有一套比较成熟的监督制约机制，如社会问责机制等。这导致大学外部权力和内部权力关系构成的是一个开环而非闭环。上级主管部门除有一套相对成熟的授权机制外，却没有对授权主体相对成熟的制约监督机制。再加上学校内部的学术权力和民主权利因为制度设计等因素影响未能充分发挥民主管理与监督的职责。以上内外部原因造成学校顶层权力成为权力制约监督的相对"真空带"。这是近几年高校内部出现权力不规范操作甚至发生腐败的原因之一。

为了避免大学内部权力行政化与泛行政化运作，以及构建良好的权力运行制约机制，《国家中长期教育改革和发展规划纲要（2010—2020年）》和《国家中长期人才发展规划纲要（2010—2020年）》都明确提出实施"政校分开、管办分离""克服人才管理中存在的行政化、官本位倾向，取消科研院所、学校、医院等事业单位实际存在的行政级别和行政化管理模式"的计划。但是取消行政级别仅仅是完善内部权力制约机制的第一步，而最主要的是实现合理分权，即在现有治理结构设计的基础上，在保证党委领导核心地位的前提下，应着重提升学术权力和民主管理与监督权利，包括学术委员会、教代会和校董事会在学校决策中的影响力。将学术权力由目前限于学术领域的咨询审议扩大到学校重大事务的参与决策权，落实教代会的民主管理与监督权力，才可能形成权力对权力的有效制约。同时，增强学校专门负责监督检查的纪委、监察和审计职能部门的监督职责，形成内部权力差异决策、优势互补的权力关系格局。这种差异决策与优势互补的权力运行机制既源于大学的历史经验，也源于大学权力运行的横向比较经验，同时，也是对集体权力与集体决策机制不足之处的一个回应。

我国高校"党、政、学、社"四权差异决策、优势互补的权力运行体制机制中，党委会是学校的领导核心，主要发挥的是学校的治理权力。校长及校行政享有对学校的全面管理权力，而学术委员会在享有学术事务最高决策权的同时，应具备参与重大事务决策的权力和各项决策的违"章"否决权。教代会与董事会权力/权利主要是一种利益相关者参与决策的权力。

二　通过依法治校与程序正当完善制度制约权力机制

大多数高校在制定章程时，基本转抄《高教法》的有关内容，章程趋同性明显，未能反映各自学校的办学特色与文化等。因此，其执行的力度和规范权力的效果还有待进一步提高。从已制定的大学章程内容看，大学章程主要规定了内部权力关系及其运行机制，而对大学与政府、大学与社会权利之间的法律关系则不明确或者避而不谈。根本原因与我国高校独立法人地位落实不到位，高教法本身的不完善有关。

因此，完善大学以制度制约权力机制的前提是修订和完善《中华人民共和国高等教育法》等大学章程和各项议事规则所依据的上位法律规章制度。这既是保证学校章程和各项规则制度法律效力的基础，也是保证程序正当的前提。针对大学章程在实际制定中存在的问题，2012 年教育部颁布实施了《高等学校章程制定暂行办法》，作为章程制定的指导性文件。该文件将我国大学章程的性质定性为"是高等学校依法自主办学、实施管理和履行公共职能的基本准则"，同时也规定了大学章程应"以宪法、法律法规为依据"，是学校内部各项规章制度及规则制定的依据，这基本上从法律层面厘清了校内外各项法律规则的关系。但是大学章程最终报送教育部审核备案的要求，使大学章程又像是大学自治契约。因此，大学章程的法律性质还需进一步厘清，这涉及大学是政府公共机构还是独立法人社团的问题，也涉及大学章程为谁制定的问题。

大学章程只是从一般意义上规定大学内外部权力关系结构与基本运行规则的情况，而具体的运行机制和操作程序还需要根据章程制定各项权力运行流程的规则和实施程序。这涉及权力主体构成、决策议题的产生方式、决策规则、决策结果合法性认证及决策的实施监督与评估等内容。目前，我国高校内部各项议事规则建设主要包括党代会的运行规定、校党委会的议事规则、校长办公会议事规则、学术委员会章程、教职工代表大学议事规则等。而且由于大学章程法律效力等因素影响，已有的各项议事规则的实际执行效果并不理想。这既与规则本身的合法性问题有关，也与规则执行的监督环节缺失有很大的关系。

从大学治理结构的制度设计而言，我国高校还设有专门负责对党政权力进行监督的"纪检、监察与审计"部门。但由于以上职能部门与被监察对象之间是领导与被领导关系，而不是独立或者平行的权力关系，监督效果并不理想。

根据以上情况，完善制度制约权力制约机制应该：

第一，在治理结构设计方面，除权力的合理分配设计外，应将大学纪检、监察与审计部门从学校系统独立出来作为派驻大学的职能机构，由上级纪委监察审计主管部门直接领导，负责对学校内部各类权力的监督检查。

第二，确定权力运行的基本程序和关键风险环节，依照部门自定、校党委与校行政审议、全体教职工代表大会讨论通过，报纪检监察审计部门备案的程序，制定完善各项权力运行规则，确保权力运行程序的正当性、公开性和可监控性。

第三，明确各项制度的法律效力，体现制度管权、管事和管人的规范性与严肃性，确保各项权力在法定的范围内"阳光"、规范运行。

三　通过利益相关者参与决策完善权利制约权力机制

权利制约权力的基础是公民自治能力，这种自治能力是公民在维护自己的知情权、参与权、表达权、监督权的过程中形成的。在托克维尔看来，只有强大的社会力量才能与政府抗衡，弥补权力制约权力、制度制约权力机制的不足。托克维尔所说的社会力量就是强大的社会权利。托克维尔认为只有社会权利参与制约权力才能避免"内部人自我监控"的不足，才能保证公民个人和群体利益不会受到政府的强权侵害。

美国大学董事会作为代表多方利益的社会权利从一开始就介入了美国大学的治理，并已成为当今美国大部分高校的治理模式。董事会制度作为社会参与大学治理的机制在美国发展的已相对比较成熟，实践也证明这一体制机制确实有其优越性的一面。到目前为止，世界上主要发达国家都在逐步引入并实施董事会制的大学治理模式，如德国、日本等国家。我国高校董事会制度最早是 20 世纪初期引入的。目前，我国高校董事会建制的政策环境已经具备，如《关于加快教育改革和发展的若干意见》（1992年）、《中华人民共和国高等教育法》（1998 年）、《高等学校章程制定暂行办法》（2012 年）等法规文件中都直接或者间接涉及董事会或理事会建制的问题。我国高校董事会如何建制、如何定性，其参与学校决策的路径是什么，和校党委会及其他权力机构的关系是什么等问题还需要进一步思考。董事会的主要运行机制是董事会例会，比较完善的运行机制是由下设的执行委员会负责完成工作。有关董事会在高校的决策地位，美国将其界定为最高决策权力机构，英国和日本有多重身份，但决策咨询是主要的组织定性，且都有向决策权力机构定性发展的趋势，而德国则主要是决策咨询机构。我国高校董事会实际职能地位主要是办学资金筹集委员会或基金委员会。董事会人员构成中，美国以校外人员为主，德国和英国董事会校内外人员比例接近，而日本则主要以校内成员为主。我国高校董事会倾向于以校友为主。董事会的主要权力职责是决策或参与决策、决策咨询、监督评估校长及学校工作、负责推荐校长候选人等。董事会的合法性依据主要以宪法、教育法律法规、大学章程等为依据。我国高校董事会的法律地位目前还不清晰。

董事会是社会利益相关者参与大学决策，制约大学权力的一种权力制约机制。根据世界主要国家及我国高校董事会的实际运行情况，完善这一机制需要从以下几点着手：

第一，修订完善高等教育法，明确高校董事会的法律地位、运行机制、权力职责，以及董事会与大学其他权力机构的关系和参与决策的机制等内容。

第二，在此基础上赋予董事会对学校最高决策权力和学校法人代表的质询与问责权、评估权，校长推荐权或参与遴选权。

第三，完善董事会章程及大学章程相关内容，确保董事会合法运行，董事会成员在以校友为主的基础上，可以增加社会各领域代表人员，并明确董事会成员产生的机制。董事会通过听取学校工作报告，质询与问责权力，评估学校办学质量等活动满足社会对大学的知情与监督诉求。为维护校长权力，校长可拥有按程序提请解聘董事的权力。

如果说董事会是代表社会权利参与制约大学内部权力的机制，那么，教职工代表大会应该是代表学校内部广大权利主体利益的组织机构，是教师和学生群体制约大学内部权力的重要机制。根据 2011 年 11 月 9 日第 34 次部长办公会议审议通过的《学校教职工代表大会规定》，教职工代表大会是"教职工依法参与学校民主管理和监督的基本形式"，是校党委领导下的群众组织，主要享有校务知情权、提案建议权、干部评议权和规章制度执行监督权。教代会主要通过年度大会参与和影响大学的决策，工会是其常设的职能部门。教代会体现了人民当家做主的社会主义民主政治的本质，是大学学术权利实现广泛参与大学治理，保障大学学术自由与自治的基本制度与重要机制。

高校的教职工代表大会制度正是社会主义民主制度在高校组织内部的充分体现，是保障学术权利利益的重要制度。但是由于教代会运行规则等规章制度建设的滞后和不完善，高校教代会的运行存在行政化的问题，教代会选举权的缺失等原因造成广大师生的"知情权、咨询权、评议权与监督权"等权利没有得到充分行使。

通过高校的教职工代表大会制度完善大学内部权利制约权力机制应从以下几点着手：

第一，修订相关法律法规，明确教代会是大学广大教职员工行使民主管理与监督权力的一项基本制度。制定和完善教代会运行的各项规章制度，明确教代会代表的权力，保障教代会制度的法律效力。

第二，赋予教代会民主选举、监督和提请解职权力主体的权力。选举权是民主权利的基本权力，选举权和监督权相辅相成、不可分割，权利主体通过选举的方式将属于自己的权力让渡和委托给信赖的人行使。为了保证让渡出去的权力不偏离委托人的初衷，权力需要权利的监督，这也是权利行使监督权的本意和目的。

第三，完善教代会的运行机制。明确教代会代表的资格、选举产生的程序，以及教代会的常规工作内容和形式。鉴于教代会存在行政化运作的现象，应避免行政人员和双肩挑人员过多的挤占教代会代表的名额，甚至彻底避免行政人员担任代表角色，保证教代会在校党委的领导下独立自主的行使民主管理与监督权利。

通过以上董事会和教代会内外部权利参与学校的治理，逐步完善权利制约权力机制。

四　通过重构学术生态文化完善文化制约权力机制

大学是自中世纪保持原名称流传下来的不多的组织之一。大学组织之所以如此稳定且源远流长，与大学的文化特性有很大的关系。大学不仅传承、创新着人类的文明与文化，而且它本身也是文化的表征，一部大学史就是一部人类文明与文化的演变史。而所有这一切都是以"大学自治、学术自由、教授治校"为基础的。这是大学最原始，也是最本质的文化属性。大学从中世纪的行会大学发展到现在的现代大学，其功能、规模、结构、使命等等虽然都发生了一定的变化，但是大学追求保持学术自由、自治的品格始终没有改变。学术自由与自治正是大学的生命所在，哪里的大学有"学术自由与自治"，哪里的学术就繁荣昌盛。这已经被大学发展的历史所证明。如中世纪意大利和法国的大学与欧洲的文艺复兴，近代英国和德国的大学与工业革命，现代美国大学与美国的帝国之梦。大学与世界文明中心转移的关系充分证明了以上命题。

大学的学术自由与自治不仅是大学的生命，也是大学内部其他文化形成的基础。大学内部其他文化的形成是随着大学主体的复杂化而变化的，如大学权力文化。中世纪行会大学内部权力构成比较简单，主要是各类集体权力与机构，如同乡会、教授会与学校集体大会，校长是选举出来的集体大会的召集者和大会决策的执行者。因此，权力文化主要表现为学术权利文化，其对权力的约束和制约主要依靠学术权利主体对知识的敬畏感、信仰与神圣的誓言来实现。近代大学因为功能和规模的扩展，大学的权力主体开始复杂化，并出现行政权力与学术权力的分离，形成大学"行政—学术"二重性组织结构与文化特征。现代大学则因为成为利益相关者组织，权力主体更加复杂，大学内部权力的博弈已演变成不同社会群体文化的博弈和竞争过程。如代表政党权力的政治文化、代表学术权力的学术文化、代表行政权力的官僚文化和代表社会权利的民主文化等。它们都希望在大学的这块土壤中争得一席之地。但由于外界因素的强力干涉，大学文化发生了异化，并出现偏离大学本体性文化的现象。因此，大学的发展历史又可以看作是大学维护学术自由与自治文化的历史。

原则上讲，政治权力文化的核心是廉政与道德自觉，学术权力文化的核心是自由、自治与自觉，行政权力文化的核心是效率与服务，而民主权利文化的核心是和谐与公正。它们分别规范和约束着各自权力的正当运行。但这并不能保证大学权力本身的正当性，除非以上权力文化基于大学的本体文化——学术自由与自治文化，否则将成为破坏大学本体性文化的不良文化，如我国高校权力行政化与泛行政化运行中衍生出来的权力"潜规则"文化就属于大学不良文化。这种文化难以发挥约束权力和保证大学良性发展的积极功效。

根据权力主体的构成可以将我国高校内部的权力文化划分为由校党委会和党员活动形成的政党文化，如党风廉政建设文化与党委会权力文化；由校长及校行政活动形成的官僚文化；由学术委员会和学术权威活动形成的学术文化；由教代会和董事会活动形成的民主文化等。各类文化都试图通过控制其他文化来扮演大学组织的主导文化。从大学各类权力文化博弈的结果看，大学的政治文化和行政官僚文化占据了我国高校文化的主导地位，并共同塑造了行政化与泛行政化的大学组织运行文化。学术文化和民主文化等则处于日益边缘化的地位。这种情况对大学组织最大的影响是，崇拜行政权力的文化心理比较普遍，这既不利于学术的自由充分发展，也不利于拔尖创新人才的充分培养。

另一方面，我国大学政治权力文化与行政权力文化存在重叠与竞争的问题。借用生物学科的"生态位"概念解释，这两种文化因为对相同权力资源的竞争与控制，导致二者的竞争趋于激烈，并迫使其中的一种权力文化趋于消逝。为了确保党在高校的领导地位，以及大学的学术自治与自由的学术文化本性，必须重塑大学各类权力运行文化，回归大学学术生态文化，完善文化制约权力的机制。具体从以下几方面提出完善的路径：

第一，切实落实大学自治权力，提高学术权力在大学重大决策中的地位，营造崇尚自由、尊重学术、敬畏知识、勇于创新的学术文化和教授治校的权力运行机制。这是大学本体性文化的价值诉求。

第二，协调校党委会和校长及校行政权力的关系，构建党委治理、校长管理的大学政治与行政权力运行文化，这是确保党在高校领导地位的必然。

第三，在确保以上权力在大学组织系统的"生态位"的前提下，营造正义的高校政治权力治理文化、高效负责的行政权力服务文化、自由创新的学术权力自治文化和和谐共生的民主权利监督文化。

第四，加强各权力运行制度、规则建设，促进权力运行制度、规则转变成权力主体的价值信念，并在此基础上形成权力规范运行的文化自觉。

事实上，从文化制约权力机制与权力制约权力机制、制度制约权力机制、权利制约权力机制的比较发现，文化制约权力的机制更加强调权力规范运行的自觉性和权力制约的内在性，而其他三种机制则更强调了权力运行的约束性、规制性和监督性，强调的是权力制约的外在性。因此，完善大学文化制约权力机制必须和大学的其他权力制约机制相辅相成进行，并最终构造大学科学的决策文化、自治的学术文化、服务的行政文化、自由的创新文化这样一种文化氛围。这一文化氛围以大学的学术性文化为基础，形成对大学各类权力的有效制约和约束。

第 八 章

高校科研经费使用规范与程序

近几年来，我国对财政科技投入以年均 20% 持续增长，我国已经成为仅次于美国的世界第二研发投入大国。相对的，我国高校科研项目获得的资助也逐年增加，高校科研经费来源渠道日趋多元化、复杂化。然而科研项目投入"及时到位"和"节节高升"，并不代表科研经费的使用就一定能够顺利转化为生产力或社会效用。早前中国科协的一项调查就是很好的旁证（该调查显示：科研资金用于项目本身仅占 40% 左右，大量科研经费流失在项目之外）。以科学研究作为基本职能之一的高校，几年来也被媒体频频揭露其违规使用科研经费所滋生的腐败丑闻，如中科院候选院士段振豪贪污 130 万元科研经费，已于 2013 年元旦前以贪污罪被判处有期徒刑十三年，又如浙江大学教授陈英旭贪污近千万元科研经费，于 2014 年年初获刑 10 年。但是，段振豪案发是由于其妻子因不满其包养二奶而发帖曝光，陈英旭事发是例行审计到浙江大学时，陈英旭自觉经费使用存在问题，将违规的款项退回。看似大快人心的处理结果，但稍微思量可知，这两个大案的暴发都具有相当的偶然性，定不能称之为科研经费使用监管的成功所在，相反，更是直指我国科研经费使用的监管不力问题。所以面对科研经费使用与监管失范日趋严重的问题，违规使用科研经费的行为已经是应该上升到从反腐倡廉、依法治腐的高度进行预防和治理的阶段了。

从目前的形势来看，科研领域的腐败问题已经引起了国家的高度重视。随着新一代领导集体坚定的反腐决心，伴着全国各个领域吹响"以法治腐"的行动号角，高校想要充分发挥"提升科技创新能力，为建设创新型国家做出新贡献"这一基本职能，想要充分实现"以法治校"，尤其应该高度重视对科研经费使用的规范管理和监督检查，更应该结合当前的腐败要案所折射出的管理漏洞，认真进行自查自醒，重新审视科研活动的规律，建立健全高校科研经费科学、合理、有效防治腐败的管理体制和运行机制，着实提升科研资金使用效率，有效促进高校科研事业的健康发展，并带动高校教育教学事业的顺利推进。

本章篇幅就是试图从高校科研经费使用的"规范与程序"方面，探讨如何在科研经费管理方面逐步实现高校"以法治校、依法治腐"的管理目的，也希望以此薄文能抛砖引玉，引得相关领域的专家学者对高校经费使用管理的关注与献策，以助我国高校科研经费使用的管理日显规范化、法制化和科学化。

第一节　概述

一　科学研究

我国教育部定义是："科学研究是指为了增进知识包括关于人类文化和社会的知识以及利用这些知识去发明新的技术而进行的系统的创造性工作。"也有认为科学研究是发现、探索和解释自然现象，深化对自然的理解，寻求其规律，通过探索求真，尽快提高人们的智能，以适应人类与社会发展的需要。无论如何精准地阐释"科学研究"，我们可以体会到的是任何活动的开展必先有其动机（需求）的引导。

科学研究正是"体现了人类对所处自然环境与社会环境未知现象和问题的探索，是一种人类出于自身生存和发展的本能需求。由于个体间的差异和社会分工的发展，于全人类或大多数人有益的科学研究活动交给了一部分在智力、兴趣或其他方面更适合的人来承担，他们就是科学家。因此可以说，科学研究的目的就是：发现问题、解释问题、解决问题"[①]。毋庸置疑的是，这三点都是基于人类、自然与社会的共同利益作为出发点，否则，科研活动便会怪相丛生。

---

① 王芳：《科学研究的目的是发表文章吗》，2012 年 7 月 3 日，科学网（博客），http://blog. sciencenet. cn/blog－38036－588362. html。

二　科研经费

进行科研活动自然离不开资金条件，这项资金称之为科研经费。在我国，科研经费是指由国家、政府或企业基于一定的科研目的拨发给科研项目，以科研成果为主要支出目标的资金，是科学研究过程所耗用的费用总和。

高校科研经费，是高校因承接科学研究、技术和产品开发、技术服务、技术咨询、成果推广或转让等科学研究项目获得的资金而设立的经费项目。科研经费是高校进行科学技术研究的重要资金保障。根据其来源渠道上的不同，大体可以将其分为纵向科研经费和横向科研经费和高校自筹的配套科研经费。当前，高校科研经费是反映一个学校综合实力的重要指标。高校获得科研项目级别、科研经费的多少，很大程度上反映出学校参与地方政治、经济、文化和社会管理工作，以及为地方经济建设和社会服务能力的强弱。

本章所提的"高校科研经费"主要是指以高校名义向国家、省、市科研主管部门申请的项目经费、企事业单位委托项目经费以及其他形式提供科研咨询、科研服务等取得的各类收入。

三　使用的规范与程序

（一）高校科研经费使用的规范与程序的含义

使用规范和程序，是指权力拥有者充分运用组织制定的规范和程序，使某一行为或活动达到规定的标准，而这些规范和程序是权力拥有者管理的方式的一种，是能够发挥出协调高效作用的工具，能够不断地将某一行为或活动从无序整改到有序状态。权力拥有者也通过这些管理活动实现自己的权力价值。

高效科研经费使用的规范与程序，就是高校管理者或科研经费授权管理者为了其科学研究活动都够按照科研项目设立的最初目的，对科研经费使用施行相应的规范行为及次序要求，保障科学研究工作健康顺利进行，有效避免科研经费管理漏洞，铲除滋生腐败的温床。同时实现了高校管理者在科研经费管理等管理工作中的自身价值。

（二）近年我国高校科研经费腐败案例盘点及官方态势

违规使用科研经费轻则违纪，重则违法，可导致严重的职务犯罪。其中可能导致的职务犯罪类型主要有：贪污罪、挪用公款罪、受贿罪、行贿罪、私分国有资产罪、职务侵占罪等。近年我国高校科研经费腐败案例主要有：

1. 李宁案

中央纪委监察部网站 2014 年 10 月 10 日公布了今年中央首轮巡视整改情况，该通报披露，承担"转基因生物新品种培育"重大专项有关课题的中国农业大学教授李宁等被依法批捕。他曾是中国最炙手可热的中青年科学家之一，是中国工程院最年轻的院士，中国克隆技术的领军人物，曾获得过国家最顶级的科技奖项。按照《中国工程院章程》（2014 年 6 月修订）"当院士的个人行为涉及触犯国家法律、危害国家利益时或涉及丧失科学道德，背离了院士标准时，应撤销其院士称号"规定，李宁或将成为首个被撤销荣誉称号的工程院院士。

2. 宋茂强案

原北京邮电大学软件学院执行院长宋茂强于 2010 年 9 月至 2011 年 6 月任北邮"面向新型网络应用模式的网络化操作系统"子课题负责人期间，虚列 5 名亲友名单，签订虚假劳务合同，将国家科技重大专项中央财政资金 68 万元据为己有。最终，法院一审以宋茂强犯贪污罪，于 2014 年 2 月判处其有期徒刑 10 年半，剥夺政治权利 1 年[①]。

3. 陈英旭案

浙江大学教授陈英旭授意其博士生陆续以开具虚假发票、编造虚假合同、编制虚假账目等手段，将"苕溪课题"专项科研经费套取或者变现非法占为己有。最终，法院以贪污 945 万余元，于 2014 年 1 月以贪污罪判处其有期徒刑 10 年，并没收财产 20 万元[①]。

4. 林伯强、何孝星案

2008 年至 2012 年，厦门大学两位教授林伯强、何孝星负责的课题组使用与课题无关的票据报销科研经费，违规报销不实经费 12 万元。最终，2013 年 12 月厦门大学给予何孝星党内严重警告处分，降低岗位等级，给

---

① 刘小珊：《近年高校科研经费腐败案件盘点》，《南方周末》2014 年第 7 期。

予林伯强行政警告处分并令退回违规报销资金①。

5. 孟江涛案

2010 年 12 月到 2011 年 9 月中旬，北京航空航天大学数学与系统科学学院党政办公室原主任孟江涛采取伪造领导签字，虚开会议通知，虚构会议支出和办公用品支出等手段，先后多次挪用项目经费用于买卖黄金和期货等经营活动，被控贪污 27 万元、挪用 237 万元科研项目经费，2013 年 7 月终审被判处有期徒刑 10 年①。

6. 刘沛清案

北京航空航天大学教授刘沛清于 2010 年至 2011 年，将 190 万元科研项目经费转入个人账户存放、并通过签订不实合同套取其他科研项目经费 33 万元。2012 年 7 月，北京航空航天大学给予刘沛清党内严重警告、行政记大过处分。

随着中国经济的发展，高校从 2006 年始获得科研经费的数额逐渐增多，而监管制度及执法力度的滞后，使得科研经费滥用、腐败等问题的严重化。自"汉芯"造假事件的暴发，官方部门开始正式关注问题的严重态势，对科研经费使用管理的要求及处罚也越发严格。2014 年 7 月 25 日，科技部首次在官方网通报了四起违反科研经费管理规定的典型案例，其中涉及的知名高校就有北京邮电大学、浙江大学生命科学院。科技部相关负责人在答记者问时表示，未来通报点名将成为常态。

事实上，科研经费使用滥用、腐败问题也受到了中央的高度重视。除了对上述腐败案例的严惩外，中央也进一步统一部署，于 2014 年 3 月 37 日至 5 月 15 日，派遣中央第十巡视组对科技部、复旦大学、中粮集团三个单位进行了专项巡视，而复旦大学是继中国人民大学（2013 年接受巡视）后，成为全国第二所接受中央巡视的 985 高校，该校 2013 年科研经费已高达 25.52 亿元。经巡视，中央纪委监察部网站信息公布了该校的两个主要问题，其中就指"科研经费管理使用混乱，违规现象突出，存在腐败风险"，巡视组要求其"深刻检查落实'两个责任'存在的问题，健全科研经费管理使用等领域廉政风险防控机制"。这些都意味着今后科研经费违规使用一旦发现，将会受到严肃处理，并公之于众，接受社会舆论的谴责；官方对腐败始终采取"零"容忍的态度。

（三）我国高校科研经费使用中的失范问题及根源

我们可以用唯物主义辩证法内外因的观点来看高校科研经费使用失范问题。

1. 内因一：科研人员的思想误区

（1）市场经济思潮冲击，学术道德的滑坡。部分高校科研人员科研精神及职业道德淡薄，科研动机下坠至为了考核要求、晋升职务、获得名誉地位等功利性需求。这点也要辩证来看，有些是部分科研人员主观意识，其人生观价值观有所偏失，无节制地受自己的贪欲摆布而堕落；也有部分人本无热衷科研，但迫于学校考核、职务升迁要求等，不搞科研好像难以在高校立足，硬着头皮做事情可能就会滋生出乱象来。可是无论哪种，都是学术道德观、人生价值观没有坚守住的表现。

（2）对科研经费使用权的认识误区。部分科研人员主观认为项目资金是自己努力争取的，怎么开销自己说了算，而不愿听从财务管理办法。这个也是与科研精神不相符的思想。因为从科研经费最初的来源上看，科研经费就是国家把向纳税人所征收税收中一定比例用于科学研究活动，当然企业资助的科研经费也是来自于企业全体员工共同劳动的所得。换句话说，科研经费来之不易，是劳动人民（纳税人）的血汗钱，应和其他公共财政投资一样使用管理，最大限度地服务于公共需求和公众利益。使用权的认识误区只能是其"蛮夷"的思想表现。

（3）认为侵占科研经费是为了"弥补工资不足"的认识误区。个别科研人员抱怨薪酬待遇较低，买不起房子养不起妻儿老小，所以工资不够就科研经费凑，变相使用科研经费增加物质收入，这样的理由来为科研经费违规使用开脱，显然难以获得道义上的支持①。因为从上述违法犯罪案例看，能获得巨额课题经费的往往是单位行政领导、知名教授，乃至于院士，这批人其实不缺钱。诚然普通的科研人员获得经费只是很小的一部分，工资可能也并不是高，但要解决这个问题，应该追问的是工资制度，这不能成为贪占科研经费的理由，这两个问题是不能混为一谈，这个误区实属"自欺欺人"狡辩心理。

（4）基于从众心理的放任。大家都这样使用科研经费，老老实实只

---

① 《工资不够科研经费凑是自欺欺人》，《深圳特区报》2014 年 8 月 5 日 A3 版。

会让自己吃亏，甚至被人耻笑，而且加上"法不责众"的侥幸心理，从一开始"战战兢兢"发展到最后的"习以为常"。

思想的误区必然带来行为的失范。高校科研经费被非法"扩大用途"，用于工资福利、会议、考察、出国等费用，买车、交通、零花钱，盖房、装修、买家具，经营投资、购买保险等，有人简单评价为"吃喝拉撒睡玩，都能挤占科研经费"，有的甚至用于"娇淫赌奢"。而为了获得科研经费，不当的手段也层出不穷，如套、骗、贪、吞、假等。为此教育部 2012 年 12 月 31 日前发布的《关于进一步规范高校科研行为的意见》（教监〔2012〕6 号）中就提到了"社会主义核心价值观""科学研究精神"及"师德规范"等，似乎进一步印证了如前所说，高校科研经费使用失范是科研人员意识、价值取向中存有误区。这一点，我们可以从党的十八以后，自党上下开展的党的群众路线教育实践活动可以看到。可以说"四风"问题[①]也是高校科研经费使用失范问题的根源所向。"四风"问题解决好了，对解决科研经费使用失范问题就有了很好的条件。到目前为止，各地高校的党的群众路线教育实践活动将近结束，如果能够切实结合高校自身科研经费管理的实际问题，就能够真实地看到问题的根源所向。而如果要进一步深究，问题根源仍有所指，但此超出了本章重点探寻的范围。

2. 内因二：高校对科研经费使用监管不力

根据办理过多起科研院校犯罪案件的某检察院检察官坦言，科研经费违规使用的腐败案件是高校犯罪的典型，诸多案件背后反映了国内科研项目经费使用监管上的很多漏洞，有的单位在科研经费使用的监管上基本是处于真空状态。监管真空、腐败案件的出现并不是偶然，它是制度缺失或制度执行不力等的必然。

（1）部分高校主管者的思想误区。一是认为科研项目及经费的多少决定了高校的学术声望，只要能够争取到科研项目，其他的都好说，于是就有了"跑部钱进"、项目经费"转手行贿"等诸多现象；二是认为项目是老师们自己辛苦争取过来的，为不扼杀科研人员的积极性，高校只充当

---

① 2013 年 6 月 18 日习近平总书记在北京召开的"中国共产党的群众路线教育实践活动工作会议"上首次提出，包括：形式主义、官僚主义、享乐主义和奢靡之风。

"代管员"，松懈管理，于是就有了"别样的审计""随手牵羊的会计""项目老板"等现象；三是认为管多错多，不管不用担责，出了事故就推责为科研项目人员自身问题、学校管理制度不健全问题等推脱责任的心理；四是出了事也碍于"家丑不外扬"的思想，只进行内部通报或把钱退回了事，没有进一步加强管理、规范科研行为，这就变相助长了问题科研经费的频发势头，等等。如北京市一所二本院科研经费监管薄弱，该校张志刚教授（化名）曾获一家部级单位项目，因为"横向课题"提取劳务费更加便利，就隐瞒部级单位信息，以"横向课题"立项，后该校出台规定对"纵向课题"奖励补贴力度加大，优势超过了"横向课题"，张志刚又找到了学校改为"纵向课题"立项。在获取经费时，他依旧按照"横向课题"管理规定，以在校学生名义先后 8 次冒领劳务费共计 8 万余元，后经举报被检察院以涉嫌贪污罪立案调侦查①。不可不说促发此案的一个因素就是学校管理松懈。

（2）其他管理人员的思想误区。部分财务人员认为："校级高层都管得松，又同个单位，平日相互认识，来报销经费时，我也用不着那么苛刻。"监察审计等人员也会有同样的思想而疏于监督。也有些监管人员面对诱惑而故意放松监督，甚至认为"法不责众"而参与非法行为，将科研经费当做"摇钱树"，钻制度的漏洞，大肆侵占，形成了一条"吃经费"的产业链。如 2011 年 12 月 16 日荆楚网—《楚天金报》中报道：在一所师范院校，一名实验设备采购员在为本单位采购聚焦显微镜、分析仪等仪器过程中，收受仪器设备厂商给予的好处费近万美元。检方在办案中发现，合同书中的内容被随意"篡改"，"设备培训费"打进了采购人员账户而无人监管。该采购员最终以受贿罪判刑 6 年。

3. 外因：高校外部环境的影响

（1）立法的缺失，使得高校科研经费腐败思想有空可钻。目前，在科研领域里，中国还没有一部关于科研项目立项、审批、经费使用、监管责任的系统法律。立法的缺失，直接导致科研项目管理的混乱。而科研项目管理又呈现出"政出多门、各自为政"的局面，各科研经费来源单位

---

① 雷宇：《检察官揭秘高校科研经费腐败生态链》，《中国青年报》2011 年 12 月 15 日第3 版。

对自己主管的科研项目都制定办法，各高等院校、科研所也制定管理制度，管理制度的不统一造成不同科研单位管理规定不协调和冲突，造成了客观上纵容了科研腐败问题的发生。

（2）执法不力，纵容了高校科研经费腐败思想的延续。虽然从当前段振豪案及陈英旭案的审判我们可以看出，我国对打击高校科研腐败的执法力度有在加强，但是我们期待依法治腐的力度能更冲击人心。从陈英旭案我们可以进一步思考，案中涉及的高博公司、波易公司参与的课题是通过浙江大学签订合同的方式进行的，是属于法人之间签订的合同。根据《国家重大专项管理暂行规定》，重大专项任务的承担实行法人负责制，法人单位是项目（课题）实施的责任主体，也就是说在合同履行过程中存在违法问题，应该法人单位是直接责任主体，而不单单是对陈英旭做出责任处理。但到目前为止，也没有听到关于相关责任主体的处理新闻。这样的处理与2006年"汉芯"造假案如出一辙，两个案件时隔8年，这个时间的变化让我们看到的是执法力度的完善仍旧滞后，这就无声印证了民间"法不责众"心理预想，难以抑制住科研腐败的态势。只有加大执法力度和执法的全面性，才能有效震慑科研经费使用中的腐败行为。

（3）我国高校科研经费使用中失范的危害

一是造成了国家有限而又珍贵的科研资金的浪费；二是断送了国家本应具有的科学发展智力之才，同时也非常恶劣地影响了下一代科研人员的培育，使得国家科学发展举步维艰；三是高校教师如果倾心"跑部进京"搞科研，势必影响到教书育人职责的投入，影响了高校教育事业的发展；四是污染了"求真务实"的学术环境，进而污染我们的社会环境；五是极大诱发了各类腐败案件，加重了高校乃至社会、国家的管理压力，等等。因文章篇幅所限，恐言辞烦琐，在此就不深入探讨，但由其引发的危害是认识并解决高校科研经费使用失范问题非常重要的环节之一，不可轻视。

当前，面对高校科研经费使用失范问题频频曝出，科研人员一方面抱怨薪酬较低，另一方面却又不得不承认我国高校科研成果产出率低；一方面责难科研绩效体制不健全，然而在健全的科研经费报销体制面前，却又抱怨管理过于苛刻，一味变相违规使用经费等，这些看似矛盾的说辞或现象都说明了什么？如果我们没有正视自己的意识是否有误区，制定再多的制度都是空谈。

所以在面对科研经费使用失范问题上，首要是辨识意识的误区，重振社会主义伟大旗鼓，秉承社会主义核心价值观，进一步引导认知科研腐败的后患。明方向、知利弊才能走出意识误区，这个是自律的范畴。自律发挥除了教育与引导，还需要靠严明的制度来保障。而制度的规范在于严格的科研经费使用规范与程序以及完善健全的问责机制，而前者正是本章往下要重点讨论的方面。

第二节　高校科研经费使用管理中的相关制度

目前，国家尚未对科研项目立法，以前出台的制度都是相关部门的管理规定，各个规定之间也或存在矛盾和冲突，亦存在漏洞和不明确的地方，这些问题让高校科研工作管理人员感到茫然不知所措。基于这样的困惑，加上近年来我国高校科研活动学术失范行为愈为严重，贪污、挪用科研经费案件时有发生，为进一步规范高校科研行为，维护科研秩序，教育部 2012 年 12 月 31 日前连续公布了关于加强科研经费管理、加强科研项目管理和规范高校科研行为的 3 个文件。这三份文件就建立配套的监督检查措施和奖惩制度作了具体的规定，从制度上对高校科研管理工作的程序予以明确规范，加强了对制度执行的监督检查，强化了责任追究①。因此，随着我国依法治国、依法治腐工作不断推进、社会舆论的愈发关注，以及高校科研管理工作不断改进创新，高校一定是通过构建一个完整的科研经费使用管理制度体系，不断实现科研经费使用的合法化、规范化、制度化以及效益化，从而不断实现转化的科研成果能更好为社会服务。现将高校科研经费使用管理的相关制度探讨如下：

一　高校科研经费使用管理责任制
（一）高校学校一把手责任制

《教育部关于进一步执行国家科研经费管理政策　加强高校科研经费

---

① 政府信息公开：《教育部有关负责人就加强高校科研管理等文件答问》，平度政务网，http：//www. pingdu. gov. cn/ReadXml/Fore_ News_ Detail. aspx？id＝00517150301030020130003。

管理的通知》（以下简称"教财［2011］12 号通知"）明确指出，"高校是所承担项目经费使用和管理的责任主体。学校一把手要高度重视科研经费管理工作，切实加强领导，有关科研经费管理的重大问题应按照有关规定由学校党委常委会或校长办公会进行专题研究决定。建立健全经费管理制度，完善内部控制和监督制约机制，并采取有效措施切实保障科研、财务、行政等管理部门对项目实施的全面支撑"。所以作为高校的法定代表人校长必须高度重视科研经费管理工作，对科研经费使用及管理负主要主体责任；分管财务、科研工作的校级领导也必须对科研经费的使用及管理负次要主体责任；通过建立健全"统一领导、分级管理、责任到人"的科研经费管理体制，完善内部控制和监督约束机制，确保经费使用权、管理权和监督权有效行使。

（二）院系及二级行政部门监管责任制

院系监管责任。《教育部　财政部关于加强中央部门所属高校科研经费管理的意见》（以下简称"教材［2012］7 号"）指出："学院、系、所和国家认定的校内各类研究机构，是科研活动的基层单位，对本单位科研经费使用承担监管责任。院系要根据学科特点和项目（课题）实际需要，合理配置资源，为科研项目的执行提供条件保障；要监督预算执行，督促项目进度。学校要将科研经费管理绩效纳入院系负责人的业绩考核范围。"

行政部门协同监管责任制。高校应建立健全科研经费使用及管理的内部监督检查、追踪问效等机制，防止科研经费使用浪费与腐败情况的发生。《教财［2011］12 号通知》指出："各高校要进一步明确科研、财务、人事、资产（设备）、审计和纪检等部门在科研经费使用、管理与监督中的职责和权限，各负其责、相互协作、密切配合，切实做好科研经费管理工作。"

面对高校科研经费使用失范问题，有社会舆论直指高校责任追究体系的不健全，为此教育部 2012 年 12 月 31 日前发布了《关于进一步规范高校科研行为的意见》（教监［2012］6 号），其中首次提到了对高校负责人的管理责任："高校各级领导特别是主要负责人，要切实履行对科研人员的服务和科研活动的监管职责，加强服务保障、教育引导、监督管理，确保科研工作健康发展。因未能正确履行监管责任，发生科研人员重大违法违纪问题被依法判处刑罚的，参照《关于实行党政领导干部问责的暂行规定》，追究责任单位和有关领导、管理人员的责任。"而《关于实行党政领导干部问责的暂行规定》中提到了由"决策严重失误""工作失责""监管不力""不作为"等造成重大损失或恶劣影响的，要对党政领导干部问责，问责的方式包括"责令公开道歉、停职检查、引咎辞职、责令辞职、免职"。但是从2013年后所判的高校科研经费腐败案例处理情况来看，目前还没有看到关于对相关责任领导的问责处理的新闻报道。因此，制度的制定必须与执行同行并进，这样才能彰显制度该有的震慑功效。弦外之音，一个敢于担当的领导人一定会是行于制度之前，不用等制度的追责而先行自责。

（三）项目负责人责任制

项目负责人应对所承担项目经费的使用和管理负主要责任，要掌握有关财经法律法规和科研经费管理制度，负责依法、据实编制科研项目经费预算和决算，并按照规定使用经费，并自觉接受上级和学校相关部门的监督和检查，合理及时办理科研项目结题及结账手续，对科研经费使用的相关性、真实性、有效性和合理性承担经济和法律责任。

2014年4月广东省监察厅、广东省财政厅、广东省审计厅联合下发《关于进一步加强科研项目（课题）经费监管的暂行规定》（粤监发〔2014〕6号）就明确规定："项目组人员骗取、贪污、挪用、截留用于科研的财政性资金，依照有关财政违法行为处罚处分的规定，责令改正，追回有关财政性资金和违法所得，依法给予行政处罚，并视情节取消项目负责人及主要成员1—3年的申报资格；对直接负责的主管人员和其他直接责任人员依法给予处分。涉嫌犯罪的，移送司法机关依法处理。"项目负责人违法受到法律制裁的例子也不少，最有代表性的当数2014年1月7日杭州市中级人民法院对浙江大学教授陈英旭案进行了判决。"杭州中院在判决书中认定，被告人陈英旭身为国有事业单位中从事公务的人员，利用国家科技重大专项'苕溪课题'总负责人的职务便利，采用编制虚假预算、虚假发票冲账，编制虚假账目等手段，将国拨科研经费900余万元冲账套取，为己所控，其行为已构成贪污罪。""认定其贪污945万余元，以犯贪污罪判处其有期徒刑10年，并处没收财产20万元。"①

---

① 《浙大教授陈英旭贪污近千万元科研经费　获刑十年》，《中国青年报》2014年1月10日7版。

二 高校科研创新工作机制

（一）设立专门科研经费管理服务机构

《教财〔2012〕7号》意见指出，"科研管理任务重、科研经费规模大的学校，可以在财务部门或科研部门内部统一设置科研经费管理服务机构，协助指导项目申请人合理编制经费预算，对已批复或签订合同（任务书）的项目提供从到款通知到具体项目经费分配、预算执行进度通报、经费使用建议、预算调整、决算编制、外部沟通协调等全过程服务，会同学校有关部门做好政策咨询、业务培训、科研合同管理、技术市场登记、税费减免等相关工作"。规模不大的高校应将上述意见所阐释的职能在学校科研管理部门和财务部门间做好职责分工，确保科研经费合理合法使用。

（二）科研经费管理队伍和使用人员的培训制度

高校应高度重视科研管理专业化队伍建设，加强对项目执行人员经费使用的指导，安排和落实专项资金，对科研项目负责人、财务管理人员、科研管理人员等进行经费预算、使用、管理等方面的专项培训，强化遵纪守法、廉洁自律意识。《教财〔2012〕7号》意见中提到"引导院系和有条件的项目负责人根据需要聘用科研秘书，协助完成项目经费预算执行过程中的相关工作"。

三 高校科研项目预算管理制度

（一）科学编制预算

学校财务部门和院系要协助科研项目申请人根据有关科研经费管理办法的规定，结合科研活动特点和实际需要，按照政策相符性、目标相关性和经济合理性的原则，科学、合理、真实地编制项目预算。

（二）科研项目预算评审制度

学校可根据实际情况，组织校内相关职能部门、咨询专家或中介机构对本校拟申报的财政资金支持的相关科研项目进行预算评审，提出预算审核建议。项目负责人应当根据预算审核建议调整预算编制。涉及劳务费的，要考虑相关人员参与课题的全时工作及完成任务的可行性，合理核定劳务费支出范围和标准；涉及重大仪器设备、重要文本文献等资产购置的，要综合考虑学校现有相关资产存量及使用情况、区域内资源配置及共享情况，避免重复购置和闲置浪费；涉及外拨经费的，必须充分论证并严格审核合作（外协）单位和参与人员和科研项目的相关性以及关联交易的公允性。

（三）规范预算调整程序

纵向科研项目预算一经批复，原则上不予调整，确需调整并符合相关科研费用管理办法规定调整范围的，应按规定履行相关调整程序；横向科研项目预算的调整按照合同规定或当事人约定进行。按规定属于学校预算调整权限内的一般预算调整事项，由项目负责人根据科研活动实际需要提出预算调整方案，经院系及学校科研部门审核同意，由财政部门批准后执行；重大预算调整事项，除履行上述一般预算调整程序外，还须经分管校领导批准后方可执行。

四　高校科研经费会计核算制度

（一）加强科研经费统一管理

科研经费应当全部纳入学校财务统一管理，按照相关科研经费管理方法，以及委托方或科研合同的要求合理使用。涉及国有资产（包括知识产权等无形资产）的使用和处置管理，应按国有资产管理相关规定办理手续，不得以任何方式隐匿、私自转让、非法占有国有资产或利用国有资产谋取私利。

（二）规范经费支出管理

学校要完善科研经费支出审核制度，严格票据审核，必要时应要求项目负责人提供明细单等有效证明，杜绝虚假票据；建立公务卡结算制度，依据有关规定发放给个人的劳务性费用，要严格审核发放人员资格、标准，一律通过个人银行卡发放，以零现金方式支付；严格执行国家政府采购制度的规定，购买货物、工程或服务的支出，必须通过法定的采购方式、采购方法和采购程序来进行。

（三）严格外拨经费审核

科研项目的外拨经费支出应当以合作（外协）项目合同为依据，按照合同约定的外拨经费额度、拨付方式、开户银行和账号等条款办理。合作（外协）单位是公司、企业的，应提供收款单法人营业执照、组织机构代码证、税务登记证、资质证书等相关资料；合作（外协）单位是高校、科研院所、社会团体等公益性组织的，应提供收款单位组织机构代码等相关资料。项目负责人应对合作（外协）业务的真实性、相关性负责。

五 科研项目评价考核制度

高校要建立完善科学的项目考核评价机制，加强科研经费绩效的审计，完善科研经费绩效评估，改革评价体制，推行分类评价和开放评价的新评价体制，建立以创新质量和贡献为导向的科研项目考核、评价和奖励制度，细化科研项目的绩效考核指标，尽量量化科研项目的社会效益与经济效益，实在难以量化的部分，可采用专家评估等方式统一进行价值衡量，定量指标包括科研项目的执行进度、科研经费执行结果、科研经费结余数额等，定性指标包括科研成果转化、财务结账时间、审计监督评价等。建立和完善科研绩效档案，并将其作为科研人员年度考核、专业技术职务评聘和项目推荐的重要依据。

六 科研项目信息公开和科研经费内部检查制度

2012 年 5 月 23 日科技部网站刊登的其与财政部修订的《国家科技计划项目（课题）预算管理问答》中明确表示："科技部应当及时对非涉密项目（课题）预算安排进行公示，接受社会监督；逐步探讨建立项目（课题）绩效情况公示制度；积极推进对违规使用科研经费的行为进行公开。项目（课题）承担单位应当逐步建立项目（课题）信息公开制度。"

高校应参照上述科研项目管理做法，逐步探索建立项目绩效情况公示、项目信息公开以及违规使用科研经费行为公开制度，接受群众监督；定期对科研经费的使用和管理进行检查，及时发现问题并尽早在校内得到解决，确保科研经费合理使用。

七 高校科研经费管理奖惩机制以及责任追究制度

根据绩效评价结果可以进行相应的激励和奖惩，对规范、科学、有效使用科研经费并做出突出成果的项目、单位或个人，学校应给予表彰和奖励，可以优先推荐其进入下一轮科研经费的申报；对组织不力或行为不当的项目和单位，学校有权进行管理和干预，对有关责任人进行批评教育，并报告项目委托单位，甚至在一定时间内取消其项目申报资格。在科研经费使用、管理中有违法违纪行为的，应追究有关单位和人员的相应责任。

第三节　高校科研经费使用的规范与程序

本节所提"规范及程序"的适用范围包括高校内部各学院、实体系、所、中心及机关部处等。

一　立项与入账

办理科研经费立项与入账的程序如下图所示。

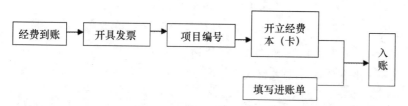

高校科研主管部门和项目负责人可通过学校财务信息系统网上"到账查询"功能或到学校"经费核算中心"查询科研经费实际到账情况。经费到账后，高校科研主管部门和财务部门应各据其责，依据不同性质的科研经费，协助好项目负责人建立好专门的项目账户，以便专款专用：

（一）横向科研经费到学校财务账后，项目负责人持科研合同到学校核算中心开具发票，然后持合同及发票到学校科研主管部门办理立项编号、开立经费本和填写进账单等手续。

（二）纵向科研经费到学校财务账后，由学校科研主管部门统一办理立项和入账手续，并通知各项目负责人。

（三）科研主管部门经办人员或项目负责人持学校科研主管部门开立的经费本（卡）和进账单到学校财务主管部门办理项目的财务立项手续。财务立项完成后，科研主管部门经办人员或科研项目负责人持经费本（本）和进账单到学校核算中心办理经费入账手续，由财务审核人员根据进账单从学校科研暂存款或科研拨款过渡项目转入到各科研项目。

二　科研项目经费本（卡）的使用

科研项目经费本（卡）是科研经费使用情况的书面记录凭证，科研项目负责人应在经费本（卡）扉页上亲笔签名，便于财务人员报账时核对，防止被冒用。

1. 高校科研主管部门开立经费本（卡）时，须在经费本（卡）上加盖科研经费审核章，写明项目编号及名称、研究起止时间、负责人、所属单位及项目类型（纵向、横向或学校资助）等内容，并在经费本上贴附缩印的项目经费预算表。学校财务审核经办人员负责在经费本上记录项目经费余额。

2. 在经费使用过程中，科研经费本（卡）具有记录和计划的作用。报销时，财务部门在经费本（卡）上进行记载，注明余额数，这样就可以使项目组随时掌握经费使用情况，合理安排。

3. 如遗失经费本，应及时报失和补办，项目负责人可向学校财务主管部门提交加盖所在单位公章并经科研主管部门审批的书面报告，申请补办新本。补办新本后，原经费本作废。

三 科研经费项目基本财务信息的维护

科研经费项目一经立项，不得随意更改项目编号、名称及项目负责人。如确须变更，项目负责人须向学校科研主管部门提出书面申请，经学校科研主管部门同意后报学校财务主管部门备案并修改项目信息。

四 科研经费的开展范围和标准

高校科研人员应严格按经费预算批复执行，企事业单位委托的科技项目，经费的使用严格按合同（任务书）执行。科研经费的使用必须符合国家、地方及学校有关法规制度的要求，严格遵守各类开支标准的规定，严禁违规使用经费。如 2009 年公布的《中央高校基本科研业务费专项资金管理暂行办法》明确提出，中央拨款的高校科研经费，不得用于偿还学校债务、支付罚款、捐赠、赞助、投资等使用途径。又如《教育部 财政部关于加强中央部门所属高校科研经费管理的意见》（教财［2012］7 号）所列"八禁令"：

各类科研经费不得开支的项目包括：非科研用房物业管理费、娱乐场所消费、旅游费用、福利费用、宴请及其他与科研项目（课题研究活动）无关的费用。纵向科研经费须严格控制餐费支出，如确需支出，须在相关报销凭证上注明事由。

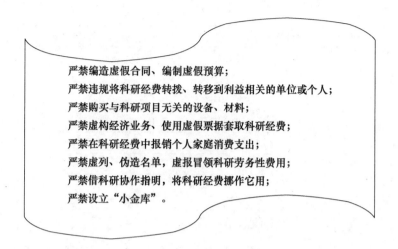

严禁编造虚假合同、编制虚假预算；

严禁违规将科研经费转拨、转移到利益相关的单位或个人；

严禁购买与科研项目无关的设备、材料；

严禁虚构经济业务、使用虚假票据套取科研经费；

严禁在科研经费中报销个人家庭消费支出；

严禁虚列、伪造名单，虚报冒领科研劳务性费用；

严禁借科研协作指明，将科研经费挪作它用；

严禁设立"小金库"。

高校科研经费主要用于支付研究经费、国际合作与交流费、劳务酬金、水电费和管理费及其他开支（如税费等）。

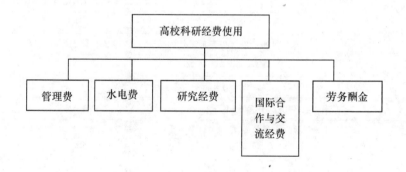

（一）管理费

管理费是指高校从各级、各类科研项目经费中提取一定比例用于组织和支持项目研究而支出的费用，包括项目管理、协调等业务费用开支。管理费是学校科研工作可持续发展的基本保障。一般情况下都是经费到账后就提取的，包括了校、院（系、所）两级的管理费。

1. 提取比例

针对不同的科研项目类别，高校提取的管理费比例不同，如某大学《横向科研经费管理费提取比例》给予我们更为规范的视角：

各类纵向项目管理费提取比例表

项目类别		管理费比例
国家、省自然科学基金	面上项目	5%
	重点、重大项目	
	杰出青年基金	
863 计划、973 计划、国家科技支撑计划	≤100 万元	8%
	100 万—500 万元部分	5%
	500 万—1000 万元部分	2%
	>1000 万元部分	1%
中央基础研究项目		不提
中央应用技术研究、技术研究与开发		8%
教育部高校博士点专项基金		5%
国家社科基金	重大	不超过 5000 元
	其他	3%，年度重点不超 3000 元；一般、青年和中西部及后期资助不超 2000 元
省高新技术创新工程、资源节约型科技支撑体系建设专项	≤100 万	8%
	100 万—500 万元部分	5%
	500 万—1000 万元部分	2%
	>1000 万元部分	1%
省应用技术研究与开发专项		5%
省自主创新重大科技专项		不提
其他纵向	≤100 万	8%
	100～500 万部分	5%
	500～1000 万部分	2%
	>1000 万部分	1%

国家、省自然科学基金 5% 国家计划项目提取的管理费全部入学校，其他纵向科研项目提取的管理费 75% 入学校，25% 入单位发展基金。

注：1. 科研管理费的减免，必须经科技处、社科处和计划财务处负责人共同审批。

2. 学校作为项目第一承担单位的"863 计划""973 计划"和国家科技支撑计划在预算中列入的外协费可免提管理费；学校配套科研经费和预算安排的专项科研经费只能用于课题研究，可免提管理费；其他无明确规定免提管理费的一律按规定比例提取管理费。

横向项目管理费提取比例

横向科研管理费在经费入账时凭"科研经费入账单"按到款金额的5%提取，其中3%为学校管理费，2%为学院发展基金。

2. 免提管理费的情况

（1）有正式文件、合同（任务书）明确规定或表明不提管理费的，免提管理费；

（2）有关政府部门资助的会议费、协作费、按合同需返还用户的样品样机购置费等，经高校科技管理部门核准，可免提管理费；

（3）学校及院系配套的经费和学校科研基金只能用于研究经费支出，不提扣管理费、水电费和劳务酬金，以及其他免提管理费等情况。

对于减免管理费的科研项目，可通过填写《科研项目管理费减免申请表》来规范管理。

3. 管理费的使用范围

管理费的使用范围，各高校不大一样，它涉及一个再分配的问题。如某大学《科研项目管理费管理和使用暂行办法》中对管理费的使用范围作了如下规定：

（1）校内各类项目的立项评审、结题验收等费用支出；

（2）国家基金类项目、限项申报的各类项目，组织校内外专家评审及专家劳务费支出；

（3）报送各级各类科研项目申报材料、接送评审专家等公务用车费用支出；

（4）召开校内科研管理及科研项目申报动员等会议的经费支出；

（5）组织承办或协办国内外、省内外各类学术、科研方面会议的经费开支（其中大型会议由学校研究决定）；

（6）科研管理部门工作人员参加国内外科研管理、业务培训会议及外出调研等差旅费用支出；

（7）各类科研项目申报材料的印刷等费用支出；

（8）科研管理部门工作人员的加班费支出，补充办公经费不足部分；

（9）开展各项科研管理业务活动的接待费用支出。

中央有关部门和地方所管理的财政科技经费中管理费的开支范围要参

考相应的经费管理办法。

（二）水电费

水电费是指各类科技项目开展研究工作所需用水用电的支出。一般也是经费到账后从总额中按比例提取的，它是根据各种课题的不同消耗确定的。当然也有按实际发生数收取而不用提成办法解决的，甚至还有不收取的。

（三）研究经费

研究经费是指直接用于科学研究的费用。各项研究经费支出须严格按照经费预算（合同）执行。按照文理科不同的性质，科研项目研究经费内容也有些不同：

> 高校理、工、医科技项目中的研究经费一般包括：包括科研业务费、实验材料费、仪器设备费、实验室改装费、协作费及经费预算许可的其他费用；
>
> 文科科研项目的研究经费一般包括：图书资料费（含数据库的购置费）、调研费、学术会议费、文具费、通信费、复印费、印刷费、出版费、版面费、仪器设备费、低值易耗品、差旅费、交通费、咨询费、评审费、鉴定费及预算经费许可的其他费用。

研究经费部分开支项目大体有如下标准或规定：

1. 差旅费和交通费

使用科研经费境内出差，差旅费报销标准按《关于中央国家机关、事业单位工作人员差旅费开支的规定》（财文字〔1996〕12号）和高校所在省份关于事业单位工作人员差旅费开支的规定执行。其中，科研事项出差使用私车发生的相关费用包括汽油、路桥、车辆保管费等，可在科研经费项目中开支；使用私车发生的保险、维修、保养、年费等费用一律不得开支。

科研事项境外出差，差旅费报销标准按《临时出国人员费用开支标准和管理办法》（财行〔2001〕73号）和高校内部制定的关于使用公款出国（境）公干经费管理办法中有关规定执行。

2. 通信费。通信费包含网络费、固定电话话费和移动电话话费。通信费须在经费预算范围内开支。

3. 仪器设备购置费。包括研究需要的专门仪器设备以及必要的专用计算机软件设计后购置费等。科技项目中，购置仪器设备的费用在企事业单位委托的科技项目和国外企业的合作项目中的支出比例有一定的标准，一般不少于总经费的10%。

4. 会议费。指为完成研究工作而举行的专题研讨会、课题论证会等所开支的费用。会议参加者一般应为课题组成员，必须要有组外人员参加的，应该从严控制。如通过旅行社组织学术会议，取得旅行社有效发票后，须同时附上正式会议通知等相关资料方可开支。

5. 实验材料费。包括原材料及其他实验材料物品的采集加工费等。如个别特殊开支如向边远山区农民购买动物等实验材料，由于客观原因无法取得发票的支出，购买方须取得卖方书面证明，并经项目负责人所在单位和科研主管部门审批后据实报销。

6. 协作费。包括协作单位研究费用和邀请校外合作研究人员的费用等。协助单位缴费以签订合同或联合申报的经费分配方案为依据，经科研管理部门审批后由财务部门转拨外单位使用。

7. 成果鉴定费。由科研主管部门直接组织或委托的成果鉴定活动，以及项目负责人所在单位组织的成果鉴定活动所需的费用。包括会务费和鉴定专家的劳务金。鉴定会各项费用按照国家有关规定执行。

（四）合作与交流费

1. 国内合作与交流费

国内合作与交流费是指邀请国内专家学者来访的费用，可开支差旅费、交通费及招待费，而专项经费及科研项目下达部门、单位有明确规定不得开支的则要除外。

2. 国际合作与交流费

国际合作与交流费是指用于与资助项目研究工作有直接关系的国际合作与交流费用，包括项目组人员出访及外国专家来访的部分费用。国际合作与交流费严格按照科研项目经费预算计划开支。

（五）劳务酬金

劳务酬金也称研究津贴，是指用于项目研究工作人员（含研究生）

在研究工作中付出劳动的补贴，如补助、必要的加班费等劳务支出以及特殊支出。在各高校的制度规定中，不同类别的项目，劳务酬金的提取比例是不同的。

1. 劳务酬金开支上限。科研项目经费下达部门有明确规定者按规定执行（纵向经费按国家规定执行，横向经费按合同预算执行）。无明确规定的，各高校可结合实际订立标准，如某大学劳务酬金开支须执行以下标准：

> ①在研科技经费中的纵向经费提取劳务酬金的比例不得超过15%，横向经费不得超过30%；在研文科科研经费中纵向经费提取劳务酬金的比例不得超过10%，横向经费不得超过30%。
>
> ②续研预研经费只允许开支研究生助研津贴和项目聘用助研人员劳务费。其中纵向经费不得超过续研预研经费总额60%；横向经费可用于开支自筹经费研究生的学费。

2. 如果因田野研究、问卷调查、社会调研等科研活动需要在劳务酬金预算范围外增加劳务酬金开支，须由项目负责人提出申请，详尽列明劳务开支内容，报送项目负责人所在单位和学校科研主管部门审核后，报学校财务主管部门备案使用。

3. 根据《教育部　财政部关于进一步加强高校科研经费管理的若干意见》（教材〔2005〕11号）有关规定，结合研究生培养机制改革，并根据科研项目管理办法或项目合同的要求，对参加课题研究的研究生，在课题经费支出中据实安排研究生劳务费用支出，作为研究生助研津贴，直接转入研究生个人银行卡。

4. 高校"不提不扣"的科研经费不得提取劳务酬金。

5. 劳务酬金应按有关规定缴纳个人所得税。

五　科研经费的会计核算

学校财务主管部门负责科研经费的会计核算。

（一）科研经费报销的一般程序及事项

1. 科研经费使用报销程序图

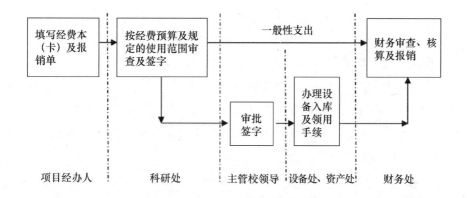

2. 报销时必须完备的手续

（1）持有项目经费本，所持的票据或凭据必须合法、有效；

（2）每张票据背面须注明用途，并有经办人、经费主管人签名；如经办人为经费主管人，则须有项目参加人或单位其他负责人签名；

（3）如果报销单据较多且经济业务不相同时（如同时报销差旅费、劳务费、办公费等），需准确填写《单据汇总表》；

（4）由于一次采购项目较多，发票上没有填写具体名称（如仅填写"办公用品"等），必须附购物电脑小票或清单，电脑小票或清单上须加盖销售单位的收款专用章或发票专用章；

（5）注意各类发票的有效期。有的高校的发票或票据报销有效期为一年，超过有效期的一般不予报销；特殊情况，需附说明并由财务处核算室负责人审批后方给予报销，所以科研项目报销不宜将所有的票据攒到最后报销。也有高校对宽限到上一年的，即2014年报账的话，2013年的票据也有效，2012年的票据就无效了；

（6）外地发票一般须随同差旅费一同报销；通过邮局汇款的应与汇款单一同报销，如托人采购或其他原因需现金支付的，应在票据背面写明情况，通过合理审核的准予报销。

（二）科研经费对外支付款项的一般事项

1. 申请对外支付时必须完备的手续

科研经费对外支付款项时，须由科研项目负责人向学校财务主管部门提供资金使用申请及相关附件。项目负责人、资金使用申请人必须保证资金使用申请表所附各项资料真实、合法、有效。附件具体包括：

（1）已签署的合同及其附件；

（2）支付进度款的，必须提供进度说明；

（3）收款单位提供的正式发票；

（4）固定资产须由设备管理部门在发票背面加盖"已办理固定资产"戳记，并应有验收人签字；

（5）低值易耗品须提供"低值易耗品登记单"，并应有单位主管领导（或项目负责人）审核及验收人签字；

（6）材料须提供进仓单，并应有单位主管领导（或项目负责人）审核及验收人签字；

（7）收款单位与合同单位不一致时，须由合同单位向学校提供付款委托书，特殊情况下须对方单位提供完税证明；

（8）其他能够说明该项付款确有真实、准确的债权、债务关系的原始证明文件、法律文件。

2. 支付时需要申请暂付的情况

收款单位还没有提供正式发票或虽然取得发票但按规定办理的其他手续不完备的，又付款具有时限的，须填写《借款单》申请暂付款并办理其他相关手续。科研项目负责人负有清理项目暂付款的责任。

3. 科研经费使用中现金支付的情况

科研经费使用现金支付，须严格按国家《现金管理暂行条例》有关规定执行。现金支付仅限于劳务酬金、差旅费、异地举办会议的零星开支、异地的接待费开支、农贸市场购农产品、1000元以下零星开支等业务。其他收付业务，都必须通过银行转账支票或汇款（对公账户）进行结算。

4. 采用转账支票付款方式的情况

转账支票付款方式的付款起点为1000元，经办人应妥善保管已签发的支票，在支票有效期内（10天）办理转账手续；逾期未用的支票应及时退回财务主管部门，由财务人员加盖"作废"戳记并与存根一起保管。如有丢失应立即通知财务主管部门，并对造成的后果承担责任。不退回逾期支票或逾期不报账者，财务主管部门将催促其退还或报账，并有权拒绝签发新支票。

大额资金支付（如大于或等于 50 万元）应提前一定的天数（一般 3 天）告知学校财务主管部门，以免影响资金按时支付。

（三）设备购置的报账程序

由于科研项目所购置的设备属于学校资产，所以项目购置设备需要预算，并须经过科研管理部门级主管院领导审核。按经费使用计划购置的仪器和设备，属于固定资产范畴的，须进行固定资产验收登记入账后，方可报销；未达到固定资产核算标准的，须按低值易耗品核算处理。

如某高校对设备购置的报账程序作了如下规定：

1. 学校可根据学校对仪器设备购置工作的有关规定，一般设备（家具）单价 500 元以上（含 500 元），专用仪器设备单价 800 元以上（含 800 元），且使用时间一年以上，属于固定资产范畴，都要进行固定资产会计核算。对需进行固定资产会计核算管理的财产、仪器设备，购买之前必须由职能主管部门进行价格审核，单价或批量总价在 10 万元以上的仪器设备还必须进行可行性论证和招标采购。超过 800 元的按设备与实验管理处的相关规定网上竞购。

2. 对于国内采购设备，学校原则上不提供设备购置预付款。如科研项目确需预付部分设备款项，凭经设备与实验室管理处进行价格审核的《仪器设备申购单》（加盖审核章）或有效合同（10 万元以上）和经相关职能部门审核批准的《特殊付款申请表》到学校核算中心办理借款手续；取得有效发票后，到设备与实验室管理处办理固定资产登记，设备验收合格后携带已盖"已办理固定资产"戳记的发票和借款单到学校核算中心办理报销冲账。

未达到固定资产核算标准的设备、家具，须在报销前在各单位管理员处办理低值易耗品登记。

3. 购买进口仪器设备，在办理预付款借款时须携带合同原件、代理中标通知书、催款通知书（需经设备与实验管理处确认同意）、免税仪器设备清单及《贵重仪器设备购置申请表》等到学校核算中心办理，其他相关手续与国内购置固定资产手续相同。

（四）应办理固定资产的图书、报刊资料报销程序

一般情况下，单价在 500 元/本（套）以上的中文图书、报刊资料或 100 美元/本（套）的外文图书、报刊资料，须由有关人员携带图书、报刊资料，以及有经办人、验收保管人、项目负责人或单位主管领导签字的发票或收据，先到学校图书馆办理固定资产登记手续，再到学校财务核算中心办理报销手续。

（五）劳务酬金的发放

1. 在研科研经费发放研究人员、临工的劳务费以及研究生助研津贴，原则上通过银行转入个人账户；若按规定以现金发放的，发放现金时，须统一填制校内印领表（印领表须有领款人签名和项目负责人签字盖章）后办理支取手续。

2. 发放研究生助研津贴和临工劳务费时，必须通过银行转账方式直接转入学生、临工个人账户。

3. 通过银行转账方式发放助研津贴的程序：

可每月集中发放一次，固定每月的某日（节假日顺延）。各单位经办人员需在每月发放日前向财务主管部门提供由项目负责人签批的助研津贴发放明细表（包括电子表格和书面资料），由财务主管部门统一通过银行发放。

如发放名单及金额长期（半年以上）保持不变，仅需在第一次发放前向财务主管部门提供由项目负责人签批的助研津贴发放明细表（包括电子表格和书面资料），并注明津贴发放起止时间。由财务主管部门在有效期内按月通过银行发放。

（六）差旅费和市内交通费的报销

1. 使用科研经费境内出差，乘坐交通工具费用或使用私车发生的相关费用（包括汽油、路桥、车辆保管费）报销时，须根据出差地点分别按规定填写外地差旅费报销表或城市车（膳）费报销单，列明出差路线和时间。报销时，单据凭证必须齐全。

2. 使用科研经费境外出差办理程序

（1）出国人员须在出国（境）前到学校财务主管部门编制《临时出

国（境）人员外汇开支预算表》（以下简称《预算表》）。

办理时携带：

A 经学校外事主管部门审批的《教职工临时出国（境）申报表》（以下简称《申报表》）；

B 如办理因公签证，还须持《出国、赴港澳任务批件》或省台湾事务办公室签批的《国务院台湾事务办公室赴台批件》（以下简称《批件》）。

（2）需使用学校额度购汇的，预算表经主管领导批准后，出访者按预算金额填写借款单，到学校财务主管部门办理借款。划账到对口银行大致需两个工作日，出访者在两个工作日后持学校财务主管部门开具的《非贸易购汇申请表》及《预算内非贸易非经营性用汇申请书》《批件》、经办人身份证原件及复印件到指定银行领取外汇。

（3）机票款及保险等零星费用根据实际需要可请款支取人民币现金或开支票。

（4）因私签证出境人员持《预算表》及《借款单》办理人民币请款手续，自行持签证到银行购汇。

3. 境外差旅费报销时，必须提供《申报表》和《批件》。如出差人为项目负责人本人，还必须有所在单位行政负责人签字（章）确认。报销时，单据凭证必须齐全，其中国际机票和发票两者须同时提供。

由于特殊原因需延长境外出差时间而在国外发生的合理费用，经学校外事主管部门审批后，可在规定的经费项目予报销，其他科研经费不能报销。

（七）科研协作费的转拨

科研项目在与他人或者其他单位进行科研合作，需要转出科研协作费时，项目负责人应向学校科研主管部门提供经费转拨批件、项目合同、合作协议等相关材料，合同或协议中必须列出协作经费的使用范围，并由学校科研主管部门负责人在合同或协议上签署意见。如属特殊情况不能提供合同，则须提交报告（报告中也必须列出协作经费的使用范围）由学校科研主管部门审批。业务经办人取得合作单位提供的相关有效票据后，连同审批后的合同或协议以及审批意见证明到学校核算中心办理经费转拨手续。

校内单位之间科研协作费转拨，还须按要求填写《转账通知单》，按一般报销程序办理转账。

（八）科研固定资产的管理

除各类科研项目管理办法或项目合同另有规定外，使用科研经费购置或形成的固定资产，均属于学校的国有资产，必须纳入学校资产由学校财务和资产主管部门统一进行管理；拨出经费所形成的固定资产，由项目接受单位进行管理。固定资产的使用权归项目负责人或所在单位。固定资产的具体管理办法按照高校所制定的关于国有资产管理暂行办法的相关规定执行。

科研经办人需持加盖"已入固定资产专用章"凭证联，随发票到学校财务处办理报销手续，无资产验收单财务处一律不办理报销手续。大型精密仪器设备付预付款时，应附可行性论证报告和订货合同书，报销时附验收报告书复印件等。

六　停止项目经费使用的几种情况

（一）项目负责人因故无法继续开展科研工作，而学校又没有相应的调整措施的；

（二）项目负责人调离学校或长期脱岗的；

（三）项目组在科研工作中违犯国家有关法律的；

（四）科研经费挪作他用的；

（五）项目没有按期完成科研任务，又未向学校主管部门申请延期，或已申请延期但未获批准的；

（六）无故更改科研项目名称、研究内容或研究计划的①。

---

①　李进、陈解放主编：《提升内涵　高等职业教育教学与科研管理工作指南》，高等教育出版社 2005 年版，第 191—194 页。

七　科研经费的结题与结账

（一）科研经费的结题

科研项目结题时，项目负责人可到财务与国资管理处主页查询项目收支完成情况，根据查询结果如实填写结题报告中财务收支决算的有关内容，由学校财务主管部门审核盖章确认。

（二）科研经费的结账

科研项目结题后应按学校各类科研经费管理办法的相关规定及时办理结账手续。为提高科研项目人员的结账意识，对已结题而无正当理由逾期不办理结账手续的科研项目，学校财务主管部门经主管部门审批，对经过一定时期公开告示之后，仍不结账的项目，有权予以结账，而结余经费可收回学校转作科研基金使用。

（三）结余经费的管理

1. 科研项目下达部门、单位有明确规定者，按规定执行。其中，对于国家科技计划课题项目，根据科技部《关于严肃财经纪律　规范国家科技计划课题经费使用和加强监管的通知》（国科发财字〔2005〕462号）的有关规定，对专项经费5%以内且总额不超过20万元的课题结余经费，经主管部门批准后可以留给依托单位用于补助科研发展支出；对课题经费结余超过5%或结余在20万元以上的课题，必须将全部结余资金按原渠道上缴。

2. 科研项目下达部门、单位没有明确规定者，学校采取定期集中办理结账的办法，到期清理时，会下达已结题项目的有关信息通知，学校财务主管部门接到通知后将在一定时期内办理结账手续。

3. 学校可为有结余经费的项目负责人开立纵（横）向科研结题项目续研预研经费本。办理结账时，属于某项目负责人的纵（横）向结题项目经费均全部转入其纵（横）向科研结题项目续研预研经费本，原经费本作废。转账完成后，学校财务主管部门通知学校科研主管部门，由其通知各项目负责人。

4. 续研预研经费不再提取劳务酬金（研究生助研津贴和临工劳务费除外）和管理费。

八　科研经费使用的监督

（一）科研经费的管理实行课题负责人制

课题负责人须对科研经费使用的合理性、真实性负责。对须严格控制开支的项目（如劳务酬金等），负责人应严格控制。

（二）对科研经费使用情况的监督检查

学校财务主管部门对科研经费使用情况进行监督检查，并配合上级及学校科研、审计、监察等有关主管部门进行专项检查工作。学校科研部门负责科研项目管理和合同管理，并配合财务部做好经费管理的有关工作；财务部门负责科研经费的财务管理和会计核算，指导项目负责人编制项目经费预算，审查项目决算，监督、指导项目负责人按照项目立项书或合同约定以及有关财经法规在其权限范围内使用科研经费。审计部门负责对重点科研项目、一般科研项目随机抽取一定比例就科研经费使用及绩效进行专项审计，建立健全科研经费的"跟踪问效"机制。监察部门按照职能负责科研项目经费管理、监督的责任部门进行监督，受理违纪违法行为的检举并依法查处。科研、财务、审计、监察各部门都要在各自的职责范围内对相关的工作及处理情况等信息，在部门网站上及时公开，接受社会监督。

2013年10月18日教育部网站公布的《高等学校学术委员会规程（征求意见稿）》对科研经费使用又提出了一项监管新措施，即《意见》中明确强调的，"学校在科研经费的安排及分配、使用，在教学、科研重大项目的申报及资金的分配使用等，应当通报学术委员会，由学术委员会提出咨询意见，学术委员会有重大异议的，应当暂缓实施"。其实，任何一项权力的诞生，都要先思考它的责任及利弊，这一方面胜过权力本身。如果学校的学术委员会不能公平公正担当角色责任，这样的权力设置也只会形同虚设，甚至为"科研经费"违规使用增多一份汤匙。

（三）对科研经费使用情况的责任追究

随着国家对科研经费使用及监管的规范化、法制化工作的推展，2014年4月23日广东省监察厅、财政厅、审计厅联合印发《关于进一步加强科研项目（课题）经费监管的暂行规定》的通知（粤监发〔2014〕6号）

文中就针对科研经费违规使用管理的责任追究进行了全面的规范，共有 8 条规定：

1. 有关部门及其工作人员在科研项目立项、管理和资金安排、使用方面滥用职权、玩忽职守、徇私舞弊的，对直接负责的主管人员和其他直接责任人员依法给予处分。涉嫌犯罪的，移送司法机关依法处理。

2. 政府部门工作人员在科研项目立项、管理和资金安排、使用等方面受贿、介绍贿赂、利用职务上的便利谋取不正当利益的，依照有关规定处理。涉嫌犯罪的，移送司法机关依法处理。

3. 项目负责人骗取、贪污、挪用、截留用于科研的财政性资金，依照有关财政违法行为处罚处分的规定责令改正，追回有关财政性资金和违法所得，依法给予行政处分，并视情节取消项目负责人及主要成员 1—3 年申报资格；对直接负责的主管人员和其他直接责任人依法给予处分。涉嫌犯罪的，移送司法机关依法处理。

4. 社会中介组织与申报单位、政府部门串通骗取财政科研资金的，除依照有关法律法规追究责任外，立项部门应当建立黑名单制度，向有关行政管理部门通报中介组织违规情况，并向社会公布，取消项目申报单位 5 年内申报资格。项目组织单位未认证履行申报审查职责的，取消 3 年内申报资格。

5. 评审专家利用评审权索取收取由报举位、人员财物的，立项部门应当建立黑名单制度，通报其所在单位和有关项目组织单位，依照有关人员处分规定进行处理，并在一定期限内取消其评审资格。涉嫌犯罪的，移送司法机关依法处理。

6. 参与科研项目评审、评估、监督、成果评价与推广等管理工作的中介服务机构采用提供虚假的评估、检测结果或者鉴定结论等方式谋取不正当利益的，予以责令改正、列入黑名单、取消资格等处罚。未认真履行职责的，由立项部门等委托单位收回购买服务的资金。涉嫌犯罪的，移送司法机关依法处理。

7. 因未能正确履行监管责任，发生重大违纪违法问题被依法处罚的，依照、参照《关于实行党政领导干部问责的暂行规定》①，追究责任单位和有关领导等的责任。

国家要发展，必须图新路、立新策，高校科技经费管理与使用规范也如此。现行高校科研经费使用等管理办法看来是不理想的，那就必须重新站在高校的起点上，从经验和教训中改进。但在改进的过程中，绝不可以"一刀切"，全盘否定原有的制度，完全肯定并照套"他方之石"。一定应是先自我审视，审视也应该具备科学的次序。而且，任何的自省必定都应先从意识形态方面深究，眼前我们是看到高校科研领域腐败问题严重化的表象，但也可以看到腐败问题并不专属于科研领域，其他涉及财力、权力等重要领域的腐败问题也同样突出，同样日益严重化。一见科技领域的腐败就"劈头盖脸""划清界限"地批述，而后又缺乏创新性建议或意见的试行，这样对问题的治理显然无效。只有耐下心来抓住共性问题的根源，才能有效解决问题，不然都是"头痛医头脚痛医脚""吃力又难好"。

可以说，摆在我们眼前的腐败问题，是从社会环境中滋生而来，而社会环境的问题又根从于教育。这也就是为什么我们新一代领导人习近平总书记上台以来，一直坚定不移地为我们阐明并绘制"中国梦"的缘由所在。我们应该正视，当今世界是私有制与社会主义公有制权衡的世界，我国作为社会主义国家，经过数十年的正反经验教训和学习，明确了社会主义思想的先进性，如果能够牢牢把握住了这一点，对于在社会主义发展初期，私有观念存在就会肯定它的必然性，重要的任务就被确定在"对私有制的管束"上，即要认识到：在那些暂时还达不到社会主义要求的地方或领域，要善巧地规范私有观念的存续，并基于公有的目标诱发其积极性，但绝对不能随便让其发展和无限扩大，因为这势必会腐蚀和动摇社会主义制度这一根本。近些年来腐败事态的严重化，以及我国治理腐败决心

---

① 教育部早在 2012 年 12 月 31 日前发布的《关于进一步规范高校科研行为的意见》（教监 [2012] 6 号）中，就首次提到了对高校负责人的管理责任："高校各级领导特别是主要负责人，要切实履行对科研人员的服务和科研活动的监管职责，加强服务保障、教育引导、监督管理，确保科研工作健康发展。因未能正确履行监管责任，发生科研人员重大违法违纪问题被依法判处刑罚的，参照《关于实行党政领导干部问责的暂行规定》，追究责任单位和有关领导、管理人员的责任。"

的日趋坚定，就是见证着"社会主义发展"与"私有制续存"的博弈过程，这一过程渗透于人类社会发展的方方面面，而"科研经费使用及管理"也含入其中。如果想真正有效地规范科研经费的规范使用程序，就必须首先从我们的价值观、人生观、社会主义核心价值观方面的入心教育开始，从而使得社会环境得以净化，民风、政风、行风、社会风尚的好转，在这种情况下，在配之于制度的约束力与执行力，如果真能够实现这样，不要说科研经费使用规范的问题可以迎刃而解，就是大至我们整个国家发展的问题，整个社会主义发展进程的问题都可以着实得到解决。这绝对不是套话、空话，未来中国梦的呈现，就在于我们每一个人当下步伐方向的正确性。可以说，失去永恒价值的方向和目标，任何精美的设计都是徒劳无功，甚至是南辕北辙。

第 九 章

高校学术腐败的认定规范与程序

　　学术腐败是政治腐败的一部分。制度的不合理，无疑就是腐败的温床。高等学校是学术研究的重要基地，但受学术腐败的侵蚀十分严重。[①]殷铬先生在《论当代中国学术之弊》一文中有段发人深省的话，"现在人们都在谈论学术腐败，但都局限在抄袭、拉关系等方面，对学术本身涉及较少。学术腐败实际上包含从事学术的人的腐败和学术本身的腐败。前者和政治腐败没有什么两样，而后者却涉及文化层面上的问题，更能体现问题的本质。在一定程度上暴露了现行学术体制的弊端"[②]。为此，本章针对高校学术腐败的认定规范与程序进行讨论，通过对防范高校学术腐败的制度设计，及形成法定的裁决程序，去解决发生的问题，这也是通过不断建立健全相关法制，依法治校，杜绝学术腐败的有效途径。

第一节　学术腐败的概念

一　学术腐败概念争鸣

　　关于学术腐败的含义目前学术界尚未有一个标准、权威的定义，法律中也没有明确的界定。学术界对此的看法也是仁者见仁，智者见智。大体有两种观点：一种观点认为，学术腐败是指学术界一切与学术有关的不良行为的统称。

　　如《当代汉语新词词典》的解释：学术腐败是指学术界各种弄虚作

---

① 陈桥驿：《论学术腐败》，《学术界》（双月刊）2004 年第 5 期。
② 殷铬：《论当代中国学术之弊》，《学术界》2003 年第 6 期。

假行为的总称，包括剽窃或代作学术成果、考试舞弊以及通过不正当途径和手段获取假学历、文凭、假学位、假证书等。中国社会科学院文学研究所研究员蒋寅认为：学术腐败指学术运作中为实现某些学术或非学术目的而实施的损害学术纯洁性的非学术行为，如履历、成果造假，权力寻租，行贿受贿和各种变相的利益转移行为。湖南大学高等教育研究所姚民教授认为：学术腐败是指学者和学术界在学术活动中有意违背学术道德和学术规范而出现的不道德行为和欺骗行为。

另一种观点认为，学术腐败只能指与学术权力不恰当使用相关的不良现象，对于那些不是由权力的滥用引发的不正当行为，如抄袭、剽窃、低水平重复等，只能属于学风不正和学术道德滑坡，不能算是学术腐败，而应称为学术不端或学术不良行为。如中国医学科学院科研处的钟梅认为：学术不端行为是指学术研究过程中危害科学性、真实性、可信性的行为。这是一类违反基本学术道德的行为，包括伪造、篡改、剽窃、抄袭等。

对于这个问题，国际上通常以学术不端（Academic Misconduct）或学术不诚实（Academic Dishonesty）来指称学术界的不良现象，主要指剽窃、伪造数据等，也包括舞弊抄袭行为。

严格说来，主要是社会公众乃至学术界针对学风文风问题、学术道德败坏等现象的一种笼统说法。现实中人们对学术腐败的理解方面存在的差异需要我们进一步明确界定学术腐败的内涵。我们认为，学术腐败大致分为广义和狭义两类。广义的学术腐败，指一切与学术研究和学术评价等学术活动有关的消极腐败现象，既包括学术研究中的弄虚作假等违反学术规范和学术道德的行为，也包括学术权力的不正当行使或以不正当方式影响学术权力行使的活动。狭义的学术腐败，仅指与学术权力行使相关的不道德或不规范行为，不包括学术不端和学风不正的情形。综上所述，所谓学术腐败，就是指学术领域里的某些个人或集体为了自身的利益，有意违反学术道德或学术规范而做出的弄虚作假、抄袭剽窃等行为。

具体说来，学术腐败包括以下几个方面的含义：

（一）学术腐败必须是与科研或学术有关的。学术腐败是学术界存在的或是与科研学术活动相关的行为或现象，是与政治腐败、经济腐败相区别而言的。

（二）学术腐败必须是利用公共权力谋取私利，或是利用金钱、物质、各种荣誉甚至色相等与学术进行交易从而谋取利益，或是利用各种关系谋取学术利益的行为或现象。

（三）学术腐败是一种严重的超道德行为，是违反国家政策、大政方针、基本原则、法律法规的行为，甚至可以说是一种犯罪行为。

在这里我们也讨论一下学术不端。

二　学术不端的含义

什么是"不端"呢？所谓不端，是指做事的态度和行为不端正，即不合某一领域内被公认的行为规范。对于什么是学术不端。

《高等学校哲学社会科学研究学术规范（试行）》对"学术不端"给出了明确的定义：今后伪注、伪造、篡改文献和数据等行为都将被划为学术不端行为。

2007年1月16日，中国科协七届三次常委会议审议通过的《科技工作者科学道德规范（试行）》对学术不端行为也做出了界定："学术不端行为是指，在科学研究和学术活动中的各种造假、抄袭、剽窃和其他违背科学共同体惯例的行为。"从第19条到第25条也列举了多种学术不端行为的表现，其中包括"故意拖延对他人项目或成果的审查、评价时间，或提出无法证明的论断""与他人合谋隐藏其不端行为，监察失职，以及对投诉人打击报复；参加与自己专业无关的评审及审稿工作""绕过评审组织机构与评议对象直接接触，收取评审对象的馈赠；以学术团体、专家的名义参与商业广告宣传"等。

温州大学科研处的赵肖为教授认为："学术不端是指编造或篡改数据、研究程序或数据分析；出于欺诈的目的销毁数据；剽窃或在研究项目的申请、实施、报道或评议过程中或其他学术活动中的欺诈行为。"

我们认为，所谓学术不端是指在科学研究与评价过程中，为骗取科学共同体和社会承认而出现的伪造和剽窃行为，是不规范、不诚实、不道德的行为，是违背为学术界所公认的正面规范的行为，亦即违背学术道德的行为。到目前为止，学术不端的表现主要有：伪造和弄虚作假、抄袭剽窃、假冒伪劣、制造学术泡沫、粗制滥造、低水平重复等。此外，还有一种比较隐蔽的剽窃行为——"自我剽窃"，即将自己的一项学术研究成果在标题上不断改头换面，在内容上多处交错组合，然后投寄多家学术刊物发表或多次参加评奖等。

三　学术腐败与学术不端的区别

学术腐败和学术不端是两个不同的概念，是两种不同的社会现象，不能把两者混淆在一起，否则就极不利于学术打假。中国科学技术协会科技工作者道德与权益工作委员会认为，把学术界存在的一些不良现象笼统地称为"学术腐败"并不科学，学风问题与腐败问题不宜混为一谈，还是按国际通行的说法，称之为学术不端行为（aca-demic misconduct）比较恰当。这就说明该委员会认为学术腐败与学术不端是两种不同的社会问题。中国政法大学教授、学术批评网主持人杨玉圣也曾经说过："我们目前出现的这些学术界的不正之风、不良现象，甚至一些学术腐败现象，是由很多方面的原因促成的。"

这说明杨玉圣教授是把学术腐败与学术不端区别开来的。温州大学科研处的赵肖为认为："（在文中）不使用'学术腐败'一词，并不是否认学术界中存在的某些腐败现象，而是为了区别于利用公共权力或公共资源谋取个人私利和小团体利益的腐败行为。"由前文中两者的含义及其表现、历史与现实，我们可概括出两者主要有以下7个方面的不同之处：

（一）两者产生的社会历史背景不同。学术腐败产生的社会历史背景是，受根深蒂固的封建专制思想和"以家族伦理为中心价值取向的封建传统文化观念"的严重影响，国家政治、经济以及其他领域出现了各种腐败现象，因而在我国现代科学技术文化领域也不可避免地出现了学术腐败（或科学腐败）现象。20世纪80年代以后，伴随各种"学术运动"的出现，学术腐败现象愈演愈烈。在西方国家，学术不端是在科学家成为一种社会职业后开始出现的。有的西方学者指出，19世纪以前，西方国家就已经存在学术不端，但不普遍。到了19世纪，科学家成为一种职业，科学界的不端行为开始逐渐增加。早在1830年，英国数学家巴比奇在其《英国对科学衰落的反应》一书中，就已经把当时的科学不良行为分为四大类。当然，现代西方的学术不端事件也时有发生。例如，美国洛克菲勒大学校长、诺贝尔奖获得者巴尔德摩的论文风波，2002年美国的"舍恩事件"和印度的"拉普特事件"，2006年韩国的黄禹锡事件等，这些都是"学术不端"事件。到目前为止，在国外，只有学术不端行为，或称学术不当行为或学术不良行为、科学不端行为等，这是什么原因呢？这是因为在西方国家，权力相对不分散，有比较完善的监督机构。而我国不只出现了"学术不端行为"，而且与金钱、权力、人情、关系等紧密相关的"学术腐败"也非常"昌盛"，这不只因为受西方的拜金主义、个人主义等的影响，而且受根深蒂固的封建专制思想和封建传统文化观念以及我国当前的教育科研体制的严重影响。

（二）两者的行为主体不同。行为主体是指某一具体行为的发出者、执行者。学术腐败的行为主体是某些具有某种公共权力的"官员"或与"官"有关的人员，包括某些政府官员、教育行政部门的领导、各种学术团体的负责人，以及与他们有关的人员；而学术不端的行为主体虽也有些是"官员"，但更多的是非"官员"，而只是行为者本人。例如，当前，有不少并非真正想提高文化水平的政府干部、经理人员为升官拿文凭而"进修"，其中不少人以及有关"进修班"的创办单位的责任人都是一批"官员"，都是这一学术腐败的行为主体。而《社会科学报》披露的北京大学王某某1998年出版的著作《想象的异邦》共有32万多字，却有10万字左右来自他自己所翻译的哈维兰的《当代人类学》。在这一学术不端事件中，行为主体只是王某某本人。

（三）两者的行为中介不同。行为中介是指某一具体行为所凭借的媒介。学术腐败的行为中介是权力、金钱、各种人情关系以及其他各种交易媒介；而学术不端没有行为中介，只是一种自我行为。例如前文所列举的各种"进修班""研修班"等，一些政府官员和企业经理人员前去进修的目的纯粹是为了一纸文凭或升迁，而那些办班者也只是为了赚钱，换句话说就是以钱换文凭，或以权换文凭，其中的行为中介就是"钱"或"权"。再如，领导干部挂名院士、某某顾问等，其行为中介就是这些"领导"手中的"权"。而在《社会科学报》披露的北京大学的"王某某事件"中，没有行为中介，只是王某某自己抄袭哈维兰的《当代人类学》中的文字内容而已。

（四）两者的行为客体及其涵盖的范围不同。行为客体是指某一具体行为所指向的对象学术腐败的行为客体及其所涵盖的范围比学术不端的行为客体和范围要多得多、广得多，包括各种学位、文凭；科研项目的申请、审批权；科研成果或学术著作；各种团体的顾问、兼职教授、名誉教授、硕导、博导、院士等各种虚名。而学术不端的行为客体只是科研成果、学术作品。

（五）两者对社会的影响范围不同。学术腐败对社会的影响范围比学术不端更为广泛，往往牵涉多个人，而后者只是小范围的，涉及的一般只是事件的双方或某几个人。

（六）两者对社会的危害程度不同。前者能有形或无形地带动一大批人"腐败"，其危害是深层次、全方位的；而后者尽管对社会有不同程度的影响。但其危害要小得多。学术腐败影响的不只是学术界，有可能涉及整个教育文化领域，并从思想意识上渗透到政治、经济领域，从而助长政治、经济领域的各种腐败现象。正如方舟子在《方舟子浙大演讲实录：打击学术腐败》中所说的那样："论语说，'学而优则仕，仕而优则学'，这在现在有了另外的含义了，不是说当官以后好好读书，而是给自己弄个学衔、博士、教授、院士，给自己贴金。这是和政治的腐败勾结在一起的，另外是和经济的腐败相互勾结的，特别是和那些商业骗局、商业炒作混在一块的。"

（七）两者遏制、打击的难度不同。前者的遏制、打击难度要大得多。这有多方面的原因：一是学术腐败受我国传统的封建专制统治思想和传统伦理文化观念的影响，是根深蒂固的东西，要遏制、打击它们，一般的方法和力度难以奏效。二是学术腐败的行为主体本身就是"官"，是"学术打假"的执行者、领导者或是与其有千丝万缕的联系的人，打击学术腐败，必然会触动他们的神经，损害他们的利益，从而给打击学术腐败带来巨大的阻力。①

第二节　高校学术腐败根源分析

一　高校学术腐败的基本原因

（一）社会转型期各种腐败行为的影响。中国正处于"数千年未有之变局"的社会转型时期。原有的规则价值观念正在被打破，新的规则价值体系尚未建立起来，各种"零规则""潜规则"盛行，这就很容易诱发

---

① 祝光英：《学术腐败防治问题研究》，《中国高教研究》2010 年第 3 期。

各种各样的经济、政治腐败行为。学术研究也必然会受到各种社会不良风气乃至腐败行为的响。仔细分析多年来高等学校发生的各种各样的学术腐败行为，没有一件不是受社会影响的，而且都与社会上的腐败行为有着千丝万缕的联系。

（二）高等学校"急功近利"的科研管理导向催生了学术腐败。近年来，受各种非科学教育评估和办学绩效评价机制的不良影响，高等学校在科研管理上，普遍出现了急功近利的现象。最突出的就是重数量、轻质量。如单纯以论文数量，获得科研项目的级别、数量，获得科研成果奖励的级别、数量以及获得科研经费的多少，来评价学者学术水平的高低，作为学者晋升、晋级的依据。如从硕士到博士、从讲师到教授，从校长到院士，这一系列的"质变"大都需要先完成"在核心刊物上发表过多少文章，出版过多少著作，获得过多少学术奖，承担过什么级别的研究项目"的"量变"。这种科研管理上的急功近利导向很容易催生学术上的粗制滥造，形成学术上的"大跃进"、知识生产上的"浮夸风"现象。特别是当一些学者遵守学术规则而不能保证自己的正当利益时，用造假、抄袭、欺骗等学术腐败方式来保障自己的利益也就成了一种无奈地选择了。

（三）学者学术自律意识不强。尽管产生学术腐败的外部诱因很多，但是最关键的无疑还是学者自身学术自律意识不强，经不起名利的诱惑。孔子云："君子固穷。"孟子曰："大丈夫贫贱不移。"倘若我们现在的学者依然能够安贫乐道，意志坚定，不失节操，不为"五斗米"折腰，那么学术腐败自然不会有立足之地。可见，学术腐败的问题，归根结底还是部分学者自身学术自律意识淡薄，抵御外界诱惑的防线不牢，名利思想过重的结果。

二　高校学术腐败的法律规制的缺失

教育部 2004 年 8 月印发了经教育部社会科学委员会 2004 年 6 月 22 日第一次全体会议讨论通过的《高等学校哲学社会科学研究学术规范（试行)》（简称《规范》)，其中包含了学术引文规范、学术成果规范、学术评价规范、学术批评规范几大部分。但是，《规范》的内容还相当笼统，缺乏操作的依据性，需要进一步的具体化，制定与之配套的实施细则，从而加以完善。而且，这还只是哲学社会科学研究的学术规范，自然科学研究还缺乏相应的学术行为规范。

（一）知识产权法的不足，对学术腐败行为无法形成足够的威慑。虽然我国的知识产权立法已经比较完善，有《专利法》《商标法》《著作权法》及其相应的实施细则，但是三大知识产权法对于现有的学术腐败问题涉及很少，除了《著作权法》对署名、发表问题、剽窃有规定，《专利法》对侵夺发明人或者设计人的非职务发明创造专利申请权及其他权益有规定以外，其他学术腐败现象基本没有涉及。而且普遍处罚力度很小，违法的法律责任很轻，对学术腐败者几乎没有法律应有的强制性约束力，无法对学术腐败者形成威慑。违反知识产权的责任，也无非就是停止侵害、消除影响、公开赔礼道歉、赔偿损失等民事责任，这与学术腐败所带来的巨大的间接利益相比，是无足轻重的。

（二）学术惩戒制度缺乏。除了个别学术腐败行为可能承担民事责任之外，我们的学术机构内部、学术主管部门基本都没有专门针对学术腐败行为的惩戒规定，学术腐败行为一般不会受到行政处分和行政处罚，也不会剥夺行为人在学术共同体的地位和利益。许多人的学术腐败行为被揭露之后无非就是挨挨批评、作作检查，官照样当，博导、硕导照样做，课题照样搞，研究经费照样申报，成果照样评奖。

（三）刑事制裁力度不够。涉及面过窄我国的知识产权法体现出这样一种价值倾向：侵犯知识产权从中营利的行为是打击的重点，而没有直接经济收益的侵权行为，处罚畸轻。我国《刑法》对于知识产权犯罪的规定也充分体现了这一倾向。侵犯商标权、著作权、专利权，最严格的是对商标侵权行为，根据《中华人民共和国刑法》和《最高人民法院、最高人民检察院关于办理侵犯知识产权刑事案件具体应用法律若干问题的解释》，《刑法》第三章第七节侵犯知识产权罪，主要涉及的就是侵犯商标权和侵犯商业秘密的各种犯罪，而对于侵犯著作权，《刑法》规定必须是以营利为目的，违法所得数额较大或者有其他严重情节的几种行为才构成犯罪：未经著作权人许可，复制发行其文字作品、音乐、电影、电视、录像作品、计算机软件及其他作品的；出版他人享有专有出版权的图书的；未经录音录像制作者许可，复制发行其制作的录音录像的；制作、出售假冒他人署名的美术作品的。侵犯知识产权构成犯罪，都设定了相当的非法营利数额。也就是说，再恶劣、再严重的侵犯著作权的学术腐败行为，只要没有大额的营利，就不会构成犯罪。而学术腐败行为的经济收益基本上都是间接的、隐性的，很少以营利作为直接目的。因而，刑法基本上无法约束学术腐败。而作为最严厉的法律制裁手段的刑事制裁对学术腐败的失效，无疑是对学术腐败现象的变相纵容，单纯以是否营利及营利的多少来划分侵犯著作权行为的罪与非罪，这可以说是刑法立法的一个缺陷。其他诸如学术贿赂、权学交易、钱学交易等行为，在刑法中也没有涉及。

　　法规制约的薄弱，导致了学术腐败成本低廉，收益巨大，这正是有那么多人热衷于此道的关键所在。成本思想，在经济学上，诠释的是投入与产出的关系，因此我们将它来比喻学术腐败的投入与产出问题。学术腐败的投入是相当低的，操作的难度不大而且发现之后被惩处的代价不高，几乎没有风险，成本相当低廉，但是众所周知，学术腐败的产出是很高的，其间接带来的名和利非常可观，这就具有诱惑和吸引力，如此划算之事，何乐而不为呢？正是这种利益驱动使越来越多的人加入学术腐败的行列，"队伍" 不断壮大，腐败不断升级。①

三　学术腐败的危害性

　　学术腐败也不能仅仅局限于学术权力的腐败，学术腐败从其所涉活动主体来说，其实包含着三个层次：一是发生在一般学术活动的参与者，就高等学校而言，即教师、学生和研究人员之中的学术风气的腐败问题；二是发生在学术权力的控制者之中的学术权力的腐败问题；三是发生在整个学术组织层面上的学术机构的腐败问题。而与社会腐败明显不同的是，社会的腐败主要反映在政治权力的腐败上，而学术腐败更大量的和最主要的却是学术风气的腐败。由于对学术腐败的不同理解，对于学术腐败现状严重性的估计，也有不同的看法。有的人认为，目前的学术腐败已经到了相当严重的地步，如果再任其发展下去，它不仅将使我们的学术活动丧失最宝贵的原创性，使科教兴国的战略最终落空，还将击穿社会的道德底线，导致全社会性的道德 "雪崩"；但也有人认为不能夸大学术腐败的现状。尽管人们对于学术腐败现状的严重性的估计有所不同，但 "千里之堤，

---

　　①　郭薇：《学术腐败的法律规制》，《考试周刊》2007 年第 45 期。

毁于蚁穴"，对学术腐败的危害性我们却无论如何不能低估。①

（一）学术腐败的危害性首先是对于学术发展的严重妨碍。

学术活动作为知识的传承、研习、探索和应用活动，需要对于客观真理的热诚追求和忠实服膺，学术的发展，离不开那种奠立在客观性、诚实性和无私利性基础之上的高尚的学术道德，离不开追求原创性的强烈的创新动机。而表现为学术上的弄虚作假和狡诈欺骗的学术腐败却严重地削弱和毁坏着学术活动所赖以安身立命的道德基础，也扼杀了学术赖以发展进步的创新机制，从而严重地破坏和阻碍了学术的发展。

（二）学术腐败的危害性导致的社会精神危机。

在每一时代，站在探求知识和真理前沿的知识分子的精神气质，总是起着引领时代思想的作用。正由于此，知识分子才得以被称为社会的精英和时代的精神脊梁。反过来，学术的腐败，正暴露出一个社会中处于知识前沿和充当社会良心标识的知识分子道德的式微，暴露出时代精神脊梁的扭曲、衰变和病态化，反映出社会精神生产过程的腐败堕落，而这无疑意味着一种严重的社会精神危机。

（三）学术腐败的危害性具有的潜移默化而又极其顽固的渗透性、蔓延性和扩散性。学术腐败的发展无疑是与社会腐败的蔓延和扩散密切相关的，而反过来，学术腐败本身也会扩到学术活动自身的每个角落并影响到社会生活的许多领域。尤其是由于学术的传承和发展总是与新一代学人的培养结合在一起的，学术的腐败将会严重阻滞和妨碍新一代学人的健康成长，而这对社会生活的许多领域都会带来难以估计的消极影响。所以说，学术腐败有可能或已经导致学术危机、社会精神危机和人的发展的危机。对高校的直接影响：

1. 败坏学风。学风是一所学校的灵魂，包括治学精神、态度、方法等，是一所学校在长期发展过程中所形成的一种学术风貌、文化氛围和精神品质。学风的好坏在很大程度上是由教师的学术活动所决定的。如果教师在学术活动中弄虚作假、抄袭伪注、言行不一，势必会影响学术风貌，导致学风败坏，从而影响学生的学习态度、学习方法和学术

① 冒荣、缪榕楠：《论学术腐败的内在根源及社会控制》，《煤炭高等教育》2003 年第 1 期。

精神。

2. 损害学校声誉和形象。高校的声誉和形象是高校与公众在社会交往中自然形成的，是社会公众对大学内在精神和外在特征综合认识后形成的最终印象。良好的声誉和形象是高等学校一代又一代教职员工艰苦奋斗、严谨治学、精心育人并经过长期的积淀而形成的，它是高等学校的无形资产，是高等学校拥有的重要的办学资源，是保障高等学校在今后激烈的生源、人才、资金竞争中处于有利位置的法宝。学术腐败的丑闻一旦发生，学校的声誉和形象就会损失惨重，甚至会出现百年美誉毁于一旦的状况。

3. 影响教育公信力。诚实守信是立身之基，处世之本。教育乃国家公器，高校是育人之所，高校教师更要以诚实守信作为行为准则和价值标准。"学为人师，行为世范"，教师要教给学生的不仅是如何做学问，更应该教会学生做人。如果高校及其教师也在学术上弄虚作假，坑蒙拐骗，教育也就失去了公信力。今日的学生，就是明天的社会栋梁。这些缺少诚信的学生走向社会，将来一旦成为社会的中坚，其流毒与危害实在难以想象。

4. 浪费办学资源。办学资源是国家教育振兴的物质保证。我国是一个教育大国，也是一个教育穷国。平均办学资源不仅与发达国家的平均水平相距甚远，而且还低于发展中国家的平均水平。所以，用好有限的办学资源，充分发挥办学资源的最大效益，是对所有高等学校和教职员工的基本要求。学术腐败既是一种无效高耗能的生产，又是一种有害高污染的生产，它不仅腐蚀了人的灵魂，而且还造成了国家办学资源的严重浪费①。

第三节　高校学术腐败认定的依据

高校学术腐败认定的组织制度有明确规定及可操作的政策法规和技术上的操作要求，约定俗成并得到学术界认同和共同遵守的观念道德和价值取向，它属于精神生活范畴。比如学术道德或学术伦理，是从事学术研究

---

① 刘金玉：《浅谈高等学校学术腐败的成因及对策》，《吉林工程技术师范学院学报》2011年第 6 期。

职业者应当遵守的行为规范，这当然也就是学术规范在个人层面上的要求。所以，学术道德应当是学术规范的一个组成部分，遵循学术规范，对个人来说，首先要恪守学术道德。第三个层面是学科研究的方法、自身的理论框架和概念范畴体系，每个学科的研究路径不同，所以在这方面也有所不同。

一　高校应严格执行国家的法律法规

近年来，随着媒体监督力度的增强和高校提出依法治校的理念，建立完善的学术监督的机制提到议事日程。高校应该是严格执行国家的法律法规的典范，在学术活动中应严格遵守的法律规范，主要内容包括：《中华人民共和国宪法》《中华人民共和国民法通则》《中华人民共和国教师法》《中华人民共和国著作权法》《中华人民共和国专利法》《中华人民共和国合同法》《中华人民共和国计算机软件保护条例》等法律的有关规定和教育部《关于树立社会主义荣辱观，进一步加强学术道德建设的意见》《高等学校哲学社会科学研究学术规范（试行）》。

必须遵守《中华人民共和国宪法》和其他法律。应坚决贯彻执行党的路线、方针和政策，坚持以马列主义、毛泽东思想和邓小平理论为指导，坚持四项基本原则，坚持学术研究为社会主义现代化建设服务的方向。

必须遵守著作权法。《中华人民共和国著作权法》是我们执行的基本法。该法第五章《法律责任和执法措施》：第四十七条、第四十八条、第四十九条、第五十条明确了著作权人或者与著作权有关的权利人应该怎样做，不能做什么，违反法规的处置办法。

（一）未经合作者许可，不能将与他人合作创作的作品当作自己单独创作的作品发表。合作创作的作品，其版权由合作作者共同享有。合作作者中的每一个人都无权单独行使合作作品的版权。如果某一作者把合作作品当作自己单独创作的作品发表，实质是把他人劳动成果据为己有，从而侵犯了合作者的发表权。但对于某些可以分割作用的合作作品，版权人可以发表其单独创作的那一部分作品。合作作品不可分割使用的，合作作者对著作权的行使如果不能协商一致，任何一方无正当理由不得阻止他方行使。

（二）未参加创作，不可在他人作品上署名。艺术作品和学术成果的创作是艰苦的智力活动，需要创作者付出创造性劳动。如果没有参加创作，或只是参加了一些创作活动的准备、组织及咨询服务性工作，不能认为是参加了作品的创作，因而不能在作品上署名。要坚决杜绝近年来在实际中存在的科研辅助人员甚至未参加创作活动的作者的亲朋好友、领导、同事在作品上挂名的不良现象。

（三）不允许剽窃、抄袭他人作品。应坚决杜绝以稍微改变形式或内容，将他人作品的部分或全部据为己有，并以新作品的形式加以发表的剽窃行为，以及直接将他人作品的大部分或部分内容，以相同的形式，窃为己有的抄袭行为。剽窃、抄袭行为直接侵害版权人的合法权益，给社会文化文明秩序带来混乱，应负民事责任，受到行政处罚。

（四）禁止在法定期限内一稿多投。为解决一稿多投或一稿多登给报刊造成的损害和保护稿件的时效性，我国著作权法明确规定，自作者稿件发出之日起 15 日内未收到报社通知决定刊登的，或者自作者稿件发出之日起 30 日内未收到杂志社通知决定刊登的，作者可将同一作品投向其他报刊社。同时又明确规定双方另有约定的除外。目前，我国学术性期刊一般都把通知作者的时间规定为 3 个月，应在此规定的时间内避免同一稿件多投，以保证报刊社在采用稿件时享有先于其他报刊登载的权利。

（五）合理使用他人作品的有关内容。学术研究、学术写作离不开对他人成果的借鉴和利用，都程度不同地存在引用他人已发表（出版）作品文字的现象，即对他人作品著作权的合理使用。合理使用他人作品的有关内容必须符合以下条件：

1. 引用的目的仅限于介绍评论某一作品或说明某一问题；

2. 所引用的部分不能构成引用人作品的主要部分或者实质部分；

3. 不得损害被引用作品著作权人的利益。符合这三个条件，可不经过著作权人同意，不向其支付报酬，但必须在自己作品中指明被引用作品的作者姓名、作品名称及版权事项。根据文化部《图书、期刊版权保护试行条例实施细则》的规定，引用他人作品，还应不超过被引用作品的 1/10，引用诗词类作品不超过 2500 字。多次引用同一部非诗词类的长篇作品，总字数应不超过 1 万；诗词类的，不超过 40 行，或不超过全诗的

1/4（古诗词除外）。除专题评论文章和古典诗词研究成果，在自己论著中引用他人作品的总量，不得超过本人作品篇幅的1/10。

（六）必须保守党和国家秘密，维护国家和社会利益。按《中华人民共和国保守国家秘密法》的规定，不得在学术活动中泄露国家事务重大决策中的秘密事项，国防建设和武装力量活动中的秘密事项，外交和外事活动中的秘密事项以及对外承担保密事务的事项，国民经济和社会发展中的秘密事项，科学技术中的秘密事项，维护国家安全活动和追查刑事犯罪中的秘密事项，以及其他经国家保密工作部门确定应当保守的国家秘密事项，以维护国家的安全、民族的团结和社会的稳定。对学术成果中涉及国家重大决策、党的文献和档案、国防建设和武装力量情况、国家外交政策和对外宣传工作，国家经济和社会发展中的统计资料和数据、尖端科技成果情况，测绘和地图，国家安全活动和追查刑事犯罪活动以及其他不宜公开的重大事项，均应严格执行送审批准后才可公开出版（发表）的制度。

（七）应遵守其他适用法律法规。按《中华人民共和国民法通则》规定，不得借学术研究以侮辱、诽谤方式损害公民法人的名誉。

按《中华人民共和国统计法》规定，必须对属于国家机密的统计资料保密；未经本人同意，不得在科研成果中泄露属于私人、家庭的单项调查资料。从事学术研究、发表学术作品，要遵守有关民族、宗教的法律、法规，不得以学术研究伤害信教群众的宗教感情，不得丑化侮辱少数民族。在学术研究及学术作品中使用标准、目录、图表、公式、注释、参考文献、数字、计量单位等应遵守国家标准化法、计量法等法律法规的规定。

2002年2月27日，教育部关于印发《关于加强学术道德建设的若干意见》的通知，2002年2月27日（教人〔2002〕4号）其中包括加强学术道德建设的必要性、基本要求及相应工作措施三个部分，要求广大教师、教育工作者要增强献身科教、服务社会的历史使命感和社会责任感，坚持实事求是的科学精神和严谨的治学态度，树立法制观念和知识产权意识，尊重他人劳动和权益，认真履行职责，维护学术评价的客观公正，为人师表，加强对青年学生的学术道德教育，等等。

2004年8月教育部发布了新中国成立以来的第一部《高等学校哲学

社会科学研究学术规范（试行）》。教育部社会科学委员会《高等学校哲学社会科学研究学术规范（试行）》针对"学术引文规范"，第七条规定："引文应以原始文献和第一手资料为原则。凡引用他人观点、方案、资料、数据等，无论曾否发表，无论是纸质或电子版，均应详加注释。凡转引文献资料，应如实说明。"第八条规定："学术论著应合理使用引文。对已有学术成果的介绍、评论、引用和注释，应力求客观、公允、准确。"该《规范》还强调："伪注、伪造、篡改文献和数据等，均属学术不端行为。"

二　高校学术腐败认定的意义

学术腐败是一个专业性、技术性很强的问题，有时很难认定，但这不能成为其推脱的理由。我国教育行政部门几乎没有专门针对学术腐败行为的惩戒规定，对当事者的处理都是由高校自行负责。一旦学术腐败行为被揭露后，当事者只是受到单位的批评和教育，做自我检查和反省，其在学术研究中的地位和既得利益一般不会被剥夺，遑论受到行政处分和行政处罚。针对学术腐败行为的调查、认定和处理等程序，虽然我国已经制定并发布了一些法律法规、政策性文件和学术规范，有些单位和部门甚至成立了专门机构，但从实际情况看，这些规章和制度还停留在文件上，没有完全落实到位。一些问题虽被发现，但查处不力，客观上造成了学术不端行为对学术道德底线的突破，对整个学术界的科研诚信和学术道德产生了不良影响。[①]

从作为"学术腐败"温床的学术体制入手，纵观当今中国学术界，在学术社团的组建、学术站点的设置、学术职务的评聘、学术资源的分配、学术成果的评价、学术奖励的颁发、学术刊物的运作、学术论著的出版、学术规章的制定等方面，或缺乏规范，或有规不依，或规范本身不尽合理，从而贻害于中国的学术事业尤其令人触目惊心的是，自20世纪90年代以来，在政治腐败和经济腐败等社会丑恶现象的熏染下，学术界的各色丑闻也接连不断，剽窃抄袭及一稿多投之风蔓延。与此同时，醉心与和献身于学术研究的真正学人日减，相当一批身处学界之人甘居平庸，乃至

[①]　肖跃：《崇尚科研诚信树立优良学风》，《中国高等教育》（卷首）2010年第9期。

追求平庸，制造学术泡沫和学术垃圾，正确认识学术腐败定义之意义在我国学界中的学术腐败现象有目共睹。为了维护学术的尊严、知识的纯洁、学界的道德和形象，有关政府部门和学术教育单位正加紧研究和制定相关措施，加大对学术腐败的打击力度。正是为了在加大打击的力度的同时保证效度，我们首先必须能够对各种不同性质的学术腐败现象进行准确的定位。然而现行的"学术腐败"定义不利于我们开展整治工作。学术腐败的发展无疑是与社会腐败的蔓延和扩散密切相关的，而反过来学术腐败本身也会扩展到学术活动自身的每个角落并影响到社会生活的许多领域。因此，对学术腐败的行为进行认定，有利于人们认识矛盾的复杂性，在打击学术腐败过程中区分主要矛盾和次要矛盾，集中力量打击学术腐败分子。我们不难看出手中掌握权力的学者或行政人员是造成学术腐败现象泛滥猖獗的主体。抄袭剽窃、弄虚作假的行为还只是牵涉个人行为，是个人学风不正，缺乏严谨的治学态度的表现，但是手中有权的学者却可以对科研项目的通过、研究资金的发放、职称的晋升等起到至关重要的作用。俗话说得好"只有对症下药，才能药到病除"。要遏制学术腐败现象，首先要严厉整顿滥用行政权力、学术权力的学术人，使学术腐败失去滋生的温床。

还有利于有关政府部门和学术单位认识到学术活动中开展反腐倡廉的必要性。反对学术腐败常常与提倡廉洁公正、公平竞争联系在一起。遏制学术腐败应自律和他律相结合，学者要加强自身修养，培养和形成各自的学术道德，自觉遵守学术领域里的基本规范和行为准则；而他律主要是从完善各种学术评审活动的机制，加大学术打假的力度，以及建立相应的监督机构等措施着手入手。学术腐败现象是一个国家和社会发展到一定历史阶段后，出现的一种不可避免的社会问题，不是中国所特有的现象，而是全世界学术界面临的共同问题。学术腐败涉及一个国家和社会道德质量问题、社会风气问题、人心向背问题，直接导致社会风气败坏，人与人之间诚信度下降，其危害性可想而知。因此，学术腐败应该引起我们每个学子和学者的高度重视，以有效的措施遏制学术腐败已刻不容缓①。

---

① 傅萍：《学术腐败界说》，《现代大学教育》2004 年第 5 期。

　　因此，我国高校急需制定操作性强的行政法规或规章，改变学术腐败行为无序自行处理的局面，设立专门的机构，赋予其专司治理学术腐败行为的权力，加大行政处分或处罚的力度，树立优良的学风，建立科学的治学态度。

第 十 章

高校腐败治理的主要途径及措施

近年来，高校腐败现象愈演愈烈，已引起了社会的广泛关注。引起高校腐败的原因是多方面的，信息不够公开、缺乏制约机制、办学权在监督盲区中自由伸展等都是高校腐败的主要风险之源。对于高校存在的腐败现象虽然国家已从制度、教育、监督等多角度进行预防和惩处，但效果还是不够明显。对于高校的腐败现象，仅采用单一的教育或惩处的方式是不够的，应采用治理的方式进行才能收到效果。

治理一词在《新编现代汉语词典》里有两种含义，一是控制管理；二是整治、整修。英语中的"治理"一词（governance）原意是控制引导和操纵，与统治（government）相对应，主要用于与国家公共事务相关的管理活动和政治活动中。但笔者认为在腐败治理的视境中，把其理解为整治调理更合适一些。

腐败治理从某种意义上是管理学的范畴，在公共管理领域，治理的概念是20世纪90年代在全球范围逐步兴起的。治理理论的主要创始人之一詹姆斯·N.罗西瑙认为，治理是通行于规制空隙之间的那些制度安排，或许更重要的是当两个或更多规制出现重叠、冲突时，或者在相互竞争的利益之间需要调解时才发挥作用的原则、规范、规则和决策程序①。格里·斯托克指出："治理的本质在于，它所偏重的统治机制并不依靠政府的权威和制裁。治理的概念是，它所要创造的结构和秩序不能从外部强加；它之发挥作用，是要依靠多种进行统治的以及互相发生影响的行为者

---

① 参见［美］詹姆斯·N.罗西瑙《没有政府的治理》，江西人民出版社2001年版。

的互动。"①

在治理的各种定义中，全球治理委员会的表述具有很大的代表性和权威性。该委员会于 1995 年对治理做出如下界定：治理是或公或私的个人和机构经营管理相同事务的诸多方式的总和。它是使相互冲突或不同的利益得以调和并且采取联合行动的持续的过程。它包括有权迫使人们服从的正式机构和规章制度，以及种种非正式安排。而凡此种种均由人民和机构或者同意，或者认为符合他们的利益而授予其权力。它有四个特征：治理不是一套规则条例，也不是一种活动，而是一个过程；治理的建立不以支配为基础，而以调和为基础；治理同时涉及公、私部门；治理并不意味着一种正式制度，而确实有赖于持续的相互作用②。

与统治、管制不同，治理指的是一种由共同的目标支持的活动，这些管理活动的主体未必是政府，也不一定非得依靠国家的强制力量来实现。从本质上看，治理行政与管制行政有很大的不同。一方面，管制行政的权威主要来自政府，而治理虽然需要权威，但这个权威并不为政府所垄断。治理行政是政治国家与公民社会的合作、政府与非政府组织的合作、公共机构与私人机构的合作、强制与自愿的合作。另一方面，权力运行的向度发生变化。管制行政的权力运行是自上而下的，它运用地方政府的政治权威，通过发号施令、制定和实施政策，对公共事务实行单一向度的管理。与此不同，治理行政则是一个上下互动的过程，政府、非政府组织以及各种私人机构主要通过合作、协商、伙伴关系，通过共同目标处理公共事务，所以其权力向度是多元的，并非纯粹自上而下。社会力量在治理中的作用日益增强，也可以通过正常途径，自下而上地对政府施加影响③。

在治理的形态中，政府治理主要体现在：第一，制度供给。政府所提供的有关制度，决定着社会力量能否进入、怎样进入公共事务治理领域，并且对其他治理主体进行必要的资格审查和行为规范。第二，政策激励。即使政府主动开放某些公共事务治理领域，但社会力量往往会等待观望，尤其是对公共物品的生产，需要政府在行政、经济等方面采取相应的鼓励

---

①　参见［英］格里·斯托克《作为理论的治理：五个论点》，《国际社会科学》（中文版），1999 年第 2 版。

②　俞可平：《治理与善治》，社会科学文献出版社 2000 年版，第 270—271 页。

③　陈广胜：《走向善治》，浙江大学出版社 2007 年版，第 124—125 页。

和引导措施。第三，外部约束。公共事务治理也需要"裁判员"，政府应依据法律和规章制度，对其他治理主体的行为进行监督、仲裁甚至惩罚。①

通过对"治理"一词的分析，我们可以看出治理一词是有多重含义的，用于对高校腐败的治理，应取其整治、调理一义。对腐败的治理既要有刚性的一面，又要有柔性的一面，即我们通常讲的刚柔并济。治理腐败刚性的一面，即制度方面的设计，柔性的一面主要是在文化、道德方面的辅助。同样，对高校腐败问题的治理仅仅是靠刚性的政治制度设计是不够的，还要有法律、文化、社会、道德规范的辅助整治、综合调理，才能取得实效。

十八届中央纪委三次全会强调：纪检监察机关要在国家治理体系中发挥重要作用，探索实现治理能力现代化。中国特色腐败治理体系和治理能力现代化，强调整个国家腐败治理体系制度化、科学化、规范化和程序化，各个治理主体彼此之间相互协调、共同发生作用，并善于运用法治思维和法治方式治理腐败，从而把中国特色社会主义各方面的制度优势转化为治理腐败的效能。

一　完善高校腐败治理领导体制：以法制方式进行腐败治理

高校纪委是高校治理腐败的专门机构，在高等教育领域，反腐倡廉的具体制度建设愈益受到重视，数量上不可谓不多，"近年来，教育部75所直属高校共新建或完善6000多项反腐倡廉制度"。② 但是，如果没有良好的领导体制，高校领导职务犯罪的增长势头就不能得到很好的遏止。

（一）纪委在高校腐败治理领导体制中的职责与地位

我国反腐倡廉建设普遍实行"党委统一领导，党政齐抓共管，纪委组织协调，部门各负其责，依靠群众支持和参与的反腐败领导体制"。③

---

① 陈广胜：《走向善治》，浙江大学出版社2007年版，第124—125页。

② 王立英：《全面履行纪检监察职责为贯彻落实〈教育规划纲要〉提供有力保障》，《教育纪检监察》2010年第8期。

③ 贺国强：《形成全党全社会反腐倡廉强大合力》，人民网：中国共产党新闻，http://cpc.people.com.cn/GB/64093/64094/13546386.html。

这个领导体制具有唯一性，高等学校也不例外。学校纪委是在学校党委和上级纪委的双重领导下，承担组织协调职责。这个定位在一些重要的党内法规制度中有明确规定。

《党章》规定，党的地方各级纪律检查委员会在同级党的委员会和上级纪律检查委员会双重领导下进行工作；党的各级纪律检查委员会的主要任务之一是协助党的委员会加强党风建设和组织协调反腐败工作；纪律检查委员会要把处理特别重要或复杂案件中的问题和处理的结果，向同级党的委员会报告，同时向上级纪律检查委员会报告；纪委发现同级党委委员有违犯党的纪律的行为，可以先进行初步核实，如果需要立案检查的，应当报同级党委批准，涉及常委的，经报告同级党委后报上一级纪委批准。① 中央纪委 2005 年制定和实施的《关于纪委协助党委组织协调反腐败工作的规定（试行）》第二条规定，纪委在同级党委的领导下，按照同级党委和上级纪委的总体部署和要求，协助同级党委研究、部署、协调、督促检查反腐败各项工作。② 与上述两个重要的党内法规相适应，《中国共产党普通高等学校基层组织工作条例》（2010 年修订）第 16 条规定，高等学校党的纪律检查委员会在同级党的委员会和上级纪律检查委员会领导下进行工作。中央纪委、教育部、监察部联合颁布《关于加强高等学校反腐倡廉建设的意见》规定，高校纪委是高校党内监督的专门机关，要在同级党委和上级纪委的双重领导下开展工作。要积极协助学校党委研究部署反腐倡廉工作，抓好任务分解和落实，加强组织协调和督促检查。要主动争取学校党委、行政对纪检、监察部门的领导和支持。同时，高等学校党的纪律检查委员会要把处理特别重要或复杂的案件中的问题和处理的结果，向同级党的委员会和上级纪律检查委员会报告。

根据上述党内法规制度的规定，高校纪委的主要职责有：维护党的章程和其他党内法规，对党员进行遵纪守法教育，做出关于维护党纪的决定；检查党组织和党员贯彻执行党的路线方针政策和决议的情况，对党员

---

① 《中国共产党章程》，人民出版社 2007 年版。
② 《关于纪委协助党委组织协调反腐败工作的规定（试行）》，人民网：中国共产党新闻，http://cpc.people.com.cn/GB/64162/71380/102565/182146/11002241.html。

领导干部行使权力进行监督；协助党的委员会加强党风建设和组织协调反腐败工作，推进廉洁教育和廉政文化建设；检查、处理党的组织和党员违反党的章程和其他党内法规的案件，按照有关规定决定或取消对这些案件中的党员的处分；受理党员的控告和申诉，保障党的章程规定的党员权利不受侵犯。

由此可见，高校纪委在高校腐败治理领导体制中的地位是比较清楚的，即党委统一领导学校的反腐倡廉建设工作，纪委是党委的参谋和助手，协助党委对学校的反腐倡廉建设进行组织协调。[①]

（二）现行领导体制对高校纪委功能的影响

首先，高校纪委难以监督学校党委。高校纪委是负责高校反腐倡廉职责的专门机关，它不仅承担组织协调学校各部、处、室、院（系）等高校中层部门的反腐倡廉工作并进行监督的职能，而且也担负对学校党委、行政及校级领导干部行使权力过程进行监督的重任。然而，高校纪委在同级党委的领导下工作，并要把处理特别重要或复杂的案件中的问题和处理的结果向同级党委报告的体制，必然使纪委作为高校反腐倡廉专门监督机关的独立性、权威性大打折扣，有关的党内法规所规定的纪委的职责履行起来非常困难。在这种领导体制下，纪委对党委基本处于不能监督、不敢监督、不准监督的状态。

其次，高校纪委难以监督学校党政班子成员。有关的党内法规虽然规定了纪委有对党员领导干部行使权力进行监督的职责，但同时也规定，纪委若是发现校级领导干部的行为疑似违纪，首先要向学校党委报告。只有当学校党委不予解决或不予正确解决的时候，才可向上级纪委提出申诉，请求协助处理。然而，在我国的多数高校里，除个别副校长为民主党派或无党派人士外，校级领导一般都是党委常委（不设常委的高校为党委委员），向党委反映党委常委的违纪问题，显然不利于党委做出是否处理的决策。况且，按照现行高校干部管理体制，高校党委既无权调查也无权处理党委常委，纪委也就自然无法监督党委常委。尽管相关的党内法规也规定，纪委可以向上级纪委报告、申诉或请求协助处理，但是，在高校现行腐败治理领导体制和高校内部治理结构下，这种情况发生的可能性非常

[①]　柏维春：《完善高校腐败治理领导体制的思考》，《廉政文化研究》2011 年第 4 期。

低。这也是高校校级领导干部（特别是党政一把手）职务犯罪案件多数不是学校纪委揭露出来的原因所在。

再次，纪委对学校重点部位监督虚化。基建、采购、招生、财务、科研经费、后勤服务等部门是学校的中层单位。因此，无论从哪个角度说，学校纪委对这些部门进行监督属于职责范围内的事情。但实际的情况是，上述部门恰恰是高校腐败案件多发易发领域。原因主要有两点，一是纪委对学校所属部门（干部）能否实施有效监督，关键要看党委是否重视，党委的常委成员是否支持，特别是要看党委书记和校长两个"一把手"的态度。因此，案件查不查，如何查，查到什么程度；是否处理，处理到什么程度，党委的意见是决定性因素。二是按照现行高校内部治理结构，基建、采购、招生、财务、科研经费、后勤服务等事务的管理权属于行政管理权力，由以校长为首的学校行政领导行使，重要部门由校长直接管理，其他部门由各位副校长分管。实事求是地说，在绝大多数高校，这些重点领域的制度、程序都比较健全，纪检监察部门也全程参与工程和采购招投标、特殊专业招生等事宜，但难以介入和过深过细地干预，上述事项的具体运作还是由分管领导和相关部门全权负责，分管领导个人职务犯罪或与部门负责人共同犯罪的原因也在于此。

最后，纪委服从学校"大局"导致监督工作边缘化。腐败治理必须服从和服务国家经济社会发展的大局，是我国反腐倡廉建设的一个基本原则。这个原则在高校中同样适用。高校的大局就是抓好人才培养、科学研究和社会服务等中心工作，形成和维护和谐、稳定、发展的局面。依此可以断定，在高校领导班子心目当中和计划规划之中，类似防治腐败这样性质的工作显然不在"大局"之列，反腐败工作过于较真，甚至会影响团结、和谐、稳定乃至班子政绩这个大局。高校主要领导出于高校间竞争、社会声誉、领导政绩等方面的考虑，诸如"家丑不可外扬""维护校内团结和谐""培养个干部（学者）不容易""大案化小，小案化了""违法犯罪由党纪政纪处理替代"等情况十分普遍。更有甚者，有的高校领导班子置国家法律、党的纪律于不顾，利用高校的特殊社会地位和功能，采取各种手段，动用各种关系，为本校干部的腐败行为开脱、说情，甚至给国家司法机关及办案人员施加压力。上述状况对于高校纪委职责功能的发挥产生重要的消弭作用。

（三）促进高校纪委有效履职的主要对策

首先，正确理解高校党委统一领导与纪委独立行使职权的关系。第一，坚持党委统一领导与纪委独立行使职责相结合。坚持党委的统一领导，加强反腐倡廉建设的力度，本质上是为了保证高校正确的办学方向；保证纪委在高校反腐倡廉建设工作中的独立性和权威性，归根结底也是为高等教育沿着正确的方向健康发展提供保障。所以，二者的根本目标是一致的。第二，改进学校党委的领导方式。党委统一领导，不是代替纪委直接站在学校反腐倡廉建设的前台，不是包办纪委的工作职责，更不能干涉纪委的具体监督工作。而是根据中央及上级党委（组）反腐倡廉建设的方针政策、制度规范，为本校反腐倡廉建设提供指导思想、组织保证和实施规划。第三，强化党委接受监督的意识。高校党委应充分认识到在高校，不存在不受监督的组织，不存在不受监督的权力，不存在不受监督的个人，不存在不受监督的领域。第四，提高权力结构及运行科学化水平。按照决策权、执行权和监督权分开的基本要求，学校党委行使重大事项的决策权，校长为首的行政班子行使行政管理权（执行权），以纪委为核心的各类正式组织共同行使监督权。其次，加强垂直领导力度。从理论上说，"体外"监督、上级监督等异体监督优于同体监督。从实践上看，在高校系外，地方、基层和部门的纪检监察领域的垂直领导体制已逐渐推展开来。2004年开始，中央纪委对派驻中央部委的纪检监察机构实施统一管理，中央政府部门的纪检、监察领导由中央纪委监察部直接委派。随后，省级纪委对派驻机构也实施了全面垂直管理。

最后，赋予纪委更全面更具体更独立的监督职责。除纪委现有职责外，一是赋予学校纪委对学校建设和发展事项等重大决策的建议权，并且要明确规定，什么样的事项属于"重大决策"范畴。二是赋予纪委对校级干部任命的参与提名权、廉政考核权，违法违纪线索初步核实权、向上级纪委独立报告权，对学校中层干部廉政情况的一票否决权、违法违纪案件的独立调查权和移交决定权。三是赋予纪委对学校大额度资金使用、重大项目确定和实施的参与权和审计权。

二　创新制度并提高其执行力：高校腐败治理的关键

高校腐败的治理需要制度创新和提高制度的执行力。制度创新为腐败治理提供有效的工具和手段，提高执行力是要把治理措施落到实处。

（一）创新腐败治理制度

现有的治理腐败的制度，不可谓不多，但能真正得以落实并取得实效的屈指可数。原因就是制度的供给与需求之间的脱节，许多制度不能适应新形势的需要，或者在制定的时候就存在着种种不足。在十七届中纪委第五次全体会议上，胡锦涛同志要求"推进反腐倡廉制度创新"，此论断包含丰富深刻的制度学理论内涵，主要有制度需求和制度供给。

1. 制度需求：人民群众对反腐倡廉的新要求新期待。为什么要反腐败？因为腐败危害人民利益。代表人民反腐败，是我们党在反腐败问题上的根本立场，是我们党依靠人民反腐败的根本依据，是我们党历来旗帜鲜明反腐败的根本道义动力。要把解决人民群众反应最强烈、最关切的问题，作为推进反腐倡廉制度创新的突破口，把人民群众反腐败的强烈愿望转化为强有力的反腐败制度力量。高校存在的腐败问题也是人民关注的热点问题之一，对高校腐败的治理离不开科学、完善的制度。

2. 制度供给：制定科学有效的反腐倡廉制度。所谓"制度供给"，就是针对特定制度需求，提供一种特定的制度，就像针对某种消费需求，生产一种特定产品一样。制度供给的关键是制度设计，所提供的制度必须是经过科学严密设计的，能够有效满足特定制度需求的。要把握三点：第一，深入研究反腐倡廉建设的突出问题，特别是要抓住危害最大、影响最坏的腐败问题，取得实质性突破。第二，要与改革开放伟大实践相适应、重大举措相配套。第三，当前，消极腐败现象在行政管理、干部人事工作中表现较为突出，要同行政管理体制改革、干部人事制度改革相配合。

制度供给不足，是当前一个普遍问题，现在"制度创新"好像是一件轻松容易的事情，动不动就搞出一个制度，发出很多制度文件，制度文本多得不计其数。制度供给与制度需求之间不对应，不能解决所需要解决的问题，就像一个人"口渴"，却让他"吃饭"一样。制度供给不足，还表现为制度供给滞后。现在大家经常议论"权力过分集中"这个问题，其实这个问题不是这几年才提出来的，早在1980年，邓小平在《党和国家领导制度改革》这篇重要讲话中就提出来了。邓小平认为，我国政治生活中一切问题的总"根源"，就是权力过分集中。从反腐倡廉建设角度看，这个问题也是根源性问题，这个问题不解决，腐败难以根除、廉洁难以倡导。

（二）提高制度执行力

从理论上讲，研究制度执行力，要求研究制度本身，因为制度与制度执行力是紧密相关但又不能完全等同的问题。什么是制度，可以从不同的角度去理解，新制度学派的道格拉斯－诺斯从广义的角度认为，制度是一系列被制定出来的规则、服从程序和道德伦理规范，其目的是对追求个人利益最大化的行为进行约束。马克思认为，人与动物的本质区别就是人的社会性，作为社会性人，显然的内涵是人生活在社会制度中，是制度人。制度通过创建秩序，为社会性人能够充分展现个体人的才能，证实其存在的独特性、差异性。同时，任何一种社会性活动或者说除自身外还与他人有关的活动都需要制度保证，才能保证活动有序进行，使参与者的权利得到公平公正的保护，使存在的差别、差异符合实际情况。因此，无论从诺斯的制度定义还是从马克思关于人的本质论说，我们都可沿"制度—立—约束性—代表公正"路径来分析制度，并进一步探求其如何在现实社会中得以实现，这就关乎制度执行力。与制度相对应，我们可沿"制度执行力—行—操作性—追求公正"路径来分析制度的内涵。什么是制度执行力，一般认为：制度执行力是实现制度目标过程中速度、质量和效能的综合体现。

制度执行力产生要有坚实的基础，操作要有明确的规则，改变要有充要的条件。制度执行力具有基础性、稳定性、规范性、科学性特征。比如说，一个单位部门，有了较强的制度执行力，才不会出现"树倒猢狲散"的现象。由于制度执行力具有以上四个鲜明特征，在价值功用上它成为事业发展壮大的支柱。我国改革开放 30 多年，从"摸着石头过河"的经验式到现阶段提出"科学和谐发展"的理性式，实际上要求当前改革发展要更加注重制度理性。由于制度不是凭空产生，是实际中或多或少呈现出现象和问题后得以形成的，其完善需要时间和阶段，正如新制度学派认为制度是时间的函数；制度执行本身也是一个时间过程和系统工程，因此，制度执行力也有相对的依靠性、滞后性，在实际过程中将其相对的依靠性、滞后性尽可能降到最少或者可控、可承受程度范围是提高制度执行力的重要内容之一。

如何提高制度执行力，尤其是提高腐败治理制度的执行力，是众多专家学者探讨的重要问题之一，一般认为应该从以下方面进行着手：

1. 构建好的腐败治理制度。公共选择治理理论认为：在好的制度和制度环境下，坏人可以做好事，在坏的制度和制度环境下，好人可以做坏事。好的制度如何制定，关键是抓住制度的"五个维度"。一是理性维度，包括制度出台有没有现实性、有没有科学的依据、与相关的制度是否符合等。比如，从现实性的角度看，制度不是越多越好，而是要符合实际、满足需要、切实管用，能解决实际问题。否则制度多了反而就成了"制度阻塞"。二是约束维度。对制度的约束对象必须明确，即"制度内人"明确化。不同制度，"制度内人"的组成有不同的特点，比如说，一般的公共道德准则，"制度内人"是社会上所有人，而非凡的从业标准、行业规定，"制度内人"只是特定参与者。三是标准维度。标准要符合实际，能够量化的尽可能量化。四是时空维度。对制度的时间、地点、背景和环境进行明确。五是情感维度。制度建设要遵循"人本精神"，体现制度对人的情感、公平关怀。对一些非凡例外，要做出相应的规定。

2. 明确腐败治理制度执行的责权利。责是从执行的心态来讲，权是从执行的动力来讲，利是从执行的效果来讲。责、权、利是否明晰对执行力的影响较大，当制度执行的责权利不明确时，往往出现执行结果与执行人应该获得利益和应该付出的成本没有直接关联，好坏一个样，制度实际上没有执行力，三者均衡才会发挥出成效，推动制度的执行。不同层次的执行者所拥有的权力、利益，应与其相应承担的责任密切相关。

3. 处理好腐败治理制度执行的原则性和灵活性。制度执行的原则性即维护制度的权威性和强制性。对此，美国学者提出"破窗理论"。"破窗理论"揭示了一个朴素而重要的道理：必须及时修复"第一扇被打破的窗户玻璃"，否则会危及整个制度大厦。强化制度执行的原则性：一是要突出"违制无小事"的观念，增强"护窗"的自觉性，促进按制办事。二是要严惩"第一个破窗"者，维护制度的严厉性，对初始违制者，调整现行的惩处惯例，不从轻，至少要从中等程度甚至从重惩处。三是要及时"补窗"。这包含两层含义：一是指加强监督检查，及时、善于发现"破窗"苗头，切不可使检查成为例行公事，敷衍塞责；二是指要"亡羊补牢"，举一反三，弥补原来规定之不足，进一步健全完善制度。而制度执行的灵活性是指在不违反制度基本原则的情况下，"变通"某些具体实施措施。受事物发展主观和客观条件的限制，制度必然有一个完善过程，执行过程中也需应对一些新情况、新问题，制度执行要有一定的灵活性。实质上是动态地对制度的维护，异曲同工，与原则性达成的目标是一致的。

4. 防止腐败治理制度执行的干扰。谋求制度外的待遇和利益，必然导致对制度执行的干扰。从制度经济学的观点来看，制度决策者很可能在制度决策过程中追求个人利益的最大化；从信息经济学角度来看，制度执行者为获取制度信息优势方。因此，对制度执行干扰的高危人群经常是两种人：一种是位置比较高的干部，一种是制度执行者。在现行的腐败治理制度中，各级党政机关都制定过一系列的规章制度，诸如领导干部配车制度、接待制度、配备通信工具的规定、住房规定、参加公务活动制度，等等，但现实生活中这些制度执行得并不理想。防止制度执行的干扰：一是要领导带头执行制度，不能高居制度之上。二是要提高执行者的素质。三是要尽可能减少制度执行过程中出现的负面效应。

5. 营造制度执行文化。从国别来说，不同的国家，有不同的国情历史风俗人情，制度以及制度执行文化不同；从时代来说，我国在计划经济和市场经济时期的制度以及制度执行文化也有了很大的不同。营造制度执行文化其核心就是要营造尊重制度、以制度作为行动最高准则的文化氛围。具体来说：一是要培养进取健康的精神。一个甘愿落后的人，制度已对他快要失效了；一个好坏不分的人，制度已对他完全失效了。二是要树立执行信誉：有令必行，奖罚兑现。历史上有商鞅"徙木立信"。强调执行信誉，突出制度的严厉性，有效推动制度执行。三是要培养团队精神。制度的最终执行，需要一个单位和组织的全体人员共同遵守，否则就会出现经济学中所谓的"木桶效应"。从这个意义上说，制度执行"一个都不能少"。四是有效激励。提高遵守制度者政治、经济待遇，给予更多个人发展进步机会。

三　加强道德教化：夯实高校腐败治理的思想根基

道德教化是中华民族优秀传统文化的重要组成部分，在建设中国特色的社会主义现代化的今天，我们仍然需要这一优秀传统，我们万万不可丢弃它。因为不管现代社会多么强调依法治国，但法律不是能够解决一切问题的。"一个国家的实力不仅表现在经济上，而且表现在国民素质、文化发展和道德情操上。我们国家有着 5000 多年的文化传统。在世界上，历经劫波而现在还保存完整传承下来的文明古国中，中国是一个典范。文化传统是一个国家的灵魂，文化传统更具有感召力和凝聚力。"① 将道德教化与法制约束有机地结合起来，是预防和惩罚并举方针的最好体现，也是从源头上治理腐败最为有效的措施之一。所以，我们不应该把道德教化与法制约束对立起来，二者之间的关系应该是相辅相成，相互促进的。当今时代，道德水平是衡量社会文明程度的重要标志，是体现民族精神的最具实质性的内容。而民族精神是一个民族的灵魂，是一个民族赖以生存和发展的强大精神支撑，也是公民道德建设的中心环节。高尚道德是凝聚和激励全国各族人民团结奋斗的重要力量。当我国进入全面建设小康社会、加快推进社会主义现代化建设新阶段之际，党中央在总结古今中外治国经验的基础上，提出了依法治国与以德治国紧密结合的重要思想，于 2001 年 9 月 20 日印发了《公民道德建设实施纲要》。并且在 2003 年，中央文明委把党中央印发《公民道德建设实施纲要》的 9 月 20 日定为"公民道德宣传日"。这充分体现了党中央对道德教育的重视。

高校是培养下一代的阵地，这里聚集着社会精英人才，这里的风气如何，会直接对社会产生引领和示范的作用。作为高校主体的大学生，他们是高知识层次的社会群体，担负着开辟未来的重任。廉政文化进校园，在大学生中进行廉洁修身教育，是建立教育的长效机制、注重预防的战略之举。针对大学生的思想实际，特别是受到的负面影响而进行教育、灌输，及时有效地加以引导，努力帮助大学生树立正确的世界观、人生观、价值观，增强抵御腐败文化侵袭的能力，使他们成为中国特色社会主义事业的建设者和接班人，这是高校构建惩治和预防腐败体系，加强廉政文化建设的重要任务。加强高校廉政文化建设，可以在潜移默化中使广大师生员工陶冶道德情操，升华思想境界，营造崇尚廉洁的道德风尚。建设文明、民主和富强的中国特色的社会主义现代化，实现中华民族的伟大复兴，需要

① 《温家宝总理在十一届全国人大四次会议记者会答中外记者问》，《人民日报（海外版）》2011 年 3 月 15 日第 1 版，见人民网，http://paper.people.com.cn/rmrbhwb/html/2011－03/15/content_768986.htm? div＝－1。

一代又一代人的不懈努力。我们今天的经济发展、政治稳定、文化繁荣、社会进步的大好局面，是几代人艰辛创造的结果。现在的青年学生，几年十几年后就是未来事业的接班人，在激烈的国际竞争中，他们将承担起中华民族自立于世界民族之林的历史重任。他们的思想品质和道德修养如何，直接关系到建设中国特色社会主义事业是否后继有人，国家是否越来越强大，中华民族是否能薪火相传、生生不息这种关系国家前途和民族命运的重大长远战略问题。在全社会倡导道德教育的形势下，高校必须充分发挥自己的优势，为社会做出榜样。系统规划，明确目标，措施详细且具有可操作性。下面仅就高校如何开展道德修养教育提出几点思考。

第一，廉洁意识的培养。廉洁教育是道德教育中一项重要的内容，在进行系统道德教育的过程中，必须要把廉洁教育纳入其中。因为现实社会，一些腐朽没落的生活方式在影响和毒化着校园，互联网等新兴媒体上传播的有害信息，在一定程度上腐蚀着大学生的心灵，严重危害大学生的健康成长。同时，在社会主义市场经济条件下，随着来自社会各方面诱惑的增多，拜金主义、享乐主义、功利主义、极端个人主义和以权谋私等消极腐败现象，给大学生的成长也带来不可忽视的负面影响。一些大学生的思想道德、价值观念、廉洁意识、思维方式出现了一些异常的变化。大学生廉政文化素质不高、廉政意识缺失已成为影响大学文化建设和大学生整体素质的障碍。基于上述实际，对大学生进行廉洁意识教育迫在眉睫。当然廉洁意识的培养不仅仅是针对学生，教师"为人师表"的作用是非常重要的，教师除了以身作则之外，更要把道德教育中的廉洁意识渗透到专业知识传授的环节中，努力实现"培养德智体美全面发展的社会主义合格建设者和可靠接班人"这一宏伟目标。

第二，理想信念的教育。理想信念教育是廉政文化的价值基础，只有帮助在校大学生准确把握社会发展规律，树立正确的世界观、人生观、价值观，才会积极投身建设中国特色社会主义事业。要组织学生参加适当的生产劳动和社会实践活动，帮助他们认识社会、了解国情，增强社会责任感。把建设有中国特色社会主义的思想观念和道德要求，不断灌注到全体师生员工的头脑之中，使他们具备判断是非的能力，善于辨别善恶美丑，做到不随波逐流，并能以一己之力为扬善抑恶做出自己的贡献。

第三，优良传统的教育。充分发掘和利用中华民族优秀传统文化的资源，大力宣传中国历史上以清正廉洁、守纪奉公而著称的代表人物和事例，营造尚廉耻贪的氛围，借鉴历史经验，用积极健康的文化去引导人们正确认识当前社会上的一些不正之风和腐败现象。通过优良传统教育，培养大学生的正义感、荣誉感和羞耻心，塑造完美人格，并自觉内化为自重、自省、自强的精神力量。

第四，重视"两课"教学，充分发挥思政课作用。首先，要提高各级领导干部对高校设置的公共思政课的认识，端正态度，改变以往轻视甚至是歧视公共思政课教师及其教学的现象，为学生树立榜样，逐渐扭转学生重专业而轻思政课的思想，形成良好的学习风气。其次，深化"两课"教学改革，注重思政课的时效性。提高思政课教师的整体素质，尤其要提升他们的境界和觉悟，在日常教学中，时刻以强烈的责任感和使命感面对全体学生。思政课教学最重要的是要做到理论联系实际，紧密结合形势和政策，积极开展教学实践，针对社会上的热点问题，引导学生形成正确的认识。在教学方法和手段上要不断创新，以启发式的教学激发学生的学习兴趣，调动学生自主学习的积极性，并注重培养他们分析问题和辨别是非的能力。总之，力争通过公共思政课的教学，真正做到帮助学生树立正确的人生观和价值观，使广大师生在教学相长和互动中形成廉洁公正的意识。

第五，分层次施教。首先是针对领导干部的教育。重点在"权力"的拥有和行使，"财富"的获取和享用等。让权力在阳光下运行，让财富收入透明，以此赢得师生员工的信赖。通过理论的学习，正反典型事例的激励和警示教育，树立正确的权力观、地位观、利益观，对各级领导干部开展理想信念、党风党纪、廉洁从政、艰苦奋斗教育，引导他们正确对待和依法行使权力。"着力加强领导干部党性修养，树立和弘扬优良作风，始终保持共产党人的高尚品格、廉洁操守和政治本色。把从政道德建设放到更加突出的位置，教育引导领导干部时刻牢记立党为公、执政为民的执政理念，常修为政之德、常思贪欲之害、常怀律己之心，做到为民、务实、清廉。"① 时刻把学校的发展和师生员工的利益放在第一位，不骄不

---

① 《关于加强廉政文化建设的意见》，2010 年 3 月 16 日中央纪委中央宣传部监察部等发布。http://www.chinaacc.com/new/63_ 73_ /2010_ 3_ 17_ lv94726221971301022132.shtml。

躁，不盛气凌人，做一个真正为人民服务的公仆。其次是针对教职工的教育。重点在"为人师表"和职业道德方面，通过宣传古今中外那些能够独善其身、不随波逐流、令人敬仰的知识分子，引导广大教职工不断提升自己的思想境界和道德修养，深刻领会和实践"传道、授业、解惑"的使命，增强"执教为民，廉洁从教"的意识。最后是针对学生的教育。重点在道德习惯的培育。通过各专业的常规教学，尤其是"廉洁修身"课，潜移默化地教导学生做到"知行合一"，即把学习文化知识和学习怎样做人结合起来，把认知转化为实际行动，并且要做到敏于行而讷于言，而不是只说不做，认知和行动两张皮。尤其在诚信、感恩、律己和守法等个人品质修养方面，要重点进行教育。面对现实生活中知行不一、理论脱离实际的诸多现象，培养学生"知行合一"的道德习惯尤为重要，这也是高校廉洁文化建设的内涵之一，同时也是高校培养德智体全面发展人才的必然要求。

第六，发挥高校优势，创新形式，推动廉政文化建设深入发展。若想把廉政文化建设工作落到实处，取得成效，就必须开拓思路，广泛发动群众，把广大师生的积极性充分调动起来，利用廉政格言、廉政书画、廉政对联、廉政教育片、廉政讲座等丰富多彩的活动，扩大廉政宣传的影响和营造浓厚的廉政氛围。

温家宝同志在十一届全国人大第四次会议记者会上答中外记者问的时候说："'国之命，在人心'。消除人民的怨气，实现人民的愿望就必须创造条件，让人民批评和监督政府。"① 消除腐败，才能构建和谐社会，消除校园腐败，才能构建和谐校园，激发广大师生的积极性，中国的教育才有希望。

四　构建风险防控机制：高校腐败治理的长久之策

根据党中央关于《建立健全教育、制度、监督并重的惩治和预防腐败体系实施纲要》和《建立健全惩治和预防腐败体系 2008—2012 年工作

---

① 《温家宝总理在十一届全国人大四次会议记者会答中外记者问》，《人民日报（海外版）》2011 年 3 月 15 日第 1 版，见人民网，http：//paper．people．com．cn/rmrbhwb/html/2011 − 03/15/content＿768986．htm？div = −1。

规划》，许多高校都已建立了内部腐败风险防范机制，并以合同制的方式进行落实。但实际效果如何？从现有的高校已查处的腐败案件来看，还不尽如人意，需要加以完善。

（一）查找并确定风险点

学校各部门、各单位要结合工作实际、自行确定风险点。从某种意义上来说，任何单位和任何个人都存在着腐败的风险，特别是高校的领导和公职人员，他们都承担着一定的管理职责，包括管理人员、经费和事务。一般来说，管理者的职务越高，责任越重，权力也越大，因而腐败的风险越大。管理者的职务越低，责任越轻，权力也越小，因而腐败的风险越小。管理者无论职务高低、责权大小、都存在着被腐败的风险。[①] 因此，高校内部各部门、各单位必须结合工作实际，查找容易发生问题的部位和环节，而这些部位和环节就是容易发生腐败行为的风险点。

（二）制定预防制度和工作措施

各部门和各单位确定风险点后，应针对风险点制定切实有效的预防制度和工作措施。目前高校内部已经建立了很多规章制度，在高校反腐倡廉建设中发挥了重要作用。但总的来说，比较笼统、比较分散。分析高校以往发生的腐败案例，很多是由于制度本身的缺陷，让腐败分子钻了制度的空子，建立高校内部腐败风险防范机制，关键是根据各部门和各单位自己确定的风险点，一个风险点制定一个制度和措施，一方面风险点清楚，另一方面制度和措施具体明确，从而更加有利于提醒、防范和监督。高校要按照源头治理和标本兼治的要求，以权力制衡为基础，以公开公平为重点，制定切实可行的有效预防制度和工作措施，防止权力的滥用和自由裁量权过大，防止暗箱操作、权钱交易和不廉洁行为的发生。

（三）明确责任主体和责任人

一项好的预防制度和工作措施，必须明确责任主体和责任人。目前高校内部已经出台的制度和措施，有一部分由于没有明确责任主体和责任人，致使规章制度没有得到很好的贯彻落实。有的高校出了问题，由于没有具体的责任人，也无法有效地实施责任追究。在高校内部建立腐败风险防范机制，一个风险点制定一个制度和措施，一个风险点确定一个具体的

---

① 陈嘉智：《风险管理理论综述》，《特区经济》2008 年第 6 期。

责任主体和一名责任人，是增强各部门、各单位党风廉政建设责任制的有力手段，是有效防治高校腐败行为发生的必要措施。

（四）狠抓预防制度和措施的落实

《实施纲要》和《工作规划》把制度建设放在突出位置作为惩治和预防腐败体系的重点，要求以改革创新的精神状态、思想作风和工作方法，认识和把握新形势下反腐倡廉建设的特点和规律，加强和改进惩治和预防腐败各项工作高校要总结新经验、研究新情况，创新工作思路，完善工作机制，破解校情难题，使反腐倡廉制度建设更加适应高校的发展变化，使预防腐败的工作更加富有成效。

五 强化高校信息公开：在阳光下治理腐败

高校信息公开腐败治理的必要条件，腐败是见不得阳光的，只要高校的权力在阳光下运行，腐败也就无所遁形。

2010 年 5 月，我国第一部《高等学校信息公开办法》（以下简称《办法》）应运而生，该《办法》提出了高校信息公开内容的基本要求，明确了高校信息公开的目的、依据、适用范围、原则、职责分工，详细规定了高校信息公开的内容、途径和要求、监督和保障等。[①] 自 2009 年 9 月 1 日实施以来，取得了显著的成效。中国政法大学以《高等学校信息公开办法》对高校信息公开规定的各项法定义务为考评指标，对教育部"211 工程"中的 112 所大学 2010—2011 年度的信息公开工作情况进行考察和分析后，发布《2010—2011 年度高校信息公开观察报告》（以下简称《报告》），《报告》数据显示：112 家高校中有 96 家都在主动公开学校仪器设备、图书、药品等物资设备采购和重大基建工程的招投标考评中获得满分[②]。以江苏高校为例，2010 年江苏高校基建领域的违法案件占案件总数的 92%，2011 年基建领域的违法案件占案件总数的 22%，比 2010 年下降 70%。高校腐败一方面得到了有效遏制，另一方面却以腐败主体日趋年轻化，涉案领域由单领域向多领域扩散，集体腐败、窝案审案增多等新

---

① 参见《高等学校信息公开办法》（中华人民共和国教育部令第 29 号），中新网，ht-tp://www.chinanews.com/edu/news/2010/05－11/2275713.shtml。

② 万静：《专家称财务信息不透明是高校腐败案频发的深层原因》，《法制日报》2011 年 12 月 2 日第 6 版。

特点出现在公众的视野。高校腐败呈现的新特点，对高校监督提出了新难题，围绕着新特点、新难题，新形势下的高校信息公开除了做好规定动作以外，还必须创新性地重点做好以下工作：

（一）把握信息公开的核心

《办法》对高校信息公开的内容作了全面的规定，公开的内容涵盖学校规章制度、发展规划、招生就业、教学科研、设备与图书采购、收费和财务管理、干部人事、基建后勤等多个领域，关系到群众切身利益和学校改革发展的热点问题、重大问题和敏感问题，在不违背保密、隐私和稳定的原则下，都应该予以公开。但是《报告》数据显示：112 所高校中有 108 家没有公开学校财政资金的使用和管理情况，透明度测评为零；被观察的高校大约有 1/3 没有主动公开学校收费的项目、依据、标准与投诉方式。鉴于此，该《报告》负责人指出："高校腐败案频发的深层根源是高校财务信息不透明"①。由此可见，财务信息是信息公开的核心和难点，财务公开是推进信息公开取得实质成效的关键。为了更好地实现财务透明，必须做好以下工作：首先是健全完善财务公开制度。高校应当遵照《办法》的规定，结合自身的实际，制定高校财务公开制度，在法律法规的范围内，在不违背保密、隐私和稳定的原则下，保证将学校改革发展中的重大财务决策，涉及教职工切身利益的财务问题和教职工关心的财务事项等，及时、规范、真实、全面主动地向师生和社会公开，或者依教工和社会的申请公开，并将财务公开工作纳入日常的工作职责和考评指标，形成制度化、常态化、连续化的工作机制。其次是规定财务公开内容。《办法》第 9 条规定，高校财务、资产与财务管理制度，学校经费来源、年度经费预算决算方案，财政性资金、受捐赠财产的使用与管理情况等都应当主动予以公开。除上述公开内容以外，科研经费的使用管理也应当纳入其中，并引起重视。据近两年高校腐败案例看，掌握大量科研经费的教授群体已经沦为新的腐败高发群体，由此衍生出从教授、科研管理人员、财务人员等在内的腐败生态链。最后是完善财务公开监管机制。建立职能监管、内部专业监管和上级专业监管相结合的监管网络，同时畅通信息的反

---

① 万静：《专家称财务信息不透明是高校腐败案频发的深层原因》，《法制日报》2011 年 12 月 2 日第 6 版。

馈渠道，保证监管信息能够给予灵敏的反应，适时改错纠偏，这样财务公开的道路才可以愈行愈宽。

（二）拓宽信息公开的层面

随着高等教育产业化进程的加剧，高校与社会资源交换日益频繁，开放型大学成为发展趋势，办人民和社会满意的大学成为高校的发展宗旨。高校信息公开工作不仅应该在校内开展，也要主动面向社会进行。但是传统封闭办学的观念根深蒂固，面向社会公开办学成为高校信息公开工作的薄弱环节。强化这一环节，就要建立面向社会的信息公开机制，把高校的办学理念、培养目标、招生计划、收费政策、干部人事政策以及社会申请公开的事项主动及时地向社会公布，接受社会的监督。把学校信息带出去，把社会信息带进来，实现对内公开与对外公开、主动公开和依法申请公开的有机结合，可以为高校信息公开工作带来源源不断的动力和蓬勃发展的生机。

（三）丰富信息公开的载体

目前，高校普遍通过教职工代表大会、校情发布会、师生座谈会、校领导接待日、校长信箱、会议纪要、通知通报、校园网络等各种载体，为信息公开工作搭建广阔的平台，效益颇良。但是针对不同的公开对象，各种载体应该加以区分，并建立相应的工作机制，这样才能保证信息公开取得最大效益。目前，高校普遍缺乏专门为教授搭建的公开平台，而这一特殊群体凭借其完善的知识体系、长远的发展眼光，在学校发展战略、办学理念、政策制定中发挥着重要的作用，影响着学校改革发展的大局和方向。必须为教授开设快捷便利的通道，方便其知校情、参校务、谋校业可以考虑成立教授评议会，成员由教授中选举出来的代表组成，实行任期制。把该机构定位为学校的权力机构，是学校改革、建设、发展中重大事项的决策机构，学校领导定期向其通报校务、征求意见、接受监督、共谋发展。这不仅是高校信息公开的重要载体，也是建立现代大学制度的重要内容①。

---

① 参见谷苏《信息公开视角下的高校腐败治理研究》，《重庆交通大学学报》（社科版）2013年第6期。

六　完善监督机制：保障腐败治理有序进行

有效的监督制约是公共权力规范运行的根本保障，也是治理腐败的关键。对于高校来说，办学权这一依据教育法的规定而行使的公共权力受监督制约的程度，是决定办学权运行的廉洁水平以及是否具有可持续的腐败"免疫力"的关键指标。当前高校腐败之所以频频发生且不断蔓延，根本上肇因于高校办学权受监督制约的力度不足、效能不彰，权力在监督盲区中自由伸展。

（一）高校腐败治理在监督机制上存在的问题

1. 高校内部权力监督不力

当前，高校已普遍认识到监督制约办学权对高校改革发展的至关重要性，已初步建立了内部权力监督和制约机制，并取得了一定的工作成效。但我们也必须清醒地看到，高校内部权力监督制约的力度与高校反腐倡廉的形势要求仍存在较大距离，主要表现在纪检部门监督职能虚化、校园媒体舆论监督不到位、普通师生监督疲弱等方面，造成高校内部权力监督整体不力。

其一，纪检部门监督职能虚化。在高校内部权力结构层面，纪检部门是在高校党委和上级纪委领导下，负责学校党风廉政建设和反腐工作的职能部门，然而囿于高校现行管理体制的束缚，高校纪检部门在实际职权行使过程中未能发挥应有的作用，其监督职能明显虚化，普遍存在着"三怕"：一怕"不顾大局"得罪党委；二怕"分寸不当"得罪监督对象；三怕"惹火上身"伤及自己。高校纪检部门监督职能的虚化主要源于其监督权力的依附性。高校纪检部门由于是高校的内设机构，直接处于其监督对象的领导之下，重要的政治资源被党委所控制，因而不能独立行使执纪权，也缺乏对群众意见的灵敏反应机制。纪监干部的职务晋升、工作考核、经济待遇等都由党委决定，其人、财、物的供给又仰赖高校鼻息，形成监督主体受制于监督客体的"倒挂"现象。纪检部门的工作要取得党政领导的认可及职能部门的理解，工作中的束手束脚便在所难免既如此，独立之监察职能又从何而来呢？

其二，校园媒体舆论监督不到位。高校校园媒体（主要包括校报、校园广播、校园有线电视、校园新闻网等）作为我国新闻事业的一个重要组成部分，是高校开展思想宣传、舆论监督的主要载体。从目前情况看，高校内部的大众传媒普遍存在重舆论引导、轻舆论监督的现象。其具体表现是：消息和通讯类报道以宣扬成绩居多，批评类报道明显不足；评论类报道中涉及学校不良现象和行为的大都避重就轻、轻描淡写；负面报道中有关学生的报道较多，有关学校工作和教职工的报道较少，这显然不利于舆论监督，不利于高校党风廉政建设和反腐工作的开展。

其三，普通师生监督疲软。当前，由于高校普遍缺乏公开核心办学信息的主动性与彻底性，普通师生能够获得的，可有力监控办学权滥用的信息相当匮乏，对事关学校发展的重要事项的决策过程和结果知之甚，由此必然导致监督之疲软。

2. 高校外部权力监督孱弱

除高校自身内部的权力监督外，教育主管部门监督和社会监督也是高校权力监督的重要部分。但教育主管部门依法通过评估、检查、验收等方式对高校办学状况的监督由于具有阶段性、突击性的特点无法实现对高校办学权运行的全面监管和全程监控。另外，社会监督力量渗入高校也明显不足。"社会团体监督、舆论监督在推动反腐倡廉、防止权力滥用等方面有重要作用。但是，当前社会监督在对高校教育政策、决策程序、干部任免、师德作风等方面的介入十分有限。"①

缺乏有效监督制约的权力必然走向腐败，这已经被无数事实所验证。"权力过大、制约过小，高校内部的管理像个自成一体的小社会。"② 时任湖北省教育厅副厅长的周洪宇曾这样概括高校领导干部职务犯罪频发的原因。确实，我们必须承认，高校腐败就像桶里的水、气球里的空气、只要有一个洞、一个孔，它就可能窜出来肆虐一番，在它的眼里，没有道德之分、没有雅俗之别，任尔是闻名遐迩的高等学府，抑或是学识渊博的学者型领导，一旦权力失去监控，都可能逃不脱私欲和利益的诱惑③。

---

①　舒婷玮：《高校行政化倾向下权力监督机制构建研究》，《煤炭高等教育》2010 年第 4 期。

②　雷宇：《高校腐败烈度逐年升级》，《中国青年报》2011 年 2 月 18 日第 7 版。

③　尹晓敏：《透明度、权力监督与高校腐败治理》，《高等教育研究》2012 年第 10 期。

（二）完善腐败治理监督机制的有效措施

腐败治理监督机制的建立，是一个系统工程，需要完善制度体系，使各种监督形式相互联系，有机结合。高校要从源头上预防和治理腐败，不仅要从思想道德教育入手，更要从体制、机制和制度的改革入手，建立、健全一套廉政监督制度。

第一，建立有效的腐败治理监督机制，必须从宏观上明了高校腐败治理监督体系的构成。目前，主要有外部和内部两个监督体系。从外部社会的角度看，上级教育主管部门、司法系统、新闻媒体等是对高校这一子系统内部管理行为实施监督且具有法定的"监督职能"的组织机构；从高校内部来看，具备对高校内部管理实施法定监督权力的主体应包括：校党委、纪委等——上对下的监督；院校教职工代表大会和工会——下对上的监督；校务公开——群众对管理者的监督。这里，主要探讨高校内部的腐败治理监督机制。

第二，建立有效的腐败治理监督机制，必须找准切入点。一是必须将学校的中心工作、重点工作作为监督重点。要根据学校不同时期、不同发展阶段的特点确立监督工作的重点，使监督工作始终围绕学校的中心工作、重点工作进行，确保监督工作始终为学校的中心工作、重点工作服务。二是必须根据监督对象的特点实施有针对性的监督。学校监督工作几乎涉及学校的方方面面，面广量大，情况复杂。监督工作必须根据监督对象的特点，有针对性地制定不同的监督方案，才能提高监督工作的实效性。三是必须根据监督的不同环节制定切实可行的监督措施。要善于研究总结监督工作的经验教训，及时发现监督工作的难点和薄弱环节，研究制定切实可行的监督措施，增强监督的有效性。

第三，建立有效的腐败治理监督机制，制度建设是关键。这是建立健全惩治和预防腐败体系的核心内容是源头治理的基础。高校要围绕规范决策行为、规范办学行为、规范干部人事管理，以及加强学校财务、基建工程、物资采购的监管等方面，着力加强制度建设形成用制度规范从政从教行为、按制度办事、靠制度管人的机制。一要坚持完善学校重大事项集体决策制度，严格落实"三重一大"决策制度规定，建立决策责任追究制度，对违反决策程序、滥用职权造成损失的要追究责任。二要进一步深化高校干部人事制度改革，推进干部轮岗交流制度，完善领导干部提拔任用前征求学校纪委意见制度和组织人事与纪检监察部门联席会议制度，进一步加强对学校领导干部选拔任用的监督，全面推进领导干部经济责任审计制度。三要继续落实"收支两条线"规定，健全财务管理制度，堵塞漏洞。四要完善基建工程、设备物资及教材、图书采购招投标管理制度，加大全过程监督工作力度。五要强化内部审计制度。按照上级要求，审计部门要重点加强对财务收支及有关经济活动、预算执行和预算内外资金使用、专项资金和固定资产的管理加强对各类投资和建设修缮工程项目的审计。六要健全和完善领导干部民主生活会制度、干部任前廉政谈话制度、干部重大事项报告等制度。

第四，有效腐败治理监督机制建设，必须采取有效途径。第一，依法治校是推进监督机制有效运作的基础。要加强制度建设，做到"有章可循，违章必究"。第二，校务公开是依靠群众实现"民主决策、民主管理、民主监督"制约机制的有效载体，是师生员工实施监督的重要形式，是高校推进社会主义民主政治建设的必然要求。第三，充分发挥纪律监察机关专门检查的监督职能，强化其职能的独立性和权威性。其除了对校党委负责之外，更重要的是要对上一级系统垂直领导部门直接负责。第四，聘请部分在学校有威望的党内外人士担任党风廉政监督员和特邀监察员，是实行纪检监察监督与民主监督、群众监督相结合的有效途径，有利于延伸纪检监察触角，增强纪检监察力量形成监督合力。第五，充分发挥教代会的作用是对管理者实行监督的法定渠道。教代会作为一项民主管理的基本制度，在高校的反腐斗争中发挥着重要作用。

第五，高校要把腐败治理监督机制建设落到实处，必须有良好的运作条件来做保证。首先，高校领导要高度重视腐败治理监督工作。高校领导对改革过程中出现的新情况、新问题要有清醒认识。只有这样才能高度重视和积极支持监督部门的各项工作。其次，要根据学校的发展变化情况，确定监督机构的具体职责范围，使监督部门内部的机构设置具体化甚至专业化。只有这样，监督工作才可能形成稳定的机制，增强针对性。最后，要加强监督队伍的建设。一方面，要选派思想政治强，作风正派，经验丰富，业务水平高的同志充实监督岗位；另一方面，要采取多种形式对从事监督工作的同志进行培训，在不断提高他们思想政治素质和责任心的同时，培养和加强他们从事监督工作的业务能力。①

高校腐败治理是一个复杂而艰巨的系统工程，需要我们采取一系列方法和措施，才能达到目的。要求我们采取的方法和措施主要有：完善腐败治理领导体制、创新制度并提高其执行力、加强道德教化、构建廉政风险防控机制、强化信息公开、完善监督机制等。对于高校腐败的治理，我们要有充足的思想准备，既不能期望一蹴而就，也不能随意懈怠，要进行长期而扎实的工作，才能遏制和消除腐败。

---

① 参见王淑琴《关于高校廉政监督机制建设的思考》，《河北农业大学学报》（农林教育版）2008 年第 1 期。

参 考 文 献

1. 宁清同：《论我国高等教育法的高校领导体制》，《黑龙江高教研究》2005 年第 12 期。

2. 邓厚勇：《试论高校党委领导下校长负责制的实现形式》，《贵州民族学院学报（哲学社会科学版）》2006 年第 4 期。

3. 张维涛、时钟平：《高等院校科学民主决策探析》，《燕山大学学报（哲学社会科学版）》2006 年第 2 期。

4. 陈光军：《高校重大事项决策论证研究》，《教育评论》2011 年第 1 期。

5. 《中国共产党普通高等学校基层组织工作条例》（中发［2010］15号）。

6. 中共中央办公厅印发：《关于坚持和完善普通高等学校党委领导下的校长负责制的实施意见》，新华网，http：//news. xinhuanet. com/2014 – 10/15/c_ 1112840901. htm。

7. 《广东省普通高等学校党委工作规定》《广东省普通高等学校校长工作规定》（中共广东省委办公厅、广东省人民政府办公厅 2007 年 12 月 24日印发）。

8. 吴凌尧、李吉海：《高校教师职称评聘工作中的廉政要求与规范研究》，《中国高校师资研究》2011 年第 3 期。

9. 吴彬彬：《论高校教师职称评定中应遵循的法律原则与程序》，湘潭大学硕士学位论文，2008 年。

10. 黄海滨：《关于高校教师职称评聘程序缺失及其完善的研究》，苏州大学硕士学位论文，2011 年。

11. 纪宝成、胡娟：《关于高等学校学术权力的几点思考》，《中国高教研究》2010 年第 1 期。

12. 张友恭：《高校岗位设置与聘任管理实施工作及其存在问题研究》，《齐齐哈尔师范高等专科学校学报》2009 年第 3 期。

13. 顾志兰：《普通高校岗位设置与岗位聘用的问题与对策研究》，《教育与职业》，2010 年。

14. 杨艳艳、周忠伟：《高校岗位设置与人员聘用工作的思考》，《广东医学院学报》2012 年第 6 期。

15. 郭萍倩、张亚锋、李真：《新形势下加强和改进高校干部选拔任用监督工作的思考》，《赤峰学院学报》（汉文哲学社会科学版）2013 年第 1 期。

16. 刘健生：《关于健全高校干部选拔任用机制的研究》，《国家教育行政学院学报》2010 年第 6 期。

17. 《广东省普通高等学校教职工代表大会工作规定》，广东省教育厅，2007 年。

18. 《全民所有制工业企业职工代表大会条例》，国务院，1986 年 9 月 15 日。

19. 《关于基层工会会员代表大会代表实行常任制的若干暂行规定》，全国总工会，1992 年 4 月 14 日。

20. 任鲁萍、武玉芳编著：《基层工会组织工作规范与业务流程操作手册》，研究出版社 2011 年版。

21. 《高等学校学术委员会规程》，中华人民共和国教育部令第 35 号，2014 年 1 月 8 日。

22. 《关于学习宣传、贯彻实施〈高等学校学术委员会规程〉》的通知，教育部办公厅，2014 年 3 月 24 日。

23. 《嘉应学院教职工代表大会与工会会员代表大会工作规程》，嘉应学院，2011 年 11 月。

24. 《嘉应学院教职工代表大会常设机构及其职能》，嘉应学院，2008 年 4 月。

25. 柏维春：《完善高校腐败治理领导体制的思考》，《廉政文化研究》2011 年第 4 期。

26. 陈嘉智：《风险管理理论综述》，《特区经济》2008 年第 6 期。

27. 尹晓敏：《透明度、权力监督与高校腐败治理》，《高等教育研究》
　　2012 年第 10 期。

28. 王淑琴：《关于高校廉政监督机制建设的思考》，《河北农业大学学
　　报》（农林教育版）2008 年第 1 期。

29. 谷苏：《信息公开视角下的高校腐败治理研究》，《重庆交通大学学
　　报》（社科版）2013 年第 6 期。

30. 刘怀俊：《风险管理理论与高校腐败风险防范机制构建》，《学校党建
　　与思想教育》2009 年第 2 期。

31. 刘献君：《大学之治与大学之思》，华中科技大学出版社 2000
　　年版。

32. ［美］罗伯特·伯恩鲍姆：《大学运行模式》，别敦荣译，中国海洋大
　　学出版社 2003 年版。

33. ［美］罗纳德·G. 埃伦伯格：《美国的大学治理》，沈文钦译，北京
　　大学出版社 2010 年版。

34. ［古希腊］亚里士多德：《政治学》，颜一、秦典华译，中国人民大学
　　出版社 2003 年版。

35. ［法］孟德斯鸠：《论法的精神》，申林译，北京出版社 2007 年版。

36. 高平叔、蔡元培：《教育论集》，湖南教育出版社 1987 年版。

37. 《国家中长期教育改革和发展规划纲要（2010—2020 年)》，中国法
　　制出版社 2010 年版。

38. 张晓冬：《高等学校内部权力制约机制研究》，华中科技大学出版社
　　2013 年版。

39. 刘献君：《现代大学制度建设的哲学思考》，《中国高教研究》2011 年
　　第 10 期。

40. 刘献君：《论大学内部权力的制约机制》，《高等教育研究》2012 年第
　　3 期。

41. 张国有、胡少诚：《中国大学章程建设的历程与形态》，《北京大学教
　　育评论》2012 年第 2 期。

42. 李胜利：《对党委领导下的校长负责制的几点思考》，《中国高等教
　　育》2011 年第 5 期。

43. 《学校教职工代表大会规定》，中华人民共和国教育部网，http：//www. moe. gov. cn/publicfiles/business/htmlfiles/moe/s6008/201201/129216. htm。

后　记

　　制度反腐是预防、监督和治理腐败的利器，加强制度建设扼住了腐败的"七寸"。俗话说"没有规矩，不成方圆"。制度如渠，行为如水。邓小平同志讲过：制度好，可以使坏人无法任意横行；制度不好，可以使好人无法充分地做好事，甚至会走向反面。同样，好的制度能事半功倍，坏的制度却使坏者更坏并造成恶性循环。所谓制度，是指要求大家共同遵守的办事规程或行动准则，如高校人事管理制度、教学制度、科研制度等。制度一词说起来很抽象，但是，我们工作、生活的时时处处都离不开它。制度建设是一个制订制度、执行制度并在实践中检验和完善制度的动态过程。因此，制度建设对于国家、社会，包括提高高校办学水平，防范腐败滋生，具有十分重要的意义。

　　本书作者正是认识到制度建设对高校预防、治理腐败的重要意义，所以策划了《预防·监督·治理——高校依法治腐的制度设计》一书。在统筹本书的撰写时，强调要重视制度效益，不能片面追求制度的数量和形式，对高校所有的制度都进行分析、梳理，设计出一个万能的制度。而是针对现有的可能导致腐败的关键岗位的制度进行梳理，分析其存在的问题，找出解决方法，设计出对腐败有较强针对性的、可行的、能普遍适用的制度。为此本书在作者的挑选上，要求既要具有承担本书写作任务的较高的理论水平，又要求最好是从事相关工作的在岗人员。本书从 2014 年 1 月开始策划，5 月开始写作，一直到 2015 年 5 月完稿，整整用了一年的时间。期间，除了本书的编者以外，每个作者都付出了辛苦的劳动和汗水。他们分别是：第一章：李友文（嘉应学院党委副书记、纪委书记、工会主席、研究员）；第二章：廖志成（嘉应学院党委委员、组织人事部部长、教授)、林凯(嘉应学院组织人事部副部长);第三章:张奕亮(嘉应学院审计处副处长、高级工程师)、李光明(嘉应学院监察处处长、副教授)、古志文(嘉应学院审计处高级审计师、会计师);第四章:李保民(嘉应学院文学院党总支书记、教授)、刘林(嘉应学院组织人事处干部);第五章:陈义彬(嘉应学院工会常务副主席、教授);第六章:杨雄源(嘉应学院审计处高级审计师、会计师);第七章:程永锋(嘉应学院社科部讲师、硕士);第八章:邹媚(嘉应学院纪委办综合科科长、审计师、硕士);第九章:王和平(嘉应学院编审);第十章:索光举(嘉应学院广东高校廉政研究中心主任、教授)。本书的顺利出版得到了各位作者的大力支持,在此深表谢意。

本书由于撰写时间紧迫、任务繁重,难免有一些疏漏、不足和需要商榷的地方,敬请各位尊敬的读者批评指正。

索光举

2015 年 6 月 8 日,于梅州